项目支持：国家自然科学基金（71140016，70471015）；教育部人文社会科学研究青年基金（10YJC630218）；云南省科技计划项目（2010ZC060）；云南省教育厅重点项目（2010Z022）；昆明理工大学博士后研究基金（KMLG008）

高校社科文库
University Social Science Series

教育部高等学校
社会科学发展研究中心

汇集高校哲学社会科学优秀原创学术成果
搭建高校哲学社会科学学术著作出版平台
探索高校哲学社会科学专著出版的新模式
扩大高校哲学社会科学学科研成果的影响力

基于非线性复杂系统观的ANP决策方法研究

孙永河
段万春 / 著
杜元伟

Methodology Study on the ANP Based on the
Perspective of Nonlinear Complex Systems

光明日报出版社

图书在版编目（CIP）数据

基于非线性复杂系统观的 ANP 决策方法研究 / 孙永河，段万春，杜元伟著 . -- 北京：光明日报出版社，2013.5（2024.6 重印）

（高校社科文库）

ISBN 978-7-5112-4589-2

Ⅰ.①基… Ⅱ.①孙… ②段… ③杜… Ⅲ.①系统管理—决策方法—层次分析法—研究 Ⅳ.①C931.2

中国版本图书馆 CIP 数据核字（2013）第 107946 号

基于非线性复杂系统观的 ANP 决策方法研究

JIYU FEIXIANXING FUZA XITONGGUAN DE ANP JUECE FANGFA YANJIU

著　　者：孙永河　段万春　杜元伟	
责任编辑：曹美娜	责任校对：苏争鸣
封面设计：小宝工作室	责任印制：曹　诤

出版发行：光明日报出版社

地　　址：北京市西城区永安路 106 号，100050

电　　话：010-63169890（咨询），010-63131930（邮购）

传　　真：010-63131930

网　　址：http://book.gmw.cn

E - mail：gmrbcbs@gmw.cn

法律顾问：北京市兰台律师事务所龚柳方律师

印　　刷：三河市华东印刷有限公司

装　　订：三河市华东印刷有限公司

本书如有破损、缺页、装订错误，请与本社联系调换，电话：010-63131930

开　　本：165mm×230mm	
字　　数：182 千字	印　　张：11
版　　次：2013 年 7 月第 1 版	印　　次：2024 年 6 月第 2 次印刷
书　　号：ISBN 978-7-5112-4589-2-01	
定　　价：55.00 元	

版权所有　　翻印必究

目 录

绪 论 /1
　第一节　研究背景及问题的提出　/1
　第二节　相关研究综述与最新进展分析　/6
　　一、关于 AHP 相对重要性权重内涵无清晰定义及方案评价逆序问题
　　　　的研究进展分析　/6
　　二、关于 AHP/ANP 系统分析结构问题的研究现状分析　/7
　　三、复杂系统理论领域内的相关研究进展分析　/9
　　四、ANP 应用研究与最新进展　/10
　第三节　研究意义　/14
　　一、为全面、清晰地认知复杂系统评价与决策问题的内在结构关系和
　　　　非线性关系提供理论方法支持　/14
　　二、为在实践中发展复杂系统决策理论提供方法支持，以提高人们对
　　　　复杂问题的决策水平　/14
　第四节　研究内容与结构安排　/15

第一章　研究的理论基础与基本启示　/16
　第一节　决策理论　/16
　　一、基本概念　/17
　　二、决策内容　/19
　　三、决策方法　/21
　　四、基本启示　/22

第二节 复杂系统理论 /23
　　一、复杂性科学与复杂系统 /23
　　二、复杂性研究的主要学派 /26
　　三、基本启示 /27
第三节 Beyes 决策与期望效用理论 /29
　　一、Beyes 决策 /29
　　二、期望效用理论 /31
　　三、基本启示 /39
第四节 DEA 理论 /40
　　一、DEA 基本模型 /40
　　二、DEA 交叉效率评价 /42
　　三、基本启示 /43

第二章 ANP 决策方法的非线性系统特征与决策结构类型划分 /44
第一节 ANP 决策方法的非线性系统特征 /44
第二节 ANP 决策结构类型划分 /46
第三节 本章小结 /49

第三章 非线性 AHP 决策方法 /51
第一节 问题的提出 /51
第二节 变权决策方法的缺陷分析 /53
第三节 非线性 AHP 系统新分析结构 /54
第四节 方案优选排序的非线性 AHP 实现方法 /57
第五节 方法的变权机理与优点 /60
　　一、变权机理 /60
　　二、方法优点 /62
第六节 数值例子 /62
第七节 本章小结 /67

第四章 非线性 ANP 内部独立循环系统的方案排序方法 /69
第一节 问题的提出 /69
第二节 ANP 内部独立循环系统超矩阵的改进方法 /71

目录

　　一、传统 ANP 超矩阵的构造方法及其存在的问题　／71
　　二、CSII 系统超矩阵构造的改进方法　／74
　　三、算例分析　／76
　第三节　针对 CSII 型系统的非线性 ANP 方案排序新方法　／80
　　一、CSII 型系统的新分析结构　／80
　　二、方案排序新方法　／81
　　三、算例分析　／84
　第四节　本章小结　／87

第五章　非线性 ANP 内部循环依存递阶系统的方案排序方法　／89
　第一节　引言　／89
　第二节　ANP 对 HSICD 系统的分析方法　／90
　第三节　ANP 的方法缺陷分析　／93
　第四节　HSICD 系统的新分析结构　／97
　第五节　专家判断信息的提取平台　／99
　　一、指标集因素之间概率影响矩阵的确定　／100
　　二、指标集以上层各因素集中因素之间概率影响矩阵的确定　／100
　　三、概率影响矩阵的调整　／102
　第六节　新分析结构的稳定性　／102
　第七节　新分析结构下方案评价的价值体系　／103
　第八节　方案排序方法　／104
　第九节　理论对比分析　／106
　第十节　数值对比分析　／107
　第十一节　本章小结　／114

第六章　收益、机会、成本、风险综合集成的非线性 ANP 决策分析方法
　　　　／115
　第一节　引言　／115
　第二节　现有 ANP/BOCR 方案复合权重集成方法及其特征　／118
　第三节　现有 BOCR 评价值综合集成方法的缺陷　／121
　第四节　单网络评价值综合集成方法　／123
　第五节　数值对比分析　／126

3

第六节　本章小结　/ 128

第七章　理论方法的实证应用研究　/ 131
第一节　非线性AHP方法在企业战略投资项目风险评价中的应用 / 131
　　一、项目背景介绍　/ 131
　　二、项目投资风险因素识别　/ 134
　　三、方法应用　/ 137
第二节　非线性ANP排序新方法在企业知识管理能力综合评价中的
　　　　应用　/ 140
　　一、企业背景简介　/ 141
　　二、评价指标体系的框架设计　/ 143
　　三、方法应用　/ 145
第三节　本章小结　/ 151

参考文献　/ 153

致谢　/ 166

后记　/ 167

绪 论

第一节 研究背景及问题的提出

近年来,系统工程的观念越来越多地被人们接受和重视,尤其是在航天航空项目规划、生态文明建设、产业结构调整、重大自然灾害预测等方面,系统工程的方法得到了较为广泛的应用。所谓系统工程的方法,即是从系统的观点出发,用定量的或定量与定性相结合的思维方式,对社会、经济和技术系统进行分析、设计或改造的过程。人们在日常生活、学习和工作中都在进行着各种类型的决策,决策活动是人们进行选择或判断的一种思维活动,它无处不在、无时不有。有些决策问题是较为简单的,比如去超市购买何种东西、选择哪一家饭店就餐等等。然而,大部分社会经济系统决策问题则显得较为复杂,其原因在于决策者在处理这类决策问题时往往面对的是一个由相互关联、相互制约的诸多要素所构成的复杂系统。例如,面对当前国际金融危机形势,国家出台了一系列应对金融危机冲击的有效性政策措施,这些政策措施的制订需要相关领域的专家经过深入研究、反复商讨、论证才能做出最终的决策。由于这类决策问题涉及国家经济形势走向、社会稳定、人民群众的根本利益,因此其复杂性和影响的深远性都大大超过了一般决策问题。

由于社会经济系统的复杂性,因而人们能运用自如地解决各类问题的方法其实并不多见,有许多实际问题至今仍没有令人满意的解决方法。最初人们主要靠主观判断进行决策因而缺乏科学性,之后一些数学工具诸如数理统计方法、数量经济模型、数学规划方法等在系统工程和管理决策中的应用有效促进了系统工程方法的发展。这主要体现在如下两方面:一方面由于数学模型具有分析问题容易，目的性强，可以进行模拟试验，便于应用等特征，因此数学工具在决策中的作用越来越重要，最优化技术一度几乎成了决策的代名词；另一方面它们在系统工程中的应用也推动了这些数学分支的迅速发展。到70年代末80年代初，最优化理论发展得越来越抽象，数学模型的规模越来越大，有些人甚至片面地认为决策就是依靠数学模型解决问题。人们不难在以往的社会经济系统决策实践中找到这样的案例：为制定促进社会经济发展的长期战略规划，研究人员耗费了大量时间、物力、财力建立了复杂的数学模型，用大型计算机得到模型的解，并以此为依据编制战略规划，而这样的规划却会因执行困难而失去其实用价值，且过于复杂的数学模型也往往令绝大多数工程技术人员望而却步，从而在某种程度上降低了系统工程的社会经济效用。事实上，在系统工程领域，大部分复杂决策问题是很难完全用定量的数学模型予以解决的。若单纯追求建立一个完全精确的数学模型，则其结果必然是使求解问题十分繁琐，耗资十分巨大，以致最后掉入数学模型的"陷阱"中。在这种情况下，一些卓有远见的学者开始冷静地看待和正确地评价复杂数学模型对决策的作用。大量的应用实践表明，在系统工程领域，数学工具并不是万能的，决策过程中总会有大量的因素难以定量表示，在这种情况下决策者的选择和判断起着决定性的作用。认识到这一点后，运筹学家们又重新回到人的选择和判断上，并认真研究决策思维的规律。正是在这种背景下，美国Pittsburgh大学的Saaty教授于20世纪70年代初期提出了著名的层次分析法（AHP - Analytic Hierarchy Process）[①]。

AHP法作为一种测度复杂社会经济因素的基本方法，30多年来得到了长足的发展和进步。例如，在市场营销、能源、医疗卫生决策、研发项目选择、资源分配等领域AHP方法都得到了广泛应用。期间，管理科学知名刊物也对AHP方法的相关理论与应用予以了大量报道。据不完全流计，1990－2009年，国际刊物《International Journal of Production Economics》、《European Journal of Operational Research》、《Omega》、《Internationa Journal of Operations & Production Management》发表AHP相关论文的数量分别为39篇、29篇、17篇和15篇。国内外许多专家和学者都对其进行了深入的研究，并

---

① 王莲芬，许树柏：《层次分析法引论》，中国人民大学出版社，1990年。

且取得了一系列创新性研究成果①。但在实际运用中，AHP 方法因假设系统层次内部因素之间的相互独立性以及采用严格的层次结构表达方式而使得该方法难以反映复杂决策问题中所存在的因素之间复杂关联关系。为此，Saaty 教授于 1996 年在 AHP 的基础上提出了更为一般的网络分析法（ANP - Analytic Network Process）。由于 ANP 方法考虑了系统内部因素之间的依存和反馈关系，因此，它被认为是一种比 AHP 更为适用的、能有效解决复杂系统问题的评价与决策工具，迄今已在国内外受到了诸多学者关注并得到了大量应用。然而，这种评价方法是否科学可靠，是否是一种理想的测度复杂系统的方法，仍需要对其进行深入的思考。

事实上，尽管 AHP/ANP 从数学原理上有比较深刻的内容，但从深层次角度分析 AHP/ANP 实质就是一种思维方式。它先将复杂问题分解成若干个组成因素，又将这些因素按支配关系分组形成层次或网络结构。然后，基于构建出的层次或网络结构请评价专家通过成对比较的方式确定系统中各因素的相对重

---

① Deturth D M. The approach to consistency in the AHP. Mathematical Modeling, Vol. 41, No. 1, 1987, pp. 345~352.

左军：《判断矩阵层次分析中判断矩阵间接给出法》，《系统工程》，1988 年第 6 期，第 56~63 页。

Donegan H A, Dodd F G, McMaster T B M. A new approach to AHP decision-making. The Statistician, Vol. 41, No. 2, 1992, pp. 295~302.

Ma W Y. A practical approach to modifying pariwise matrices and two criteria of modification effectiveness. Journal of Systems Science and Systems Engineering, Vol. 2, No. 4, 1993, pp. 334~338.

林锦国，魏世孝：《AHP 中（0, 2）EM 法与（1/9, 9）EM 法的比较研究》，《系统工程理论与实践》，1994 年第 5 期，第 64~69 页。

Tung S L, Tang S L. A comparison of the Saaty's AHP and modified AHP right and left eigenvector inconsistency. European Journal of Operational Research, Vol. 106, No. 1, 1998, pp. 123~128.

Xu Z S, Wei C P. A consistency improving method in the AHP. European Journal of Operational Research, Vol. 116, No. 2, 1999, pp. 443~449.

李海霞：《AHP 中判断矩阵一致性改进的一种新方法》，《系统工程理论与实践》，2000 年第 2 期，第 122~125 页。

Lipovetsky S, Conklin W M. Robust estimation of priorities in the AHP [J]. European Journal of Operational Research, 2002, 137 (1): 110~122.

Huang D C, Shen L Z. New method for constructing comparison matrix based on the proportion scales in the AHP. Journal of Systems Engineering and Electronics, Vol. 14, No. 2, 2003, pp. 8~13.

Miroslaw K, Ewa V. Inconsistent and contradictory judgement in pairwise comparison method in the AHP. Computer & Operations Research, Vol. 31, No. 5, 2004, pp. 713~719.

Wang Y M, Luo Y, Hua Z S. On the extent analysis method for fuzzy AHP and its applications. European Journal of Operational Research, Vol. 186, No. 2, 2008, pp. 735~747.

Raharjo H, Xie M, Brombacher A C. On modeling dynamic priorities in the AHP using compositional data analysis. European Journal of Operational Research, Vol. 194, No. 3, 2009, pp. 834~846.

要性。最后，经过简单数学运算综合专家给出的判断信息（即因素权重），计算出反映决策方案相对重要性的总排序。整个决策过程体现了"分解、判断、简单综合"这一典型还原论的思维方式，即认为"部分之和等于整体"的思维方式。这种思维方式充分反映了20世纪上半叶西方哲学的主流思潮，它把自然现象还原为机械运动，进而分解为基本的零部件来认识其构成和功能。但还原的每一步，实际上都是对整体、对过程、对复杂性的一种抽象和切割，从而丧失了原有的某些关系和属性①。由于还原论的思维方式通过假设基元的孤立或独立不变性而忽略了实在的关系特征和整体性，从而难以反映复杂系统中所存在的如非线性、非平衡、突变、分岔、混沌、路径依赖等基本特征，因此从方法论上看，采用简单还原论思维来处理复杂性问题存在着较为明显的理论缺陷。

遗憾的是，虽然国内外学者从标度方式、标度数的选择、判断矩阵的一致性、Wash 准则、方案逆序等多方面对 AHP/ANP 进行了深入研究并取得了一系列高水平的创新性成果②，但他们仅仅关注了 AHP/ANP 的局部问题而没有注意到传统 AHP/ANP 因采用简单还原论思维方式而难以胜任处理复杂决策问

---

① 彭新武：《论复杂系统探究方式》，《系统辩证学学报》，2003 年第 1 期，第 13~18 页。

② Tung S L, Tang S L. A comparison of the Saaty's AHP and modified AHP right and left eigenvector inconsistency [J]. European Journal of Operational Research, 1998, 106 (1): 123~128.

Xu Z S, Wei C P. A consistency improving method in the AHP [J]. European Journal of Operational Research, 1999, 116 (2): 443~449.

Huang D C, Shen L Z. New method for constructing comparison matrix based on the proportion scales in the AHP [J]. Journal of Systems Engineering and Electronics, 2003, 14 (3): 8~13.

Liang L, Wang G H, Hua Z S, Zhang B. Mapping verbal responses to numerical scales in the analytic hierarchy process. Socio-Economic Planning Sciences, Vol. 42, No. 1, pp. 46~55.

Miroslaw K, Ewa V. Inconsistent and contradictory judgement in pairwise comparison method in the AHP [J]. Computer & Operations Research, 2004, 31 (5): 713~719.

He Y, Huang R H. Risk attributes theory: decision making under risk. European Journal of Operational Research, Vol. 186, No. 1, 2008, pp. 243~260.

Xu Z S, Chen J. Some models for deriving the priority weights from interval fuzzy preference relations. European Journal of Operational Research, Vol. 186, No. 1, 2008, pp. 266~280.

Dong Y C, Xu Y F, Li H, Dai M. A comparative study of the numerical scales and the prioritization methods in AHP. European Journal of Operational Research, Vol. 186, No. 1, 2008, pp. 229~242.

Liberatore M J, Nydick R L. Wash criteria and analytic hierarchy process. Computer and Operations Research, Vol. 31, No. 6, 2004, pp. 889~892.

Wang Y M, Echag T M S. An approach to avoiding rank reversal in AHP. Decision Support Systems, Vol. 42, No. 3, 2006, pp. 1474~1480.

题这一重大理论缺陷。

面对"复杂性"这一受到全世界关注的问题,在国外学术界开始对复杂系统、复杂性进行研究的同时,我国的科学家也独立地进行着相关的开拓性工作。从 20 世纪 80 年代开始的系统学讨论班,不断概括,提炼"复杂"的含义,通过深入讨论、提高认识,最终形成了"开放的复杂巨系统"(OCGS - Open Complex Giant System)的概念和理论。1990 年,钱学森、于景元、戴汝为在《自然杂志》上合作发表了论文"一个科学新领域——开放的复杂巨系统及其方法论",明确地阐述了 OCGS 的概念①。

在钱学森等人提炼出 OCGS 这一概念的同时,还给出了研究这类系统及相关问题的方法论,即"定性与定量相结合的综合集成法"。1991 年,钱学森院士将"定性与定量相结合的综合集成法"发展为"从定性到定量的综合集成法",充分强调了思维动态、辩证的性质。其中"从定性到定量"就是从感性认识上升到理性认识,从定性的、不全面的感性认识上升到综合定量的理性认识。"定性与定量相结合的综合集成法"与"从定性到定量的综合集成法",看起来只是文字上稍有差异,而事实上这是明显不同的两种思路。从科学发展的过程来看,这个方法论是把还原论与整体论有机地相结合,既超越了还原论也发展了整体论,是系统学的一种新方法论②。

近年来,综合集成法也不断地被发展,从最初的"定性定量相结合的综合集成法"到"从定性到定量的综合集成法",再到"人机结合、从定性到定量的综合集成研讨厅体系",反映了人们对复杂系统的认识不断提高、深化的过程。它是世界范围内首先提出的处理"复杂性"的方法论,具有重要的理论和实践意义③。

认识到上述问题,中科院院士张钹教授指出④,"关于复杂系统的研究方法,普遍的看法是,必须从整体上加以研究,不能单纯采用'还原主义'的方法。这个问题目前已经比较清楚,没有必要再继续争论。"同时他也指出,当前的任务是考虑如何深入问题的研究,而不是继续基本概念的陈述与争论。

---

① 钱学森,于景元,戴汝为:《一个科学新领域——开放的复杂巨系统及其方法论》,《自然杂志》,1990 年第 1 期,第 3~10 页.
② 戴汝为,李耀东:《基于综合集成的研讨厅体系与系统复杂性》,《复杂系统与复杂性科学》,2004 年第 4 期,第 2~24 页.
③ 同上
④ 张钹:《网络与复杂系统》,《科学中国人》,2004 年第 10 期,第 37~38 页.

基于上述理论认识，作者认为，由于复杂系统涌线性、突变性、复杂性等基本特征均是由系统非线性本质特征所引起的，因此，以还原论与整体论相结合的综合集成方法论为指导，从非线性复杂系统角度来探究反映复杂系统问题的 ANP 决策方法是可行的，是具有重大理论创新价值和实践意义的一项重要研究课题。为此，作者结合导师的国家自然基金项目（超越 AHP/ANP 的半经验半理论层次分析方法研究，70471015），对评价复杂系统的非线性 ANP 决策方法进行初步探索研究。

第二节 相关研究综述与最新进展分析

由于前面提及的关于 AHP/ANP 的标度方式、一致性方面的研究进展已经有学者系统地予以了介绍[1]，因而这里不再赘述。下面主要从四方面介绍和分析 AHP/ANP 与复杂系统理论领域内的相关研究现状及进展分析。

一、关于 AHP 相对重要性权重内涵无清晰定义及方案评价逆序问题的研究进展分析

在 1983 年，Belton 教授[2]首次公布了就 AHP 权重重要性概念内涵问题所作的心理学实验结果，并依据该实验结果认为 AHP 的重要性概念没有明确的内涵定义。Schoner/Wedley[3] 完全赞同上述观点，认为 AHP 的准则权重概念是模糊不清的。Dyer[4] 随后也强烈地指责 AHP 两两比较法得出的判断过于随意，并且指出 AHP 权重内涵无清晰定义问题是导致方案评价逆序的根源所在。台湾省学者 Lai[5] 进一步认为，AHP 权重内涵无清晰定义问题和方案逆序问题是彼此相关联的、是一个问题的两个方面。为解决逆序问题，Barzilai/Lootsma[6] 提出运用"权积法 AHP"可以避免"权和法 AHP"所出现的方案逆

---

[1] 朱建军：《关于层次分析法的若干问题研究》，东北大学博士学位论文，2005。
[2] Belton V, Gear T. On a shortcoming of Saaty's method of analytic hierarchies. Omega, Vol. 11, No. 3, 1983, pp. 228~230.
[3] Schoner B, Wedley W C. Ambiguous criteria weights in AHP: consequences and solutions. Decision Sciences, Vol. 20, No. 3, 1989, pp. 462~475.
[4] Dyer J S. Remarks on the analytic hierarchy process. Management Science, Vol. 36, No. 3, 1990, pp. 249~258.
[5] Lai S K. A preference-based interpretation of AHP. Omega, Vol. 23, No. 4, 1995, pp. 453~462.
[6] Barzilai J, Lootsma F A. Power relation and group aggregation in the multiplicative AHP and SMART. Journal of Multi-criteria Decision Analysis, Vol. 6, No 3, 1997, pp. 155~165.

序现象，但 Vargas① 随即便通过一个反例指出了"权积法 AHP"在方案评价保序上的无效性。近年来，Ramanathan② 将数据包络分析（DEA – Data Envelopment Analysis）技术引入到 AHP 方法研究之中，提出了旨在实现方案评价保序的 DEAHP 方法；但之后不久 Wang/Echag③ 分析否定了 DEAHP 在方案评价保序上的有效性，并运用特征向量法给出了一个理论严谨的保序模型。但是，Bana e Costa/Vansnick④ 则指出由特征向量法得出的排序权重并不能保证方案评价的偏好保序，AHP/ANP 所采用的特征向量法是明显错误的。综上所述可以看出，如何在 AHP 理论框架下解决方案评价逆序问题目前看来仍是一个困扰专家学者的研究难题。为直接解决 AHP 权重内涵不清晰问题，Choo/Schoner/Wedley⑤、Barzilai⑥ 基于效用理论从价值权衡、边际效用替代等视角提出了 8 种较为可能的权重内涵理论解释。但他们也同时指出，运用各种理论解释来确定 AHP 权重都必须依赖于和内涵解释相对应的特定比较程序，而这一要求在传统 AHP 比较判断模式下是很难实现的。综合上述研究进展可以看出，无论是方案评价逆序问题还是相对重要性权重内涵无清晰定义问题，目前在 AHP 原有理论框架下仍是悬而未决的方法难题，据此著名的管理学家 Smith 教授和 von Winterfeldt⑦ 在评述近 50 年世界管理科学发展的论文中指出，AHP 方法是本质错误的、不合理的。

二、关于 AHP/ANP 系统分析结构问题的研究现状分析

尽管 ANP 法克服了 AHP 方法严格的递阶层次结构限制，采用了更为一般的网络结构表述系统因素之间的依存、反馈关系，但在判断系统因素之间的复杂关联关系时仍是采用与 AHP 一样的两两比较判断模式，因此 ANP 在结构表

---

① Vargas L G. Reply the multiplicative AHP is invalid: a practical example. Journal of Multi – criteria Decision Analysis, Vol. 6, No. 3, 1997, pp. 169~170.

② Ramanathan R. Data envelopment analysis for weight derivation and aggregation in the analytic hierarchy process. Computers & Operations Research, Vol. 33, No. 5, 2006, pp. 1289~1307.

③ Wang Y M, Echag T M S. An approach to avoiding rank reversal in AHP [J]. Decision Support Systems, 2006, 42 (3): 1474~1480.

④ Bana e Costa C A, Vansnick J C. A critical analysis of the eigenvalue method used to derive priorities in AHP. European Journal of Operational Research, Vol. 187, No. 3, 2008, pp. 1422~1428.

⑤ Choo E U, Schoner B, Wedley W C. Interpretation of criteria weights in multicriteria decision making. Computers & Industrial Engineering, Vol. 37, No. 3, 1999, pp. 527~541.

⑥ Barzilai J. On the decomposition of value functions. Operations Research Letter, Vol. 22, No. 4~5, 1998, pp. 159~170.

⑦ Smith J E, von Winterfeldt D. Decision analysis in management science. Management Science, Vol. 50, No. 5, 2004, pp. 561~574.

达上并没有脱离 AHP 在结构表述上所采用的支配控制关系束缚。这样，在构造反映系统因素之间内在联系的超矩阵时，不仅需要构造因素集内部各因素之间的判断矩阵，而且还需要对不同因素集构造相对重要性两两比较的加权矩阵，因此 ANP 不仅仍存在着系统因素之间相对重要性内涵没有明确定义问题，而且又出现了因素集与因素集之间相对重要性权重内涵无定义问题。正是由于上述原因的存在，在构造反映因素集之间结构关系的加权矩阵时，台湾学者 Yu/Tzemg[①] 指出在 ANP 决策分析中专家是很难进行比较判断的，其系统结构关系的表达是不清晰的。

事实上，Saaty 教授一方面将 AHP 系统层次之间的关系解释为下向支配关系，因而在构造反映系统关系的判断矩阵时，将上层因素作为控制准则进行下层因素之间的两两比较判断，这一过程是独立于底层方案而进行的，即采用自上而下的方式构造判断矩阵[②]；另一方面，Saaty 教授及其学生 Whitaker 又认为专家在进行 ANP/AHP 两两比较判断时应熟悉方案的实际情况[③]，这种结合方案进行逻辑判断的方式实质上又体现了自下而上的判断矩阵构造模式。结合上述两方面可知，传统 ANP/AHP 因系统结构关系认知上的模糊性而导致判断矩阵构建思想的自相矛盾。与此类似，Barzilai[④] 认为 AHP/ANP 所采用的分析结构只是一种线性的分析结构，并且 AHP/ANP 对判断矩阵或超矩阵的权重处理方法也没有正确保证线性结构分解这一要求；Liberatore/Nydick[⑤] 与 Finan/Hurley[⑥]认为 AHP 不正确的结构分解是导致 Wash 准则现象出现的主要

---

① Yu R, Tzemg G H. A soft computing method for multi-criteria decision making with dependence and feedback. Applied Mathematics and Computation, Vol. 180, No. 1, 2006, pp. 63~75.

② Saaty T L. The Analytic Hierarchy Process: Planning, Priority Setting and Resource Allocation. Pittsburgh: RWS Publications, 1990.

Saaty T L. Axiomatic foundation of the analytic hierarchy process. Management Science, Vol. 32, No. 7, 1986, pp. 841~855.

③ Saaty T L. Rank from comparisons and from ratings in the analytic hierarchy/network processes. European Journal of Operational Research, Vol. 168, No. 2, 2006, pp. 557~570.

Whitaker R. Validation examples of the analytic hierarchy process and analytic hetwork process [J]. Mathematical and Computer Modelling, 2007, 46 (7~8): 840~859.

④ Barzilai J. On the decomposition of value functions [J]. Operations Research Letter, 1998, 22 (4~5): 159~170.

⑤ Liberatore M J, Nydick R L. Wash criteria and analytic hierarchy process [J]. Computer and Operations Research, 2004, 31 (6): 889~892.

⑥ Finan J S, Hurley W J. The analytic hierarchy process: can wash criteria be ignored. Computers & Operations Research, Vol. 29, No. 8, 2002, pp. 1025~1030.

根源；Srdjevic[①]指出，得出合适的方案复合排序权重需要考虑 AHP/ANP 各因素之间可能存在的不同系统联系机理，而这种理论思想在目前 AHP/ANP 结构框架下是无法予以实现的。

综上所述可知，现有 AHP/ANP 在结构表达上仍是模糊的。

三、复杂系统理论领域内的相关研究进展分析

复杂自适应系统理论（CAS – Complex Adaptive System）是 20 世纪几代科学家不断深入研究，对于复杂系统日益全面理解与认识的成果之一[②]。CAS 理论认为复杂系统就是由用规划描述的、相互作用的主体组成的系统，其中的主体在形式和能力方面是千差万别的并且随着经验的积累通过不断变化其活动规则来适应环境中的其他主体[③]。以著名科学家钱学森院士为代表的我国专家学者提出的复杂系统综合集成方法论，将子系统种类很多且又有层次结构关联关系的系统称为复杂（巨）系统。近些年来在包含管理科学在内的诸多学科领域关于系统复杂性与复杂系统理论的研究一直是专家学者关注的一个热点，取得的相关研究成果也极大地丰富和发展了人们对复杂系统层次关系的认识。例如，许国志院士指出，复杂系统不可能一次完成从因素性质到系统整体性质的涌现，需要通过一系列中间等级的整合逐步涌现出来，并且每个涌现等级代表一个层次；层次是系统因素在整合为整体过程中的涌现等级，不同性质的涌现形成不同的层次，不同层次表现不同的涌现性。Kolasa[④]认为，不仅系统层次本身依赖于系统的整合效果，而且两者之间是通过非常具体的方式而相互联系的。陈禹教授[⑤]指出，每一个层次都有自己的内涵、利益、目标和主动性，层次间的协调与平衡是复杂系统管理与控制的关键。孙志海[⑥]认为，系统进化是一个逐级上升的过程，先产生下级层次，后产生上级层次；低层次在向高层次系统进化后，仍是高级系统多层次动力学机制中的一个层次，呈现为低层自主性；系统的各个层次通过超循环的形成相互镶嵌在一起，从而在宏观上构成系

---

① Srdjevic B. Combining different prioritization methods in the analytic hierarchy process synthesis. Computers & Operations Research, Vol. 32, No. 7, 2005, pp. 1897~1919.

② 陈禹：《复杂适应系统（CAS）理论及其应用——由来、内容与启示》，《系统辩证学学报》，2001 年第 4 期，第 62~93 页.

③ 约翰·霍兰：《隐秩序——适应性造就复杂性》，上海科技教育出版社，2000 年.

④ Kolasa J. A community ecology perspective on variability in complex systems: the effects of hierarchy and integration. Ecological Complexity, Vol. 3, No. 1, 2006, pp. 71~79.

⑤ 陈禹：《层次——系统科学的一个重要范畴》，上海科技教育出版社，2000 年.

⑥ 孙志海：《自组织的社会进化理论——方法和模型》，中国社会科学出版社，2004 年.

统整体运动。董春雨/姜璐教授等学者①指出，人这个复杂系统，作为社会的一分子，根据其行为的随机性可以定义某种"行为熵"，并且这种行为熵可以通过社会道德规范以及法律的制定来减少。顾文涛/王以华/吴金希②认为，系统外部的能量必须通过选择吸收转化为内部能量后才能参与到系统结构的改变，但选择吸收往往受到高层的命令和监督；高层次会运用其支配力量对低层次系统进行结构调整。需要指出的是，迄今在AHP/ANP的理论与应用研究中，除作者与导师合作发表的研究成果③外，迄今尚无借鉴复杂系统层次关系方面新认识、新成果的相关研究报道。

四、ANP应用研究与最新进展

近年来，ANP方法已经国内外得到了大量应用，取得了一系列的研究成果。通过对已有成果的综合分析，作者将ANP的应用类型划分为以下两种情形。

（一）单独应用ANP评价复杂决策问题

Meade/Presley④运用ANP法建立了针对研发项目选择的评价模型，并在一个高技术公司中对该模型予以了实际应用。Poonikom等⑤运用ANP方法对泰国的各所大学进行了综合评价。Sarkis⑥通过ANP超矩阵把影响性能测度的诸多因素予以综合考虑，建立了性能测度系统的定量模型。由于大部分决策评价方法往往难以对复杂问题建立系统评价模型，因此该文运用ANP模型提供了一个可理解的战略分析框架。但是，该模型仍有一定的局限性，需要扩展的要素是很多的，如费用、适应性、质量的观点都需整合在一起来共同决定它们对方案的综合影响。Niemira⑦通过应用ANP理论，讨论和发展了一种不平衡

---

① 董春雨，姜璐：《层次性：系统思想与方法的精髓》，《系统辩证学学报》，2001年第1期，第1~4页。

② 顾文涛，王以华，吴金希：《复杂系统层次关系原理新探》，第9届全国青年管理科学与系统科学学术会议，广州，2007年9月。

③ 李春好，孙永河：《ANP内部循环依存递阶系统的方案排序新方法》，《管理科学学报》，2008年第6期，第25~34页。

④ Meade L M, Presley A. R&D project selection using the analytic network process. IEEE Transactions on Engineering Management, Vol. 49, No. 1, 2002, pp. 59~64.

⑤ Poonikom K, Brien C, Chansa - ngavej C. An application of the analytic network process (ANP) for university selection decisions. ScienceAsia, Vol. 30, No. 1, 2004, pp. 317~326.

⑥ Sarkis J. Qualititative models for performance measure systems - alternate considerations. Internationa Journal of Production Economics, Vol. 86, No. 1, 2003, PP. 81~90.

⑦ Niemira M P, Saaty T L. An analytic network process model for financial - crisis forecasting. International Journal of Forecasting, No. 20, 2004, pp. 573~587.

危机转折点模型来预报财政危机出现的可能性。另外，Huang/Shen[1]、Chung/Lee/Pearn[2] 以及 Wolfslehner/Vacik[3] 也分别阐述了 ANP 在多维数据标度、半导体工业的产品组合规划以及可持续森林管理的目标分析等方面的应用。近年来，国外掀起了应用 ANP 技术的热潮，其应用范围几乎涵盖所有系统科学与管理科学领域。例如，Asan/Soyer[4] 运用 ANP 方法来识别战略管理概念，Tuzkaya/nüt/Tuzkaya/Gülsün[5] 将 ANP 应用于不期望使用设备的选择问题，等等。

我国学者已将 ANP 方法用于西部大开发战略体系构建、企业物流战略动态评价、地区科技实力综合评价等诸多决策领域。比如，黎青松/叶怀珍[6] 提出了企业物流战略评价的基本框架和程序，并着重讨论了如何用 ANP 对一个包含外部因素的战略作出动态的系统评价，以适应战略评价问题需要对外部环境因素以及内部因素的相关性加以考虑的要求。这无疑对加强我国企业物流战略决策的理论研究和实践具有一定的价值。陈志祥[7] 通过利用 ANP 技术来考虑指标之间的相互影响与制约关系，建立了指标非线性组合关系的多指标综合评价决策模型与算法。该模型与算法采用的指标权重确定方法，克服了传统 AHP 采用指标线性组合对决策问题予以综合评价的不足，在一定程度上增加了指标权重的可行性与合理性。简朴等[8] 分析了在西部大开发中应用 ANP 辅助决策的可行性与必要性，并构建出了具体的 ANP 评价模型，在此基础上给出了运用 ANP 方法对西部开发战略体系进行调整的方法步骤。该

---

[1] Huang D C, Shen L Z. New method for constructing comparison matrix based on the proportion scales in the AHP [J]. Journal of Systems Engineering and Electronics, 2003, 14 (3): 8~13.

[2] Chung S H, Lee A H L, Pearn W L. Analytic network process (ANP) approach for product mix planning in semiconductor fabricator. International Journal of Production Economics, Vol. 96, No. 1, 2005, pp. 15~36.

[3] Wolfslehner B, Vacik H. Application of the analytic network process in multi–criteria analysis of sustainable forest management. Forest Ecology and Management, Vol. 207, No. 1~2, 2005, pp. 157~170.

[4] Asan U and Soyer A. Identifying strategic management concepts: an analytic network process approach. Computers and Industrial Engineering, Vol. 56, No. 2, 2009, pp. 600~615.

[5] Tuzkaya G, nüt S, Tuzkaya U R and Gülsün B. An analytic network process approach for locating undesirable facilities: an example from Istanbul, Turkey. Journal of Environmental Management, Vol. 88, No. 4, 2008, pp. 970~983.

[6] 黎青松，叶怀珍：《企业物流系统战略评价的 ANP 法》，《物流技术与应用》，2000 年第 2 期，第 32~34 页。

[7] 陈志祥：《基于 ANP 理论的供需协调绩效评价模型与算法》，《计算机集成制造系统—CIMS》，2004 年第 3 期，第 286~291 页。

[8] 简朴，夏铮，林菁：《ANP 法在西部可持续发展战略体系调整中的应用》，《数学的实践与认识》，2004 年第 4 期，第 11~15 页。

文应用 ANP 将专家的知识经验、逻辑分析方法和科学的数理运算结合起来，辅助决策西部开发过程中无法用数学模型精确描述的复杂问题，以充分反映西部大开发决策过程中思维的灵活性和逻辑的正确性。赵国杰/刑小强[1]在对国内外现有的区域科技实力评价理论与方法进行梳理的基础上，引入了 ANP 决策方法确定评价指标权重，并进行了理论说明和实证分析。王蓓/孙林岩[2]建立了具有内部关联关系的多指标逆向物流运作决策的 ANP 评价模型，并通过算例来说明该模型的合理性和实用性。田波等[3]考虑到创新合作成员选择的影响因素及其评价指标之间存在着复杂的依赖与反馈关系，应用 ANP 技术给出了基于网络关系判断信息的企业创新合作成员选择方法。台湾省学者 Wu/Lee[4]为确保知识管理在企业中的成功执行，运用 ANP 方法来帮助公司对各种知识管理策略进行评价和选择。

（二）ANP 法与其他方法相结合，评价复杂决策问题

鉴于现有的信息系统项目选择方法均忽视了评价准则之间的复杂依赖关系，Lee/Kim[5]通过将 ANP 与 0~1 目标规划方法相结合，提出了一个改进的信息系统项目选择方法，以反映信息系统项目评价模型中准则、子准则之间所存在的相互依存、相互影响关系。Karsak/Sozer/Alptekin[6]也运用 ANP 与 0~1 目标规划相结合的方法来改善高产品的质量功能开发，以便更好地满足消费者的需求，不断提高顾客满意度。

Ha/Seong[7]将 ANP 与贝叶斯（Bayesian）网络相结合，对核工厂的安全等级进行分类。该文运用条件概率对不确定因素进行判断，并将两种方法有机地

---

[1] 赵国杰，刑小强：《ANP 法评价区域科技实力的理论与实证分析》，《系统工程理论与实践》，2004 年第 5 期，第 41~45 页。

[2] 王蓓，孙林岩：《基于 ANP 方法的逆向物流决策模型和算法》，《软科学》，2007 年第 2 期，第 20~24 页。

[3] 田波，李春好，孙永河：《网络分析法在选择企业创新合作成员中的应用》，《情报科学》，2008 年第 8 期，第 1257~1260 页。

[4] Wu W W, Lee Y T. Selecting knowledge management strategies by using the analytic network process. Expert Systems and Applications, Vol. 32, No. 3, 2007, pp. 841~847.

[5] Lee J W and Kim S H. Using analytic network process and goal programming for interdependent information system project selection. Computers and Operations Research, Vol. 27, No. 4, 2000, pp. 367~382.

[6] Karsak E E, Sozer S, Alptekin E. Product planning in quality function deployment using a combined analytic network process and goal programming approach. Computers and Industrial Engineering, Vol. 44, No. 1, 2003, pp. 171~190.

[7] Ha J S, Seong P H. A method for risk – informed safety significance categorization using the ANP and bayesian belief network. Reliability Engineering and system safety, Vol. 83, No. 1, 2004, pp. 1~15.

相结合，提供了一种解决复杂系统问题的新思路，有着一定的参考借鉴价值。

Ravi/Shankar/Tiwari[1] 将 ANP 与平均值法相结合，以试图解决报废计算机的逆向后勤方案分析问题。

Mikhailov/Singh[2] 将 ANP 技术与模糊逻辑结合起来，提出了更为适用的模糊 ANP（FANP - Fuzzy ANP）方法。由于模糊 ANP 理论能够体现决策者在构造判断矩阵过程中的面临的不确定性，因此它已被国内外诸多学者接受并大量使用。例如：Kahraman/Ertay/Büyüközkan[3] 为了改进产品设计和提高产品质量，提出了基于模糊 ANP 方法的系统评价模型，同时将该模型在一个土耳其公司进行了应用。Tuzkaya/nüt[4] 运用模糊 ANP 对运输模式进行选择，并将该方法在德国和土耳其两家物流公司予以了实证应用。Promentilla/Furuichi/Ishii/Tanikawa[5] 运用模糊 ANP 方法对各种污染源补救措施进行评价。Aya/zdemir[6] 运用模糊 ANP 方法在新产品开发过程中进行概念选择，以适应公司的发展需求并使消费者的满意程度最大化。

Wu[7] 将 ANP 与 DEMATEL 方法相结合，在知识管理执行过程中选择合适的知识管理策略。她在大量的 ANP 运用中发现，ANP 方法在对系统因素的复杂影响关系进行分析时存在一定的困难，因此她试图先运用 DEMATEL 方法来识别系统因素之间的影响关系，然后运用 ANP 超矩阵方法进行方案排序，从而更好地发挥出这两种方法的优点。

---

[1] Ravi V, Shankar R, Tiwari M K. Analyzing alternatives in reverse logistics for end - of - life computers: ANP and balanced scorecard approach. Computers & Industrial Engineering, Vol. 48, No. 2, 2005, pp. 327 ~ 356.

[2] Mikhailov L, Singh M G. Fuzzy analytic network process and its application to the development of decision support systems. IEEE Transactions on Systems, Man, and Cybernetics, Part C: Applications and Reviews, Vol. 33, No. 1, 2003, pp. 33 ~ 41.

[3] Kahraman C, Ertay T, Büyüközkan G.. A fuzzy optimization model for QFD planning process using analytic network approach. European Journal of Operational Research, Vol. 171, No. 2, 2006, pp. 390 ~ 411.

[4] Uzkaya U R, nüt S. A fuzzy analytic network process based approach to transportation - mode selection between Turkey and Germany: a case study. Information Sciences, Vol. 178, No. 15, 2008, pp. 3133 ~ 3146.

[5] Promentilla M A B, Furuichi T, Ishii K, Tanikawa K. A fuzzy analytic network process for multi - criteria evaluation of contaminated site remedial countermeasures. Journal of Environmental Management, Vol. 88, No. 3, 2008, pp. 479 ~ 495.

[6] Aya Z, zdemir R G. A hybrid approach to concept selection through fuzzy analytic network process. Computers and Industrial Engineering, Vol. 56, No. 1, 2009, pp. 368 ~ 379.

[7] Wu W W. Choosing knowledge management strategies by using a combined ANP and DEMATEL approach. Expert Systems and Applications, Vol. 35, No. 3, 2008, pp. 828 ~ 835.

第三节 研究意义

由于传统 ANP 存在前述如权重内涵无定义、结构表达不清晰等内在缺陷，因此，本书从非线性复杂系统视角对 ANP 决策方法进行探索研究至少具有如下两方面的理论与实践意义。

一、为全面、清晰地认知复杂系统评价与决策问题的内在结构关系和非线性关系提供理论方法支持

为适应两两比较判断模式，Saaty 教授在结构表达上将传统 ANP 因素（集）之间的依存关系解释为唯一的支配（控制）关系。由前面研究进展分析可知，正是由于 ANP 这种结构认识的模糊性，使得专家在实际的决策分析中难以进行逻辑比较判断。从现有对复杂系统层次关系研究所取得的成果上看，复杂评价与决策问题内部不仅存在着高层次系统对低层次系统的支配控制关系，而且还存在着在内涵上明显与支配控制不同的、低层次系统向高层次系统进化中涌现出的因果影响关系。认识到这些支配与因果关系，客观上也要求人们提出一种反映上述结构关系的 ANP 新决策方法，以科学表达复杂系统评价与决策问题的内在结构联系。

另外，虽然现行的 ANP 决策方法声称能够解决复杂系统决策问题，但从其存在如前面第二节研究进展中第一点和第二点所述的缺陷及 ANP 的应用实践上看，现有 ANP 反映的仅是一种线性的评价与决策方法，因而在实际评价中无法反映出复杂系统中大量存在的非线性作用关系。从这方面来看，客观上也要求人们给出一种能切实反映系统因素复杂非线性联系的 ANP 决策方法。

二、为在实践中发展复杂系统决策理论提供方法支持，以提高人们对复杂问题的决策水平

张彩江/邝国良[1]在分析了决策模式思维信念、知识前提、方法步骤三个层面内容差异的基础上，提出了复杂性决策模式的概念框架，但他们也同时指出："这种决策模式目前还没有完整的内容体系，这种状况是当前的系统复杂性认识水平决定的。主要的研究进展在决策理念和系统方法论层面，而面向复杂问题决策的基础理论和具体方法则有待进一步的探索，是决策领域一个崭新的待研究课题。"

---

[1] 张彩江，邝国良：《复杂决策模式（CDM）形成：一个分析概念框架》，《系统工程学报》，2007 年第 6 期，第 669~673 页。

ANP 区别于 AHP 的一个重要特征就是无需假定层次内部因素是相互独立的以及系统内部不存在反馈关系。因此，相比 AHP 而言，ANP 具有更强的普适性。我们认为，这也是 ANP 目前得以大量应用的重要原因所在。然而，虽然传统 ANP 理论将系统内部因素的关系描述为具有一般性的网络结构，从这个角度上看它确实具有反映系统复杂性的倾向，但受传统建模的局限其研究的方法论仍没有脱离简单还原论的思维模式，因而难以反映出复杂系统非线性、涌现性等本质特征。

为克服传统 ANP 的内在还原性缺陷，作者认为，以目前被专家学者普遍认同的、钱学森院士、戴汝为院士提出的"从定性到定量的综合集成法"方法论（超越还原论的新系统方法论）为指导，探索能够合理反映决策主体价值与系统客体价值有机关联的 ANP 决策方法不仅有着添补目前复杂问题决策方法研究空白的明显理论意义，而且还对人们提高面向复杂问题的科学决策水平、更好地在生产实践中加以运用有着较强的实践指导意义。

第四节　研究内容与结构安排

本书在概论部分综述了 AHP/ANP 理论的相关研究现状与最新进展分析。第 1 章给出了研究的理论基础，即：决策理论、复杂系统理论、Beyes 理论、期望效用理论以及 DEA 理论，在此基础上分别得出了对本书研究的相关启示。第 2 章探讨了 ANP 决策分析的非线性系统特征并对传统 ANP 决策分析结构重新予以了划分。第 3 章到第 6 章分别对划分出的 4 类典型 ANP 结构进行了系统研究。其中，第 3 章从因素变权角度给出了一种方案优选排序的非线性 AHP 决策方法。第 4 章针对 ANP 内部独立循环系统，首先提出了用区间估计方式来构造方案集对目标集影响矩阵的理论观点，并基于 DEA 相对效率评价的技术核心思想，提出了一种针对该类系统的 ANP 超矩阵构造的改进方法。然后，彻底抛弃原有 ANP 的方法体系，在构建新分析结构的基础上，提出一种能较为理想地反映复杂系统层次之间因素非线性联系的 ANP 新决策方法，且结合算例对新方法进行了分析。第 5 章研究了 ANP 内部循环依存递阶层次系统的方案排序方法，并通过算例与传统 ANP 方法予以了对比分析。第 6 章研究了在收益、机会、风险、成本四个维度下方案复合权重综合集成的非线性 ANP 决策方法，并通过算例将该方法与传统 ANP 在这四个维度下方案排序权重综合集成方法予以了对比分析。第 7 章给出了理论方法的实证应用研究，以证实本书所提出的非线性 ANP 决策方法的科学合理性和实践可行性。

第一章

研究的理论基础与基本启示

第一节 决策理论

决策是对一项问题在行动之前所作的考虑和抉择；是对未来的行为确定目标和方向，并从两个以上的行动方案中，合理地选择一个能实现预期目标最优行动方案的活动过程①。人类的决策活动有着悠久的历史，它是伴随着人类的起源而产生的。现代决策学则是随着科学技术和社会的飞速发展而产生的。决策理论是把第二次世界大战以后发展起来的系统理论、运筹学、计算机科学等综合运用于管理决策问题而形成的一门有关决策过程、准则、类型及方法的较完整的理论体系。

在日常决策中，人们面临的大都是通过多个准则对各种事物进行分析、比较和排序的情况，因而适应这种需要的决策理论（即多准则决策理论）也相应产生并得到了较快的发展，迄今它已成为决策理论中极其重要的一个分枝。

多准则决策是指在多个不能互相替代的准则存在下进行的决策。按照Hwang/Yoon②，多准则决策是由多目标决策（MODM – Multiple Objective Decision Making）和多属性决策（MADM – Multiple Attribute Decision Making）两个重要部分组成。一般认为，决策对象是离散的且具有有限个备选方案的多准则决策是多属性决策，而决策对象是连续的且具有无限个备选方案的多准则决策则是多目标决策。下表1.1从五方面详尽描述了这两种决策方法的差异③。

---

① 杨印生：《经济系统定量分析方法》，吉林科学技术出版社，2001年.
② Hwang C L, Yoon K. Multiple Attribute Decision Making – Methods and Applications: A State – of – the – Art Survey. New York: Springer – Verlag, 1981.
③ 徐玖平，吴巍：《多属性决策的理论与方法》，清华大学出版社，2006年.

表 1.1 多属性决策与多准则决策的差异

	多属性决策	多目标决策
准则形式	属性	目标
准则特征	隐含的目标，与方案不直接联系	明确的目标，与决策变量直接联系
约束条件	不变动，合并到属性中	变动，以显式给出
方案特征	有限数目，离散，预定方案	无限数目，连续，产生方案
适用范围	选择评价问题	设计问题

从表 1.1 可以看出，多目标决策与方案预先制订的问题无关，而是与设计问题密切相关的。在各种限制作用的约束条件下，寻找最好的方案来达到一些数量化目标可以接受的程度，从而更好地满足决策者的要求[1]。相比较而言，多属性决策是针对有限个预先制订出的方案进行的评价与选择，通过在属性内与属性间的价值比较来比选最优方案。

为后文研究方便，下文借鉴文献［80］对管理决策领域最为常用的多属性决策理论的基本概念、决策内容及决策方法分别予以简要介绍。

一、基本概念

（一）准则（Criterion）

准则是衡量、判断事物价值的标准，它度量的是事物对主体的有效性，是人们分析与评价的基础。指标可视作为一种特殊的准则，它体现的是预先设定的值或期望的程度，即指某些属性值是否达到人们的期望。由于指标是被用来限制方案的，因此它也被称为限制，反映的是实际存在事物的数量概念和具体数值。指标既包括准则的名称，也包括准则的数值。前者体现了事物质的规定性，而后者体现了事物量的规定性，二者通过指标值实现了对立统一。

（二）目标（Goal 或 Objective）

目标是决策者追求的最完美的东西，它反映了决策者对客体的主观要求。通过给定的目标，可以明确决策者对于研究问题等客体所期望的变化方向、达到的状态。

（三）属性（Attribute）

属性是指方案固有的特征、品质或性能。凡是能表征决策方案绩效的参

---

[1] 徐玖平，吴巍：《多属性决策的理论与方法》，清华大学出版社，2006 年.

数，使之与其他客体相似或相异的一切成分、因素、特征、性质等都是属性。每个方案均可用一系列属性来描述。在决策中，由决策者选择的全部属性的值可以表征一个方案的实际水平。它们既可能是客体实际的特性，也可能是决策主体认定的表示决策客体的客观特性。虽然它们不能从决策者的价值和现实的模型中分开，但能相对独立于决策者的需求和希望进行辨识和度量。

（四）备选方案（Alternative）

备选方案一般简称为方案，它是决策的客体。在不同的实际问题中，方案的称谓也等同于选项（Option）、政策（Policy）、行动（Action）或者候选人（Candidate），这些方案被多个通常互相冲突的属性所刻画①。

（五）最优方案与或理想方案（Ideal Solution）

在多属性决策问题中，理想方案能够在每个属性上同时达到最优，但这种方案一般说来是不存在的，否则，该类决策问题本质上就不再属于多属性决策问题的范畴。在多属性决策中，理想方案只是一个假设方案，它是由决策矩阵中各属性的最优值所确定出来的。值得说明的是，理想方案在多属性决策中是主观的，而在多目标决策中则是客观的。虽然理想方案在实际中并不存在，但其概念在多准则决策方案中是不可或缺的。

（六）最差方案或负理想方案（Anti-Ideal Solution）

显然，与理想方案的概念相反，最差方案是在各属性上都有最差值的方案。在实际问题中，它可能存在，也可能不存在。在多属性决策中，最差方案和理想方案通常用来作为参照基准来对备选方案进行评价。

（七）非劣方案（Nondominated Solution）

在不同的文献中非劣方案的称谓是不同的。比如，非劣方案在多准则决策中称为效率方案，在统计决策理论中称作允许方案集，在经济学上称为Pareto效率方案。若多准则决策中的一个可行方案不存在其他可行的方案可以在不引起至少一个属性降低时获得在某个属性上的改善，则该方案被称为非劣方案。虽然非劣的概念可用于充分条件的最终决策，但是大量产生的非劣方案明显降低了通过它筛选多属性决策方案的作用②。

（八）偏好方案（Preferred Solution）

偏好方案是在决策者参与的信息处理中作为最终选择的非劣方案。在这方

---

① 徐玖平，吴巍：《多属性决策的理论与方法》，清华大学出版社，2006年.
② 同上.

面，多属性决策是一种利用决策者的偏好信息得到偏好方案的决策辅助工具。

二、决策内容

决策内容主要包括决策要素和决策过程两个方面。

(一) 决策要素

多属性决策的要素是由决策单元、决策方案、准则体系以及决策结构等方面组成。

1. 决策单元

决策单元是决策过程的主体，它的工作是接受任务、输入信息、生成信息和加工成智能信息，从而产生决策。决策单元通常是由系统决策者及系统分析者所组成。系统决策者通常是指对于研究问题有权利、有能力做出最终判断的个人或集体，其主要任务是发现并提出决策问题、规定总目标以及总需求、确定价值判断和决策规则，提供偏好信息，抉择最终方案并组织实施。而系统分析者是受决策者的委托，使用定量或定性分析及各种综合评价方法来分析、比较、判断各备选方案，最后提出决策建议以供系统决策者所参考。

2. 决策方案

决策方案是决策过程的客体，也是决策的对象。当决策方案被认为是可行的或满足决策者的偏好要求时，这样的决策方案即为备选方案。

3. 准则体系

准则是从某个明确定义的角度来对方案评价和比较的手段[1]。当基于某个准则来评价两个方案时，实质上是比较两个方案在该准则上的测度值。采用不同的标度方式显然会得出不同的测度值。常用的度量属性的标度有比例标度、区间标度和序标度等。

对多属性决策问题进行评价的前提是先构建相应的评价准则体系（即通常而言的指标体系）。准则体系的最低层一般是直接或间接表征方案的属性层，在选择属性层时要使选择出的属性值能够直接表征相应特征关系满足程度的属性，否则只能选用表征相应特征关系满足程度的代用属性。

在描述多属性决策问题时，Keeney/Raiffa[2] 指出，一个理想的属性集合应

---

[1] Roy B. Decision – aiding today: what should we expect? Gal T, Stewart T, Hanne T, eds., Mluticriteria Decision Making: Advances in MCKM Models, Algorithms, Theory, and Applications. Boston: KLUWER Academic Publishers, 1999.

[2] Keeney R L, Raiffa H. Decisions with Multiple Objectives: Preferences and Value Tradeoffs. New York: Wiley, 1976.

19

满足以下5个基本性质：其一，完整性，即属性集合应表征决策要素的所有重要方面；其二，可运算性，即属性能有效地运用到之后的分析中去；其三，可分解性，即决策问题可以进一步分解，以简化评价过程；其四，无冗余性，即要求不能重复考虑决策问题的某一个方面；其五，极小性，即要求不能用其他因素更少的属性集合来描述同一多准则决策问题。由于完全满足这5个基本性质是非常困难的，因此 Keeney/Raiffa 将之称之为属性集合的理想条件。因为属性集合直接表征备选方案，所以属性集合和整个准则体系是否合适，是能否得出正确评价结果的核心所在。

4. 决策结构

决策问题的结构是由决策问题的形式、决策的类型和决策者自身在决策时所发挥的作用共同决定的。为明晰决策问题，必须尽量清楚地识别出决策问题的组成、结构和边界，以及所处的环境条件。另外，分析决策问题时也要清楚决策问题的输入数量和类型，备选方案集和属性集以及测量它们的标度类型，方案和属性之间以及属性与准则之间的相互作用关系。

（二）决策过程

分析上述决策要素可知，决策是一个存在大量认知、反应和判断的过程。其间的每一步都会影响到决策结果的正确与否。由此可见，科学决策需要遵循一定的程序。Kahneman[①] 将决策程序划分为如下4个基本步骤。

步骤1：决策者提出待解决的问题。这一步往往需要确定决策问题所面临的外部环境和所具有的内部结构。在此基础上要明晰所需解决问题的总任务和各个评价准则，并提出相应的备选方案。这一步骤对决策的质量至关重要。

步骤2：分析决策可能的后果。这一步要求人们确定出度量决策优劣的属性集合以及各个属性上可能出现的情况。该步骤不仅与决策方案的特性有关，而且也与决策环境等特征的影响有关。

步骤3：确定决策者的偏好。该步骤需要确定各属性上的效用函数以及属性间的偏好关系。在确定具体偏好值时，可能还需要构造符合决策者偏好的隶属函数。

步骤4：对方案进行综合评价。在前面几步的基础上，通过一定的集结方法对决策方案进行综合评价。在这一步中，当评价过程结束之后，还可以通过

---

① Kahneman R D. The relationship between the analytic hierarchy process and the additive value function. Decision Sciences, Vol. 13, No. 4, 1982, pp. 702~713.

敏感性分析等方法对决策结果的稳定性予以进一步研究。

三、决策方法

随着决策问题日益复杂，多属性决策方法也相应呈现出多样性的特征。一般而言，在选择决策方法时，首先要从全局上确定决策的方式，然后再根据决策要素的特征决定所采用的决策标准，最后依据不同的偏好信息选择适当的方法和求解函数。下面将对这些问题逐一介绍。

（一）决策方式

常用的决策方式有直觉式和分析式两种类型。

直觉式的决策方式追求整体的合理性，在进行决策的过程中，决策者不一定经历如前面所述决策过程中的各步骤，也不需要对影响决策的各因素逐个进行分析，只是依靠其对决策情景的了解和以往的经验从整体上考虑而得出最终决策。在这个过程中，决策者既不需要使用全部信息，也不需要对备选方案进行量化和优化，而只需要考虑决策可能出现的后果，以争取利益的最大化或损失最小化。这种决策方式的优点是决策快速灵活、在一定程度上不仅能把握系统的整体性特征，而且也能充分发挥人的经验判断，但其缺点是因缺乏对局部细节的把握而使得人们对所形成的整体性认识较为模糊，在这种情景下得出的决策结论有时并不可靠。

分析式决策方式是以行为科学为基础，以心理学中"人类具有判断能力，但又受认识事物的局限性"这一根本观点出发，探求人们解决问题的一般心理过程，并将这一过程规范化。社会组织的决策一般属于分析式，通常包括两种情况：对于经常性的社会活动可将其程序化后按程序进行决策；对于非经常性活动就需要采用非程序化决策。对于程序化决策问题，通过数学方法与计算机技术的紧密结合，已在很大程度上实现了自动化。对于非程序化决策问题，分析过程中通常的处理方法是先采用数学方法进行形式化处理，建立与所决策问题相应的数学模型，再选用适当的数学方法通过计算对该模型求解，然后通过各种交互方式获取决策者的偏好信息，并对其进行形式化处理，最后帮助决策者确定出所决策问题的满意方案。分析式决策方式的优点是决策过程较为规范，但其缺点是速度较慢、对外界环境变化的适应能力较差以及面对复杂性决策问题显得束手无策。

（二）决策标准

决策的目的是要追求决策的合理化，这就客观上需要确定出决策的合理性标准。常见的决策合理性标准有三种类型，即：效用最大化，满意行为法和准则程序化。

效用最大化理论认为：决策者在决策过程中使用的合理性标准是个人效用的最大化。这一合理性标准反映了完全竞争市场经济下的个体行为。随着效用概念的延伸，效用最大化也适用于多属性决策，例如基于这一标准而导出的典型方法有：效用函数法、加权和法等。

满意行为法理论认为：效用最大化是一种理想化的理论。这是因为，这种理论试图确定实现系统最优的决策，而获得这种最优决策的前提是对现实问题的简化[①]。但在现实世界中，决策者是不会追求想象简化情景中的最优决策的，而是愿意选择与现实世界更为接近的令人满意的决策。

准则程序化标准是以不完全的市场机制为背景的，适用于工程项目等决策问题。这一标准假设决策者设定了两层以上的递阶准则体系，其中第一层准则具有最高的优先级，必须予以实现，而以下几层准则可以追求满意解。从形式上看，这种决策合理性标准与采用效用最大化的标准并无本质上的不同，但事实上它与满意行为法标准更为接近。这种分层进行的决策标准也广泛用于多属性决策的综合方法中。

（三）决策偏好

多属性决策与其他经典决策方法的本质区别在于它需要将决策者的偏好信息作为决策的依据。这是因为，当决策排序的属性只有一个时，被排序比较的对象之间是有完全顺序的，而当存在多个属性时，对象之间就不完全有序了，这时只有引入决策者的偏好特征才能进行排序。

（四）方法分类

依据决策者对决策问题提供的偏好信息不同，文献［80］将求解多属性决策问题的经典方法归纳为：无偏好信息的方法、有属性偏好信息的方法和有方案偏好信息的方法。这些方法构成了多属性决策方法的主体。此外，值得说明的是，AHP/ANP法，Monte Carlo方法和DEA方法则是对多属性决策方法的综合应用。

四、基本启示

通过概述基本的决策理论，从中可以启发我们：第一，复杂系统评价与决

---

① Simon H A. A behavioral model of rational choice. Quarterly Journal of Economics, Vol. 69, No. 1, 1955, pp. 99~114.

策的基本方法也是基于决策理论框架下进行的,一些基本概念如目标、准则、属性以及基本的决策思维方法也是研究复杂系统决策问题重要的理论基础。第二,要提高科学决策水平,必须把握决策对象的内在规律,深入了解和分析情况,采纳各方面的意见,将经验判断与科学论证有机地结合。第三,要明确区分不同类型专家在决策中的作用。传统 ANP 决策方法并没有对系统决策者和系统分析者在决策者的作用与地位予以阐述,只是一味笼统地使用"专家"对所有的决策问题予以分析,这显然难以反映实际的决策情景。因此,在此书中,受现行决策理论的启发,在后文阐述非线性 ANP 决策方法时作者将对不同类型的决策主体结合具体的网络结构严格加以区分。

第二节 复杂系统理论

人类社会迈向 21 世纪之后,复杂系统及相应的复杂性科学问题显得日益突出。一方面,生命科学、物质科学、信息科学和认知科学中大量的关键科学问题属于复杂系统问题,在传统的以线性和还原论思想为主导的科学理论框架中是难以解决的。另一方面,众所周知,目前人们已普遍认识到,在环境、资源、经济、人口、健康、自然灾害、甚至和平与安全等困扰人类生存和社会可持续发展的大问题上,必须依靠多学科的交叉和综合来从整体上寻找解决方案。这类问题也是典型的复杂系统问题。

一、复杂性科学与复杂系统

(一) 复杂性科学

复杂性科学是一种新兴的边缘、交叉学科,它是系统科学发展的一个新阶段[1],也是 21 世纪的科学[2]。复杂性科学的出现不仅极大地促进了科学的纵深发展,而且使人类对客观事物的认识由线性上升到非线性、由简单均衡上升到非均衡、由简单还原论上升到复杂整体论[3]。

复杂性科学这一概念最早是在 20 世纪 80 年代由国外学者提出来的,美国圣塔菲研究所(SFI – Santa Fe Institute)的学者们,将诸如对称破缺、局域化、

---

[1] 成思危:《复杂科学与系统工程》,《管理科学学报》,1999 年第 2 期,第 1~6 页.
[2] 戴汝为:《关于"复杂性"的研究——一门 21 世纪的科学》,《科学前沿与未来》,科学出版社,1998 年.
[3] 宋学锋:《复杂性、复杂系统与复杂性科学》,《中国科学基金》,2003 年第 5 期,第 262~269 页.

分形和奇怪吸引子等"各种新性质怎样冒出来"的种种思想贯穿起来，作为复杂性科学的研究对象①。其实，这种观点是不够全面的，近年来，人们普遍认为复杂科学的研究对象应是复杂系统。

（二）复杂系统

关于复杂系统，目前学术界尚没有给出一个统一的定义解释。不同领域的学者有着相应不同的理解②。例如，世界知名刊物《Science》于1999年曾出版了一个关于"复杂系统"的专辑。两位编者Gallagher和Appenzeller在前言中以"超越还原论"为标题，对复杂系统作了如下简单描述，若人们认识了解了一个系统的分量部分却不能对该系统的性质做出合理的解释，则这类系统被称为复杂系统。简言之，对于复杂系统，整体的性质并不等于部分性质的简单加和，即系统整体与部分的关系不是一种简单的线性关系。这一说法虽然简明，但却暴露出了几百年来引领科技界的还原论方法在处理和解决与复杂系统有关问题时所存在的明显不足之处；混沌学派认为复杂系统即为混沌系统；SFI的科学家认为复杂系统就是具有自适应能力的演化系统；Warfield认为，复杂系统就是任何人不能用传统理论与方法解释其行为的系统，等等。虽然复杂系统的定义迄今众说纷纭，莫衷一是，但人们对其基本特征的认识还是较为一致的。据此我们认为，具有以下五方面特征的系统称之为复杂系统。

1. 开放性（Openness）

系统本身及其子系统与周围的环境有物质的交换、能量的交换和信息的转换。如果没有这种交换，那么系统的生存和发展是不可能的。任何一种复杂系统，只有在开放的条件下才能形成，也只有在开放的条件下才能维持和生存。开放系统还具有自组织能力，能通过反馈进行自控和自调，以达到适应外界变化的目的；具有稳定性能力，保证系统结构稳定和功能稳定，有一定的抗干扰性；在同环境的相互作用中，具有不断复杂化和完善化的演化能力③。

2. 层次性（Hierarchy）

在复杂系统中，从已经认识的比较清楚的子系统到可以宏观观测的整个系

---

① 杨永福，黄大庆，李必强：《复杂性科学与管理理论》，《管理世界》，2001年第2期，第167~174页．

② 宋学锋：《复杂性、复杂系统与复杂性科学》，《中国科学基金》，2003年第5期，第262~269页．

③ 同上．

统之间层次很多，甚至有几个层次也很难界定清楚①。系统各层次之间通过相互联系、相互作用，形成一个有机的整体。

3. 复杂性（Complexity）

系统中子系统的种类繁多，子系统之间存在多种形式、多种层次的交互作用。但是应该注意，系统的复杂性并不在于构成系统要素数量的多少，也不在于构成要素的能量如何，而是在于要素之间是否存在复杂的非线性联系②。如果是线性相互作用，不论其构成要素的数量多么庞大，其整体性质也仅是部分性质的简单叠加，其行为也是简单的③。比如一个热力学系统包含的分子数目非常巨大，但由于分子之间的相互作用非常简单，其整体行为并不复杂，因此人们使用统计方法就可以容易地解决，这样的系统也仅是简单系统而非复杂系统。若系统构成要素之间呈现非线性相互作用，则会使系统各要素之间相互依赖、相互制约，甚至互补，出现协同效应，从而使整个系统表现出子系统（要素）不具备的性质，进而会使系统的行为表现得更加复杂而难以预测，即使一个微小的扰动都可能导致系统整体的剧烈变化，因而会出现分岔、突变和混沌等现象。

4. 涌现性（Emergence）

涌现性是指多个要素所组成的系统具有单个要素之和所不具有的性质。这个性质并不存在于任何单个要素当中，只因系统在低层次构成高层次时才表现出来，故人们形象地称其为"涌现"。系统功能之所以往往表现为"整体大于部分之和"，就是因为系统涌现了新质的缘故。其中"大于部分"就是涌现的新质。

5. 动态性（Dynamicity）

动态性是指系统是随着时间而变化的。系统内部因素经过与外部环境的相互影响，通过自组织不断适应、调节，逐步向更高级的有序化发展，从而涌现出独特的整体行为与特征。在牛顿动力学中有一个基本假定，即一个系统如果不受外界干扰就会趋向于均衡。但在复杂系统动力学中，均衡状态就意味着系统的"消亡"。

---

① 戴汝为，操龙兵：《一个开放的复杂巨系统》，《系统工程学报》，2001年第5期，第376～380页。

② 张铱：《网络与复杂系统》，《科学中国人》，2004年第10期，第37～38页。

③ 武显微，武杰：《从简单到复杂——非线性是系统复杂性之根源》，《科学技术与辩证法》，2005年第4期，第60～65页。

6. 非线性（Nonlinearity）

普遍认为，复杂系统非线性特征是复杂系统最为本质的特征，也就是说，非线性特征是使复杂系统呈现层次性、复杂性、涌现性和动态变化性的根源所在。因此，复杂系统可以视作非线性的动态系统。非线性说明了系统的整体大于各组成部分之和，即每个组成部分不能代替整体，每个层次的局部不能说明整体，低层次的规律不能说明高层次的规律。各组成部分之间、不同层次的组成部分之间通过相互关联、相互制约体现出复杂系统的非线性作用关系。

二、复杂性研究的主要学派

（一）欧洲学派

复杂性研究在德国、法国、荷兰、英国和法国等国都取得了引人瞩目的成果[1]。其中，影响最大的首推以普利高津为代表的布鲁塞尔学派。他们的主要贡献在于，较早论证了复杂性科学的概念和提出"探索复杂性"的响亮口号；开展远离平衡态研究；提出耗散结构论，为世界各地的复杂性研究奠定了重要理论基础。总之，在有关复杂性研究的哲学观点、科学思想、方法论等方面，普利高津学派有着极其重要的学术影响。

（二）美国学派

依据乔治·梅森大学的沃菲尔德，美国复杂性研究可划分为如下五大学派：系统动力学派、适应性系统学派、混沌学派、结构基础学派和暧昧学派[2]。SFI 即是其中最为著名的复杂性研究机构之一。

SFI 聚集了一批来自物理、经济、理论生物、计算机科学等专业的研究人员，他们的出发点就是采用整体化的方法研究真实世界中的复杂性，该所首任所长考文（George Cowan）指出，当人们为一群不同程度地被理想化了的问题寻求解决方案时，他们已经或多或少地背离了真实的世界，只能局限于找到一个解答的地步。这是科学被日益细碎分化的原因，而真实的世界却要求人们采用整体化的方法处理现实世界的问题。SFI 的研究范畴涉及生命、经济、组织管理、全球危机处理、军备竞赛、可持续发展等诸多重大的领域。由于它提出的一些概念和方法被看作"代表一种新的态度、一种看问题的角度和一种全新的世界观"[3]，因此被人们认为是目前世界复杂性科学阵营中影响较大的一个学术机构。

---

[1] 吕瑞华：《复杂经济系统混沌预测方法与多层局势决策方法研究》，天津大学博士论文，2004.
[2] 许国志：《系统科学与工程研究》，上海科技出版社，2000.
[3] 李夏，戴汝为：《系统科学与复杂性》，《自动化学报》，1998年第2~3期，第200~207页.

（三）我国的研究群体

20世纪90年代，通过SFI科学家们的努力，使得复杂性问题的研究变得清晰而又丰富多彩。与此同时，中国的科学家，紧紧抓住系统科学发展的主要脉络，并结合东西方学术思想的优势，进行了新的开拓，开展了一些具有鲜明特色的工作。钱学森等人于1990年提出的OCGS概念以及处理这类系统的"综合集成方法论"成为中国复杂性研究的一个里程碑[①]。

从定性到定量的综合集成法和人机结合、从定性到定量的综合集成研讨厅体系，是复杂性科学界第一个明确提出的研究系统复杂性的方法论，它从思维科学（认知科学）的高度阐述、归纳了如何发挥专家群体智慧、计算机的高性能以及知识、信息的作用，以提高人的认识能力，处理那些采用传统方法无法解决的、极其复杂问题的方法。综合集成方法论将还原论与整体论有机地相结合，既超越了还原论也发展了整体论，是系统学的一种新的方法论，这也是我国科学家对发展复杂性科学的又一重大贡献[②]。

三、基本启示

基于上述理论认识，可以得出如下两方面的重要启示。

一方面，需要依据非线性复杂系统理论来开展论文研究。这是因为：非线性是复杂系统最为本质的特征，是产生系统复杂性的根本原因所在。非线性系统思维主张以非线性观点来认识与处理复杂事物，以克服线性观点过于简化的缺陷，从而更好地揭示出复杂事物的本质特征。由于ANP系统中因素之间存在着依存与反馈等复杂关系，因此从复杂系统的非线性本质特征上看，对ANP的方案评价采用非线性思维进行方法构造，特别是强调系统因素之间的内在联系随着被评价方案的不同而呈现非线性变化，是有科学合理性的。例如，从科研能力和教学能力两个方面对不同类型大学（视作方案）进行评价，研究型大学由于侧重其科研能力，因此认为科研比教学重要；而教学型大学由于侧重其教学能力，从而认为教学比科研重要。上述事实反映出科研和教学之间的系统联系是随着方案的不同而变化的。这种变化虽可能是线性的，但从复杂系统理论上看更可能是非线性的，因此对不同类型大学的科学合理评价客观

---

① 戴汝为：《开展"复杂性研究任重而道远"》，《复杂系统与复杂性科学》，2004年第3期，第1~3页。

② 戴汝为，操龙兵：《基于综合集成的研讨厅体系与系统的复杂性》，《复杂系统与复杂性科学》，2004年第4期，第1~24页。

上必然要求评价者以及采用的评价方法能够正确反映系统因素之间的非线性内在联系。

另一方面，需要采用还原论与整体论相结合的系统分析方法论来开展论文研究。整体论强调从系统的整体上、宏观上来分析和把握事物的内在规律，其优点是能把部分整合为整体，把低层次整合到高层次，从而在整体上、在高层次上把握系统的组织效应、结构效应、涌现与突变效应等特性。当然，系统分析的整体论也存在着不足，即虽然认识到应进行整体研究，但在实现途径、方法和手段上，仅停留在定性描述和思辨研究层面，就整体而泛泛论整体，认识和分析问题不够深入[①]。还原论简单地认为系统整体功能等于部分功能之和，认为部分研究清楚了整体也就清楚了，虽有局部分析深入的优点，但其缺点是片面强调系统分析的分解与还原，对系统的分析只是停留在部分低层次系统特性的认识阶段，把系统的高层次特性分析停留在对低层次特性的认识上，把系统的非线性作用机理视作线性作用加以处理。上述缺点使得还原论方法在面对复杂系统问题时，总是显得捉襟见肘、难以胜任[②]。为克服整体论与还原论的缺陷，我国著名科学家钱学森先生在1990年创造性地提出了一种处理复杂系统问题的新方法论即"综合集成方法论"[③]。目前，它在国内外已被学术界认为是一种处理复杂系统问题有重要影响的、与自组织学派和远离平衡态系统学派并列的系统分析方法论。

由于ANP系统因素中存在依存、反馈等复杂关系，因此不从整体上对系统进行认识，就无法反映因素之间相互作用所涌现出的系统整体层面上的新面貌、新本质、新特征。同样，如果不对系统进行分解，不分析系统结构的局部，仅从系统整体上认知ANP，那么也只能得出关于方案评价系统的直观性、猜测性和笼统性认识。由于整体论与还原论相结合的系统方法论实现了整体论与还原论的辩证统一，因此采用这种方法论对ANP进行分析和方案评价方法构建是合适的，也是与钱学森先生提出的综合集成方法论思想相一致的（参见第26页）。

[①] 赵光武：《用还原论与整体论相结合的方法探索复杂性》，《系统辩证学学报》，2003年第1期，第1~6页。

[②] 同上。

[③] 戴汝为，操龙兵：《综合集成研讨厅的研制》，《管理科学学报》，2002年第2期，第10~16页。

第三节　Beyes 决策与期望效用理论

一、Beyes 决策

Beyes 决策是随机决策的重要方法，它利用 Beyes 定理将随机试验中获得的新信息用于修正自然状态的先验分布，从而得到更接近于实际状态、更准确的后验概率分布。

（一）Beyes 原理

设 A'、B' 为随机试验中的两上事件，在事件 B' 发生条件下事件 A' 发生的概率称为条件概率，记作 $P(A'|B')$，且

$$P(A'|B') = P(A'B')/P(B') \qquad (\text{式} 1.1)$$

由全概率公式知，若 $A_{k'}(k'=1,\cdots\cdots,K')$ 是 K' 个互不相容事件，且 $P(A_{k'})>0\ (k'=1,\cdots\cdots,K')$，则对任一事件 B'，有

$$P(B') = \sum_{k'=1}^{K'} P(B'|A'_{k'})\, P(A'_{k'}) \qquad (\text{式} 1.2)$$

将式 1.2 代入到式 1.1 中，可以得出如下的 Beyes 公式。

$$P(A'_{k'}|B') = \frac{P(A'_{k'}|B')}{P(B')} = \frac{P(B'|A'_{k'})\, P(A'_{k'})}{\sum_{k'=1}^{K'} P(B'|A'_{k'})\, P(A'_{k'})} \qquad (\text{式} 1.3)$$

其中，B' 是随机试验的结果或称观察值，$P(A'_1),\cdots\cdots,P(A'_{k'})$ 称为先验概率，$P(A'_1|B')$ 称为后验概率。

（2）Beyes 决策方法与 ANP 之间的理论关系

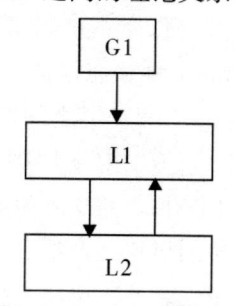

图 1.1　Bayes 原理网络

图 1.1 中存在三个因素集 $G1$、$L1$ 和 $L2$。令 $\bar{P}_1 = P(L1)$ 是表示 $G1$ 对 $L1$ 影响的列向量，$\bar{P}_{21} = P(L2|L1)$ 表示 $L1$ 对 $L2$ 影响的列随机矩阵，$\bar{P}_{12} = (L1|L2)$ 表示 $L2$ 对 $L1$ 影响的列随机矩阵。设 $L1 \equiv \bar{\theta} = (\bar{\theta}_1, \bar{\theta}_2, \cdots, \bar{\theta}_{c'})$ 是状态空间，且 $L2 \equiv \bar{X} = (\bar{X}_1, \bar{X}_2, \cdots, \bar{X}_{d'})$ 是随机抽样空间。令 $\bar{P}_{12} \equiv P(\bar{\theta}$

29

$|\bar{X}) = P(\bar{\theta}_{i'} | \bar{X} = \bar{X}_{j'})$ 是 $c' \times d'$ 维列随机后验概率矩阵，$\bar{P}_{21} \equiv P(\bar{X} | \bar{\theta}) = P(\bar{X} = \bar{X}_{j'} | \bar{\theta}_{i'})$ 是 $d' \times c'$ 维列随机可能性矩阵，$\bar{P}_1 = P(\bar{\theta})$ 是 $c' \times 1$ 维先验概率矩阵，且 $\bar{P}_2 = P(\bar{X})$，则 $\bar{P}_2 = \bar{P}_{21}\bar{P}_1$。若存在

$$\bar{P}_{12} \equiv P(\bar{\theta} | \bar{X}) = \Delta P(\bar{\theta}) P(\bar{X} | \bar{\theta})^T \Delta P(\bar{X})^{-1} \qquad (式1.4)$$

其中：

$$\Delta P(\bar{\theta}) = \begin{bmatrix} P(\bar{\theta}_1) & 0 & \cdots & 0 \\ \vdots & \vdots & \ddots & \vdots \\ 0 & 0 & \cdots & P(\bar{\theta}_{c'}) \end{bmatrix}, \quad \Delta P(\bar{X}) = \begin{bmatrix} P(\bar{X} = \bar{X}_1) & 0 & \cdots & 0 \\ \vdots & \vdots & \ddots & \vdots \\ 0 & 0 & \cdots & P(\bar{X} = \bar{X}_{d'}) \end{bmatrix},$$

则依据文献 [98] 中的定理 1 可知 $(0, P(\bar{\theta}), P(\bar{X}))^T$，是图 1.1 相应网络因素的极限权重向量。由此可见，Bayes 原理是图 1.1 所示网络将 $(0, P(\bar{\theta}), P(\bar{X}))^T$ 中的因素作为极限权重的充分而非必要条件，换句话说，Bayes 原理是得出 ANP 极限排序权重一个充分而非必要条件[①]。

需要指出，式 1.4 实质是 Beyes 原理的矩阵形式。即：

$$P(\bar{\theta}_{i'} | \bar{X} = \bar{X}_{j'}) = \frac{P(\bar{X} = \bar{X}_{j'} | \bar{\theta}_{i'}) P(\bar{\theta}_{i'})}{P(\bar{X} = \bar{X}_{j'})}$$

$$= \frac{P(\bar{X} = \bar{X}_{j'} | \bar{\theta}_{i'}) P(\bar{\theta}_{i'})}{\sum_{j'=1}^{d'} P(\bar{X} = \bar{X}_{j'} | \bar{\theta}_{i'}) P(\bar{\theta}_{i'})} \qquad (式1.5)$$

作者认为，Saaty 在推导 ANP 与 Beyes 原理之间的关系时存在如下三方面缺陷。其一，将 ANP 中系统因素作为 Bayes 理论中的状态，存在偷换概念的问题。事实上，ANP 在系统分解时每个系统因素都是确定的（即发生的概率为1），而 Bayes 原理的中出现的某种状态可能发生，也可能不发生，因此两者有着本质的区别。其二，混淆了因素集之间的作用关系。比如，在图 1.1 中，G1 与 L1 体现的是上层因素集 G1 对下层因素集的因果影响关系，而在 ANP 中，G1 与 L1 体现的却是 G1 对 L1 的支配关系，两者截然不同。其三，认为因素相对重要性权重与其发生的概率二者是等价的。虽然它们都是介于 0~1 之间的数值，但绝大多数情况下二者是不可相互替代的。例如，发生大地震这个事件是一个极小的概率事件，然而断然不可以讲这个事件不是一个重要事件，惨痛的汶川大地震即是一个明显的例证。

---

① Saaty T L. Decision Making with Dependence and Feedback: the Analytic Network Proces, Pittsburgh: RWS Publications, 2001.

考虑到 Saaty 教授提出的 Bayes 原理与 ANP 之间的关系存在上述理论缺陷，而且该理论观点自从提出以来迄今尚未得到学术界的认可，因此我们认为，Bayes 原理与 ANP 之间并不存在直接联系。

二、期望效用理论

期望效用（EU - Expected Utility）理论是关于确定性决策问题的规范化理论。该理论最先是由 Bernoulli 提出来的，之后 von Neuman 和 Morgenstern 将其发展成较为完整的公理体系。EU 理论认为，假设决策者选择风险决策备选方案的过程符合效用公理，那么他（她）一定是选择期望效用最大的备选方案。在 EU 理论的基础上，Savage 提出主观期望效用（SEU - Subjective Expected Utility）最大化理论，认为决策方案的选择应遵循主观效用最大化原则。

下面对 EU 理论中涉及的效用、效用函数与价值函数分别予以介绍。

（一）效用与效用函数

所谓效用，就是价值的定量表示，或者说效用就是数量意义上的价值。效用作为数量意义上的价值，是决策主体对客体偏好的度量。为了找到一种把价值表示成实数的方法，需将偏好对象集 X 划分为有限个无差异类。决策主体通过对有限个无差异类进行偏好关系判断，将所确定的无差异类单一映射到实数集合。若 X 中一个无差异类优于另一个无差异类，则在实数集合中对应的第一个实数就比第二个实数大。需要指出，这个与价值相应的实数就是效用，从偏好对象 X 到实数集的映射就是效用函数。因为该函数把决策主体对偏好对象集中每个对象与其效用值建立了联系，所以对于任意 $x \in X$，定义在集合 X 上的效用函数 u 即可表示为 $u(x)$。

人类活动中所有能涉及的偏好对象，在许多领域中已经是数量化了的。例如，产品创新产出能力的各种属性指标：新产品产值比率、产值利税率、工艺水平提高率等等。在某些情况下，人们往往直接假定偏好对象集合（属性指标）是可数量化的。对简单偏好对象集，当 $x \in X$ 用属性水平值来表示时，效用函数 $u(x)$ 就是在一维空间（实直线）上的实值函数。因此，它可以通过直角坐标系来表示。

按照效用的概念，效用函数的性状，既是由偏好对象的类型和性质所决定的，也是由决策主体的偏好所决定的。从理论上讲，效用函数 u 具有单调递增（递减）性，然而对许多类型的对象而言，由于实际存在着一些与偏好有关的特性，因此从整体上看，效用函数并不是单调递增或递减的，而是呈现出单峰特性。事实上，倘若客体的某一种属性有利于决策主体决策的需要，则主体的偏好开始是单调递增的，但属性水平值达到一定限度后，这种"价值增长"便停止，接着效用反而呈单调下降的趋势。近年来心理学的研究结果也表明：具有一维属性的效用函数呈现先增长后递减这种单峰性的现象是普遍存在的。

理论上已经证明①，在偏好对象集中，只要任何两个偏好对象按优劣关系可以比较，并且这种比较具有传递性和连续性，那么，在该偏好对象集上就一定存在效用函数。但是，存在效用函数的前提是必须满足如下假设，即二元关系 ◁ 是集合 X 上的效用函数。也就是说，这条假设要求决策主体对于所面临的所有偏好对象能够通过逐一比较，完全、一致地（不先后矛盾）判断出它们的优劣。但是，上述完备性和传递性的要求，对于非简单偏好对象，一般说来不可能直接得到满足。这是因为两个非简单对象的价值一般是不可能直接进行比较的，因而人们对效用函数的存在性提出了疑问。另一方面，效用的概念不能仅仅停留在只具有顺序上的意义，客观上也要求效用进一步具有数量上的意义。然而，对客体所赋予的效用值究竟应为多少却是一个复杂的决策问题。为对这一复杂问题进一步理解，下面我们对系统因素的价值函数予以介绍。

（二）价值函数

1. 两个属性的价值函数

ⅰ）价值函数的存在性

定理 1-1②：设 ▷ 是定义在方案集 A 上的弱序，A 中只有可数个无差异类，则存在实值的序数价值函数 v'，$\forall a, b \in A$ 有

$$a \triangleright b \Leftrightarrow v'(a) \geqslant v'(b) \qquad (式1.6a)$$

更准确地，$\forall a, b \in A$ 有

$$a \succ b \Leftrightarrow v'(a) > v'(b) \qquad (式1.6b)$$

$$a \sim b \Leftrightarrow v'(a) = v'(b) \qquad (式1.6c)$$

需要说明的是，这一定理中的方案的属性可以是任意多个；而且价值函数 v' 并不唯一，v' 的任何严格单调递增变换仍是价值函数。

定理 1-2③：设 v' 是与 A 上的弱序 ▷ 一致，满足式 1.7a 和式 1.7b 的实值的序数价值函数，w' 是 v' 的严格单调递增的实值变换（即保序变换），即

---

① 徐向南，钟伟俊：《科学决策理论与方法》，东南大学出版社，1996.

② 同上.

③ Luce R D, Tukey J W. Simultaneous conjoint measurement: a new type of fundamental measurement. Journal of Mathematical Psychology, Vol. 1, No. 1, 1964, pp. 1~27.

$$w'(v_1') > w'(v_2') \Leftrightarrow v_1' > v_2' \qquad (式1.7a)$$

且 $w'(v_1') = w'(v_2') \Leftrightarrow v_1' = v_2' \qquad (式1.7b)$

则 $\forall a, b \in A$ 有

$$a \triangleright b \Leftrightarrow w'(a) \geq w'(b) \qquad (式1.7c)$$

式中 $w'(\cdot) = w'(v'(\cdot))$ 也是实值的序数价值函数。

由于定理 1-1 要求有可数个无差异类，而当方案集和属性值集 A 为连续型时，该定理无法适用，因此下文给出方案集和属性值集 A 为连续型时价值函数的存在性定理。

定理 1-3①：令 $A \subset R^n$，$\triangleright$ 是 A 上的弱序，若 $\forall a, b \in A$，$a \geq b \Leftrightarrow a \triangleright b$ 且 $a, b, c \in A$，$a \triangleright b \triangleright c$，则 $\exists \lambda \in [0, 1]$ 使 $c \sim \lambda'a + (1-\lambda')b$；则存在定义在 A 上的实值函数 v'，满足：

$$a \succ b \Leftrightarrow v'(a) > v'(b) \qquad (式1.8a)$$

$$a \sim b \Leftrightarrow v'(a) > v'(b) \qquad (式1.8b)$$

定理 1-3 有两个条件，其一是单调性，即优势原则：只要某一属性值增加，偏好也相应增加；其二是偏好空间的连续性，即阿基米德性。

价值函数 $v'(a) = f(v_1'(\overline{Y}_1), \cdots, v_n'(\overline{Y}_o)) f(v_1'(\overline{Y}_1), \cdots, v_o'(\overline{Y}_n))$，其中 f 的形式通常十分复杂，即使 $v_i'(\overline{Y}_i$ 均为线性，v' 的形式仍十分复杂。例如，$\overline{Y}_1$、$\overline{Y}_2$ 的边际价值函数 v_1'、v_2' 均为线性函数，即：$v_1' = k_1'\overline{Y}_1$，$v_2' = k_2'\overline{Y}_2$ 且 $k_2' = 1.5k_1'$。但由图 1.2 可知，只要等价值函数曲线不是直线，则 $v'(a) \neq v_1'(\overline{Y}_1) + v_2'(\overline{Y}_2)$。由此可见，价值函数的设定是相当困难的。因此下面我们介绍多属性价值函数的简单形式以及相应的条件。

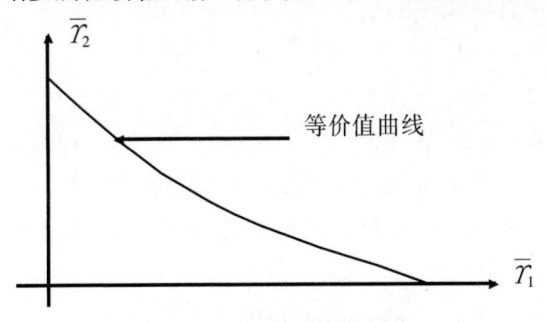

图1.2　两个函数的等价值曲线

---

① Luce R D, Tukey J W. Simultaneous conjoint measurement: a new type of fundamental measurement. Journal of Mathematical Psychology, Vol. 1, No. 1, 1964, pp. 1~27.

ⅱ）加性条件

若两个属性的价值函数 $v'(x,y)$ 的最简单形式可表达为各属性边际价值函数 $v'_1(x)$ 与 $v'_2(y)$ 之和，即：

$$v'(x,y) = v'_1(x) + v'_2(y) \qquad （式1.9）$$

则形如式 1.9 的价值函数称为加性（序数）价值函数[①]。

由式 1.9 所示的价值函数定义可知，对弱序，两个属性的加性价值函数应满足：

$$(x,y) \triangleright (x',y') \Leftrightarrow v'(x,y) \geq v'(x',y') \qquad （式1.10）$$

将式 1.9 带入式 1.10，即应满足

$$(x,y) \triangleright (x',y') \Leftrightarrow v'_1(x) + v'_2(y) \geq v'_1(x') + v'_2(y') \qquad （式1.11a）$$

亦即对某个 $\bar{\alpha} \in Y$，应有

$$(x,\bar{\alpha}) \triangleright (x',\bar{\alpha}) \Leftrightarrow v'_1(x) + v'_2(\bar{\alpha}) \geq v'_1(x') + v'_2(\bar{\alpha}) \qquad （式1.11b）$$

消去 $v'_2(\bar{\alpha})$ 得

$$(x,\bar{\alpha}) \triangleright (x',\bar{\alpha}) \Leftrightarrow v'_1(x) \geq v'_1(x') \qquad （式1.11c）$$

将任何 $\bar{\beta} \in Y$ 的 $v'_2(\bar{\beta})$ 加入不等式两端，上式仍应成立，因此，$\bar{\beta} \in Y$，有

$$(x,\bar{\beta}) \triangleright (x',\bar{\beta}) \Leftrightarrow v'_1(x) + v'_2(\bar{\beta}) \geq v'_1(x') + v'_2(\bar{\beta}) \qquad （式1.11d）$$

比较式 1.11b 与式 1.11d 可知，属性 X 偏好独立于属性 Y；同理属性 Y 偏好独立于属性 X。

上述讨论表明，对弱序 $\triangleright$，两个属性 X 与 Y 相互偏好独立是价值函数 $v'(x,y)$ 为加性的必要条件但非充分条件。例如，一个两属性决策的方案集中有 9 个方案，决策者所设定的这 9 个方案的价值函数值如下：

$v'(0,0) = 0; v'(0,1) = 1; v'(0,2) = 2;$

$v'(1,0) = 1; v'(1,1) = 3; v'(1,2) = 5;$

$v'(2,0) = 2; v'(2,1) = 6; v'(2,2) = 7.$

由于每行与每列的价值函数值均增加，因此属性 X 与 Y 相互偏好独立。如果决策者的价值函数是加性的，应当存在严格递增函数 w'，使 $w'(x,y) = w'(v(x,y))$ 且有

$$w'(x,y) = w'_1(x) + w'_2(y),$$

则该加性价值函数应有

[①] 岳超源：《决策理论与方法》，科学出版社，2003 年．

$$(0,1) \sim (1,0) \Rightarrow w_1'(0) + w_2'(1) = w_1'(1) + w_2'(0) \quad (式1.12a)$$

$$(2,0) \sim (0,2) \Rightarrow w_1'(2) + w_2'(0) = w_1'(0) + w_2'(2) \quad (式1.12b)$$

两式相加再消去等号两侧的相同项，应该有 $w_1'(2) + w_2'(1) = w_1'(1) + w_2'(2)$，亦即 $(2,1) \sim (1,2)$，但根据决策者所设定的价值函数值有 $(2,1) \succ (1,2)$。因此，即使属性 X 与 Y 相互偏好独立，决策者的偏好并不一定能表示为加性价值函数。

使两个属性的加性价值函数存在还需要另一条件，即下述的 Thomsen 条件。

定义 1-1[①]：$\triangleright$ 为 $A = X \times Y \subset R^2$ 上的弱序，若 $\forall x_0, x_1, x_2 \in X$，$\forall y_0, y_1, y_2 \in Y$，均有

$$\left. \begin{array}{c} (x_0, y_1) \sim (x_1, y_0) \\ (x_2, y_0) \sim (x_0, y_2) \end{array} \right\} \Rightarrow (x_2, y_1) \sim (x_1, y_2) \quad (式1.13)$$

则称 $\triangleright$ 满足 Thomsen 条件。

因为上述实例不满足 Thomsen 条件，所以决策者的价值函数不是加性的。

定理 1-4[②]：设 $A = X \times Y \subset R^2$，且存在与 A 上的弱序 $\triangleright$ 一致的价值函数 $v'(x, y)$，则当且仅当：属性 X 与 Y 相互偏好独立；满足 Thomsen 条件时，即：

$$\left. \begin{array}{c} (x_0, y_1) \sim (x_1, y_0) \\ (x_2, y_0) \sim (x_0, y_2) \end{array} \right\} \Rightarrow (x_2, y_1) \sim (x_1, y_2)$$

存在实值价值函数 $v'(x, y) = v_1'(x) + v_2'(y)$ 使下式成立：

$$(x, y) \triangleright (x', y') \Leftrightarrow v_1'(x) + v_2'(y) \geq v_1'(x') + v_2'(y')$$

相互偏好独立与 Thomsen 条件也可以用下述消去条件来代替。

定义 1-2：消去条件

$\triangleright$ 为 $A = X \times Y \subset R^2$ 上的弱序，若 $\forall \bar{\alpha}_1, x_1, x_2 \in X$ 及 $\forall \bar{\alpha}_2, y_1, y_2 \in Y$，有 $(x_1, \bar{\alpha}_2) \triangleright (\bar{\alpha}_1, y_2)$ 且 $(\bar{\alpha}_1, y_1) \triangleright (x_2, \bar{\alpha}_2)$ 时必有 $(x_1, y_1) \triangleright (x_2, y_2)$，则称 $\triangleright$ 满足消去条件。

需要说明的是，用消去条件看似简单，但是要验证决策者偏好结构满足消去条件通常是很困难的；相比较而言，Thomsen 条件不仅容易验证，而且属性

[①] Keeney R L. Measurement scales for quantifying attributes. Behavioral Science, No. 26, 1981, pp. 29~36.

[②] Krantz D M, Luce R D, Supper P, et al. Foundations of Measurement, Vol. 1 of Additive and Polynomial Representations. New York: Academic Press, 1971.

X 与 Y 相互偏好独立也不难验证。由此可见，消去条件并不实用。

上面讨论了两个属性的价值函数的加性价值函数存在性，然而当属性数 $n \geq 3$ 时，相互偏好独立就足以保证加性价值函数的存在。下面我们讨论属性数大于 2 时的价值函数。

(2) 属性数大于等于 3 时的价值函数

ⅰ) 相互偏好独立

设 $\psi' = \{Y_1, \cdots, Y_n\}$ 是属性集，θ 是 ψ 的非空正常子集，$\bar{\theta}$ 是 θ 的补集，即 $\theta \neq \varphi$，$\theta \cup \bar{\theta} = \psi$ 且 $\theta \cap \bar{\theta} \neq \varphi$；$Y = Y_1 \times Y_2 \times \cdots \times Y_n$，属性集 θ 和 $\bar{\theta}$ 中各属性的笛卡尔积分别记作 Y_θ 和 $Y_{\bar{\theta}}$；任一方案及其属性向量 y 可以分为两部分，$y = (y_\theta, y_{\bar{\theta}})$，其中 y_θ 和 $y_{\bar{\theta}}$ 分别是属于 θ 和 $\bar{\theta}$ 的那些属性的属性向量。

定义 1 - 3①：相互偏好独立

$\forall y'_\theta, y''_\theta \in Y_\theta$，有某个 $y^0_{\bar{\theta}}$ 使 $(y'_\theta, y^0_{\bar{\theta}}) \triangleright (y''_\theta, y^0_{\bar{\theta}})$ 均有 $(y'_\theta, y_{\bar{\theta}}) \triangleright (y''_\theta, y_{\bar{\theta}})$，则称属性集 ψ 的子集 θ 偏好独立于其补集 $\bar{\theta}$。

若属性集 ψ' 的每个非空正常子集 θ 偏好独立于其补集 $\bar{\theta}$，则称属性集满足属性相互偏好独立条件。当属性数较多时，直接验证属性集 ψ' 的属性相互偏好独立较为繁琐，如属性数 n 为时要验证 $(2^n - 2)$ 次。实际上我们只要验证属性集 ψ' 中的每一对属性偏好独立于其补集，即可保证属性集 ψ' 满足属性相互偏好独立条件。

ⅱ) 价值函数的加性条件

属性数 $n \geq 3$ 时价值函数的加性条件如下：

定理 1 - 5②：属性数 $n \geq 3$ 时，定义在 Y（$Y = Y_1 \times Y_2 \times \cdots \times Y_n$ 且 $Y \subset R^n$）上的价值函数

$$v'(y) = v'(y_1, \cdots, y_n), \forall y', y'' \in Y,$$

当且仅当 $v'(y') \geq v'(y'')$ 时有 $v' \triangleright y''$，则当且仅当属性集 ψ' 满足相互偏好独立条件时，存在分别定义在 $Y_1, \cdots, Y_n$ 上的 $v'_1, \cdots, v'_n$，使

$$y' \triangleright y'' \Leftrightarrow v'(y'_1) + \cdots + v'(y'_n) \geq v'(y''_1) + \cdots + v'(y''_n)$$

需要说明的是，在上述定理中，加性价值函数 $v'(y) = \sum_{j=1}^{n} v'_j(y_j)$ 并不是唯一的，而是存在满足下述定理的多个价值函数 $v'(y)$。

---

① Gorman W M. The structure of utility function. Review of Economic Studies, Vol. 35, No. 3, 1968, pp. 367~390.

② Krantz D M, Luce R D, Supper P, et al. Foundations of Measurement, Vol. 1 of Additive and Polynomial Representations [M]. New York: Academic Press, 1971.

定理 $1-6$①：$v'(y) = \sum_{j=1}^{n} w'_j(y_{\bar{j}})$ 和 $w'(y) = \sum_{j=1}^{n} w'_j(y_{\bar{j}})$ 是与 Y 上的同一偏好结构相一致的加性价值函数，当且仅当存在 $\alpha'' > 0$ 和 $\beta''_1, \cdots, \beta''_n$，使

$$v'_j(y_{\bar{j}}) = \alpha'' w'_j(y_{\bar{j}}) + \beta''_{\bar{j}}, \bar{j} \in J \qquad (式1.14)$$

在加性价值函数中，定义在属性集 $y_{\bar{j}}$ 上的 $v'_j(y_{\bar{j}})$ 的函数形式有可能还是比较复杂的，其中 v'_j 最简单的形式是 $y_{\bar{j}}$ 的线性函数。如果价值函数形如

$$v'(y) = \sum_{j=1}^{n} \lambda'_j y_{\bar{j}} \qquad (式1.15)$$

则称为线性价值函数。其中 $\lambda'_j(\bar{j} \in J)$ 称作加权因子或权系数。

线性价值函数是求解多属性决策问题最常用的加权和法的理论依据，在现实生活中有着极为广泛的应用。

为了使价值函数具有线性结构，还需要（具备除加性条件之外的其他条件。存在线性价值函数的充要条件是：第1，▷为弱序；第2，满足单调性；第3，具有恒定的相互置换率。

关于恒定的相互置换率的定义如下：

定义 $1-4$：$\forall y \in R^n$，属性 $Y_{\bar{j}}$ 与 $Y_{\bar{l}}$ 之间的恒定的相互置换率 $\rho_{\bar{j}\bar{l}}$，当且仅当对 $-\infty < \hat{k} < \infty$，有

$$(y_1, \cdots, y_{\bar{j}}, \cdots, y_n) \sim (y_1, \cdots, y_{\bar{j}} + \rho_{\bar{j}\bar{l}} \cdot \hat{k}, \cdots, y_{\bar{l}} - \hat{k}, \cdots, y_n) \qquad (式1.16)$$

如果 $v'(y) = \sum_{i=1}^{n} \lambda'_j y_{\bar{j}}$ 则属性 $Y_{\bar{j}}$ 与 $Y_{\bar{l}}$ 之间的恒定相互置换率为 $(\lambda'_j / \lambda'_{\bar{j}})$。

对于上述定义，需要做出如下四方面解释。

第一，价值函数的线性化蕴含着每一对属性的相互置换率都是恒定的，而且有 $\rho_{\bar{j}\bar{l}} = 1/\rho_{\bar{l}\bar{j}}$，$\forall \bar{i}, \bar{j}, \bar{l} \in J$；$\rho_{\bar{j}\bar{l}} = \rho_{\bar{j}\bar{i}} \cdot \rho_{\bar{i}\bar{l}}$。

第二，恒定的相互置换率这一条件要求任意两个属性之间的无差异曲线是相互平行的直线；任意三个属性间的无差异曲面是平行的平面；更高维度属性间的是平行的无差异超平面。

第三，恒定的相互置换率要求属性之间是完全可以替代的，这一条件在实际问题往往很难满足。

第四，两个价值函数 $v'(y) = \sum_{j=1}^{n} \mu'_j y_{\bar{j}}$ 和 $w'(y) = \sum_{j=1}^{n} \eta'_j y_{\bar{j}}$ 是与同一个 $Y \in R^n$ 上的偏好结构相一致的线性价值函数，则一定存在 $\alpha'' > 0$，使得

$$w'(y) = \alpha'' v'(y), \text{即} \eta'_j = \alpha'' \mu'_j, \bar{j} \in J$$

3. 价值函数的其他可分解形式

---

① 同上.

价值函数除了加性形式的以外，还有一些其他可分解的形式。

定义 1-5[①]：如果存在定义在 Y_1，$\cdots$，Y_n 上的 v'_1，$\cdots$，v'_n 和定义在 Y 上的 v'，使 $\forall y'$，$y'' \in Y$，$y' \geqslant y''$ 当且仅当

$$v'[v'_1(y') + \cdots + v'_n(y')] \geqslant v'[v'_1(y'') + \cdots + v'_n(y'')],$$

则称价值函数 v' 是可分解的。

其他可分解的形式主要有拟可加性和乘性。这些可分解形式涉及下列概念。

ⅰ）可测价值函数

单个属性的可测价值函数的定义可以推广到多属性：在 Y 上的实值函数 v'，对 w'，x，y，$z' \in Y$，有

$(w' \to x) \triangleright (y \to z')$ 当且仅当 $v'(w') - v'(y) - v'(z')$，且 v' 对正线性变换是唯一确定的，则称 v' 为可测价值函数。

ⅱ）弱差独立

弱差独立是指实值较弱的偏好强度之差的独立性。

定义 1-6[②]：弱差独立

$\forall w_{\hat{\theta}}$，$y_{\hat{\theta}}$，$z_{\hat{\theta}} \in Y_{\hat{\theta}}$，有某个 $w_{\hat{\theta}}^0$ 使 $((w_{\hat{\theta}}, w_{\hat{\theta}}^0) \to (x_{\hat{\theta}}, w_{\hat{\theta}}^0)) \triangleright ((y_{\hat{\theta}}, w_{\hat{\theta}}^0) \to (z_{\hat{\theta}}, w_{\hat{\theta}}^0)) \Rightarrow w_{\hat{\theta}}^0 \in Y_{\hat{\theta}}$ 均有 $((w_{\hat{\theta}}, w_{\hat{\theta}}) \to (x_{\hat{\theta}}, w_{\hat{\theta}}))\triangleright ((y_{\hat{\theta}}, w_{\hat{\theta}}) \to (z_{\hat{\theta}}, w_{\hat{\theta}}))$，则称属性集 ψ' 的子集 $\hat{\theta}$ 弱差独立于其补集 $\bar{\theta}$。如果属性集 ψ' 的每个非空正常子集 $\hat{\theta}$ 弱差独立于其补集 $\bar{\theta}$，则称属性集 ψ' 满足相互弱差独立条件。

验证属性集 ψ' 相互弱差独立比验证相互偏好独立更困难，实际上只要验证 $\forall j \in J$，属性 Y_j 弱差独立于其补集 $Y_{J/j}$ 且 $\{Y_l, Y_j\}$ 偏好独立于其补集，就可以保证属性集 ψ' 满足相互弱差独立条件。

ⅲ）规范化的可测价值函数

若在 Y 上存在可测价值函数 v'，且在 Y 中存在决策人最偏爱的 y^* 和 y^0 最不喜欢的，使 $v'(y^0) = 0$ 且 $v'(y^*) = 1$，则称 v' 为规范化的可测价值函数。

基于上述定义，即可得到如下的两个定理。

定理 1-7[③]：拟加性定理

[①] Keeney R L. Measurement scales for quantifying attributes [J]. Behavioral Science, 1981, 26: 29~36.

[②] 岳超源：《决策理论与方法》，科学出版社，2003 年.

[③] 同上.

设在 Y ($Y = Y_1 \times Y_1 \times \cdots \times Y_n$) 且 $Y \subset R^n$ 上存在规范化的可测价值函数 v'，如果 $\forall j \in J$ 属性 Y_j 弱差独立于其补集 $Y_{J/j}$，则存在定义在 Y_j 上的可测价值函数 v'_j，$\bar{j} \in J$ 有 $v'_j (y_j^*) = 1$ 和 $v'_j (y_j^0) = 0$，并能使 $\forall y \in Y$ 有

$$v'(y) = \sum_{j=1}^n \hat{k}_j v'_j(y_j) + \sum_{j=1}^n \sum_{k>j} \hat{k}_{jk} v'_j(y_j) v'_k(y_k) + \sum_{j=1}^n \sum_{k>j} \sum_{l>k} \hat{k}_{jkl} v'_j(y_j) v'_k(y_k) v'_l(y_l) + \cdots + \hat{k}_{12\cdots n} v'_1(y_1) v'_2(y_2) \cdots v'_n(y_n)$$

（式1.17）

定理1-8[①]：乘法定理

设在 Y ($Y = Y_1 \times Y_1 \times \cdots \times Y_n$) 且 $Y \subset R^n$ 上存在规范化的可测价值函数 v'，属性集 Ψ 满足相互弱差独立条件，则存在定义在 y_j 上的可测价值函数 v'_j，$\bar{j} \in J$，使 $\forall y \in Y$ 有

$$1 + v'(y) = [\hat{k}\hat{k}_1 v'_1(y_1) + 1] \cdot [\hat{k}\hat{k}_2 v'_2(y_2) + 1] \cdots [\hat{k}\hat{k}_n v'_n(y_n) + 1]$$

三、基本启示

基于上述分析，可以得出对后文研究的3点有益启示。即：

第一，现有研究成果已有将 Bayes 决策与 ANP 理论相互借鉴的趋势，但因核心概念的错误使用而难以实现二者的真正融合。但这也从反向启示作者：本书要明确区分因素的权重和因素状态概率，不能将二者混为一谈。这主要表现在两方面，一方面，不能将因素的相对重要性权重当作因素发生的概率来使用。另一方面，也不能用传统 ANP 所采用的两两比较判断模式来主观地确定各因素发生的概率。尽管这种做法已为少数学者如 Cho[②] 和 Hughes[③] 所采用，但这种比较方式因内涵不清楚而难以得出正确的判断结果。事实上，最近 Clemen/Ulu[④] 最近在著名的国际刊物 Management Science 上指出，可靠的主观概率评价只能由统计数据得出，由其他方法得出的评价结果是存在较大偏差的。

第二，后文研究中要揭示出 ANP 系统因素之间的非线性联系机理，客

[①] Dyer J S, Scrin R K. Measurable multiattribute value functions. Operations Research, Vol. 27, No. 4, 1979, pp. 810~821.

[②] Cho K T. Multicriteria decision methods: an attempt to evaluate and unify. Mathematical and Computer Modelling. Mathematical and Computer Modelling, Vol. 37, No. 2, 2003, pp. 1099~1119.

[③] Hughes W R. A statistical framework for strategic decision making with AHP: probability assessment and Bayesian revision. Omega, Vol. 37, No. 2, 2009, pp. 463~470.

[④] Clemen R T, Ulu C. Interior additivity and subjective probability assessment of continuous variables. Management Science, Vol. 54, No. 4, 2008, pp. 835~851.

观上要求人们考虑系统因素可能出现的各种状态水平，只有这样，才能给出清晰明确的判断提问方式，为进一步合理提取专家判断信息提供技术保障。

第三，后文研究中可能涉及期望效用理论中的期望、效用、价值等概念及效用函数、价值函数及其相应的公理体系，使用时要准确予以把握。

第四节 DEA 理论

数据包络分析（DEA）是著名运筹学家 A. Charnes 和 W. W. Cooper 等人以相对效率概念为基础发展起来的一种效率评价方法。它把单输入单输出的工程效率概念推广到多输入多输出同类决策单元（DMUs – Decision Making Units）的有效性评价中去，极大地丰富了微观经济中的生产函数理论及其应用技术，同时在避免主观因素、简化算法和减少误差等方面有着不可低估的优越性[①]。DEA 方法自 1978 年第一个 CCR 模型提出以来就以其独有的特点和优势受到人们的关注，此后随着 DEA 新模型和重要理论成果的不断涌现，该方法在实际应用方面也得到了迅速发展，并取得多方面的成果，目前已成为管理科学、系统工程和决策分析等领域中一种非常重要的分析工具和研究手段[②]。

DEA 方法主要具有如下两方面优点[③]：一方面，它特别适用于具有多输入、多输出的复杂系统。这是因为，其一，DEA 以决策单元各输入输出的权重为变量，从最有利于决策单元的角度进行评价，从而避免了确定各指标在优先意义下的权重；其二，假定每个输入都关联到一个或多个输出，而且输入输出之间确实存在某种关系，使用 DEA 方法则不必确定这种关系的显性表达式，由于该方法排除了许多主观因素的影响，因此它具有很强的客观性。另一方面，DEA 作为一种新的非参数估计方法，较回归分析等方法有明显的优点，尤其是在经济学生产函数的确定上其优点更为突出。

一、DEA 基本模型

假设系统中有 N 个部门或单位（称作 DMU），每个决策单元有 Q 种类型

---

① 马占新：《数据包络分析方法的研究进展》，《系统工程与电子技术》，2002 年第 3 期，第 42～46 页。
② 杨印生：《经济系统定量分析方法》，吉林科学技术出版社，2001 年．
徐玖平，吴巍：《多属性决策的理论与方法》，清华大学出版社，2006 年．
③ 柳印生：《经济系统定量分析方法》，吉林科学技术出版社，2001 年．

的输入和 s 种类型的输出。x_{qj} 为第 j 个决策单元对第 q 种输入类型的投入量;$y_{r'j}$ 为第 j 个决策单元对第 r' 种输出类型的产出量;$\mu_{r'}$ 为第 r' 个产出量的虚拟权重,$r'=1,\cdots,s$;ε 为非阿基米德无穷小量;v_q 为第 q 个投入量的虚拟权重,$q=1,\cdots,Q$。为方便,记 $X_j=(x_{1j},x_{2j},\cdots,x_{Qj})^T>0$,$Y_j=(y_{1j},y_{2j},\cdots,y_{sj})^T>0$,$\hat{e}^T=(1,1,\cdots,1)\in E_s$。

1978 年,Charnes、Cooper 和 Rhodes 给出了如下评价决策单元 j_0 相对有效性的 DEA – CCR 模型。即:

$$Maxh_{j0}=\sum_{r'=1}^{s}\mu_{r'}y_{r'j0},\ j_0=1,\cdots,N \qquad (式1.18)$$

$$s.t.\begin{cases}\sum_{r'=1}^{s}\mu_{r'}y_{r'j}-\sum_{q=1}^{Q}v_qx_{qj}\leq 0,\ j=1,\cdots,N,\\ \sum_{q=1}^{Q}v_qx_{qj0}=1,\ \mu_{r'},v_q\geq\varepsilon,\ r'=1,\cdots,s;\ q=1,\cdots,Q\end{cases}$$

式 1.18 中,h_{j0} 的最大值是被评价决策单元 DMU_{j0} 的相对效率评价值。式 1.18 的对偶规划模型如下:

$$MinZ_{j0}=\theta-\varepsilon(\hat{e}^TS^-+e^TS^+),\ j_0=1,\cdots,N \qquad (式1.19)$$

$$s.t.\begin{cases}\sum_{j=1}^{N}Y_j\lambda_j-S^-=Y_{j0}\\ \sum_{j=1}^{n}X_j\lambda_j+S^+=\theta X_{j0}\\ \lambda_j\geq 0,\ j=1,\cdots,N,\\ S^-=(S_1^-,S_2^-,\cdots,S_Q^-)^T\geq 0,\ S^+=(S_1^+,S_2^+,\cdots,S_s^+)^T\geq 0\end{cases}$$

其中,Z_{j0} 的最小值为 DMU_{j0} 的相对效率评价值,S^-、S^+ 为松驰向量。

1984 年 Banker、Charnes 和 Cooper 给出了对决策单元 j_0 进行效率评价的 DEA – BCC 模型,它也是继 CCR 模型之后的又一 DEA 基本模型。其表达式如下所示:

$$Maxh_{j0}=\sum_{r'=1}^{s}\mu_{r'}y_{r'j0}-\mu_0,\ j_0=1,\cdots,N \qquad (式1.20)$$

$$s.t.\begin{cases}\sum_{r'=1}^{s}\mu_{r'}y_{r'j}-\sum_{q=1}^{Q}v_qx_{qj}-\mu_0\leq 0,\ j=1,\cdots,N,\\ \sum_{q=1}^{Q}v_qx_{qj0}=1,\ \mu_{r'},v_q\geq\varepsilon,\ r'=1,\cdots,s;\ q=1,\cdots,Q\end{cases}$$

上式 1.20 中,μ_0 为决策变量,其它符号含义与式 1.20 相应的符号含义相同。式 1.18 相应的对偶规划模型为:

$$MinZ_{j0}=\theta-\varepsilon(\hat{e}^TS^-+e^TS^+),\ j_0=1,\cdots,N \qquad (式1.21)$$

$$s.t. \begin{cases} \sum_{j=1}^{N} Y_j \lambda_j - S^- = Y_{j0} \\ \sum_{j=1}^{n} X_j \lambda_j + S^+ = \theta X_{j0} \\ \lambda_j \geq 0, \ j = 1, \cdots, N, \\ \lambda_1 + \lambda_2 + \cdots + \lambda_N = 1, \ S^- \geq 0, \ S^+ \geq 0 \end{cases}$$

式 1.21 与式 1.19 的不同之处在于增加了对变量 λ_j 的约束，其它同式 1.19。

二、DEA 交叉效率评价

上式 1.18～1.21 中的相对效率评价的核心思想即是选择一组对所评价的决策单元最为有利的虚拟权重使其相对效率评价值达到最优，这一核心思想的优势在于它不需要任何偏好信息，因而具有客观性；但其劣势在于，当引用这这些模型进行方案评价时，可能同时存在多个有效决策单元，因而难以对这些决策单元予以进一步甄别。此外，由于每个决策单元都本着利己思想对其自身进行评价，因此各决策单元之间不具备可比性。为克服上述缺陷，Sexton 等人在 1986 提出了交叉效率的概念[①]。所谓交叉效率评价，就是将自评价与他评价进行交融的一种评价方法，具体地讲就是某决策单元（记为 DMU）首先从自身的角度评价自己，即实现自评价；然后其它的决策单元分别从自身角度出对 DMU 进行评价，即实现他评价；最后将自评价的结果与他评价的结果按某种集成策略进行有机集成，从而得出各对决策单元的评价结果。

该方法的优点在于集合了相互评价的过程，使得最终的评价结果具有可比性，同时排序结果的可靠性也有明显提高[②]。但该方法面临的主要难题是，由于在进行交叉效率评价时可能有多组权重都能使得某决策单元的评价值达到最优，因而选取不同组的最优权重值会得出不同的交叉评价值，从而使得各决策单元的排序结果可能不同。为解决上述问题，Doyle／Green[③] 提出了如下式 1.22 所示的评价模型。

$$Min \sum_{r'=1}^{s} \sum_{j=1, j \neq k}^{N} \mu_{r'k''} y_{r'j} \qquad (式 1.22)$$

[①] 荆浩，赵希男：《DEA 中交叉效率评价的新思考》，《运筹与管理》，2008 年第 3 期，第 73～46 页。

[②] 同上。

[③] Doyle J R, Green R. Efficiency and cross-efficiency in data envelopment analysis: derivatives, meanings and uses. Journal of the Operational Research Society, Vol. 45, No. 5, 1994, pp. 567~578.

$$s.t.\begin{cases}\sum_{q=1}^{Q}\sum_{j=1, j\neq k''}^{N}v_{qk''}x_{qj}=1\\ \sum_{r'=1}^{s}\mu_{r'k''}y_{r'k''}-h_{k''k'}\sum_{q=1}^{Q}v_{qk''}x_{qj}=0\\ h_{k'j}\leqslant 1,\quad \forall j\neq k''\\ \mu_{r'k''}v_{qk''}\geqslant 0\end{cases}$$

式 1.22 中，$h_{k''k'}$ 表示由模型 1.18 计算出的决策单元 k'' 的最优评价值。其内涵表示在使决策单元 k'' 自评价值最大化的同时，也应使得其它决策单元的效率值最小。因此，该式 1.22 所示的模型被称作是激进式评价模型。若将目标函数中的最小化改为最大化，则 1.22 即称为仁慈式评价模型。

需要注意的是，式 1.22 给出的仅是与 CCR 基本模型 1.18 相应的交叉效率评价模型。与之类似，可以确定出相应于式 1.19 ~ 1.21 的交叉效率评价模型。

三、基本启示

通过上述分析，可以得出如下两点重要启示。

第一，由于 DEA 是近年来系统评价领域最为活跃的研究方向，并且运用 DEA 方法对方案效率进行评价时虚拟权重也是变化的，即 DEA 本质上也体现了一种非线性变权思想，因此在可能的情况下，将 DEA 的基本模型（如 CCR、BCC 模型及其相应的对偶规划模型）结合到本书非线性 ANP 决策方法研究中是合适的。

第二，当运用 DEA 对决策单元进行分析时，若存在多个有效的决策单元，为了进一步对这些有效的决策单元进行甄别，可以运用 DEA 交叉效率评价方法来有效地处理上述问题，以实现自评价与他评价的有机整合、提高决策的可靠性。

第二章

ANP 决策方法的非线性系统特征与决策结构类型划分

第一节 ANP 决策方法的非线性系统特征

复杂系统研究是目前系统科学的主要研究方向之一。一方面，随着 20 世纪 70 年代协同学、超循环理论、突变论、混沌学和分形学等一系列复杂性科学的兴起，使得系统思想和系统范式发展到一个新阶段。这些复杂性科学的研究成果揭示，世界从本质上讲是复杂的、非线性的[1]，线性的相互作用和规则简单的秩序仅是纷繁复杂的非线性世界的一个特例而已。由此可见，在这样一种非线性世界里，运用非线性思维来考察事物运动、变化规律所得出的结论更接近于真实的客观世界图景。另一方面，系统之所以成为复杂系统其本质也是由系统的复杂性特征所引起的，而非线性又是产生系统复杂性的主要根源之一[2]，因而，非线性特征是复杂系统最为本质的一个基本特征。结合上述两方面事实可知，从非线性视角探究复杂系统有着很重要的理论与现实意义，是目前系统科学、管理科学领域内一个极其重要的研究热点[3]。

在社会经济系统中，经济主体不论是企业家、消费者，还是投资者，都在不停地调整各自的市场行为和买卖决策并预测以上经济活动对市场可能造成的影响[4]。不同于自然科学中的复杂现象，社会经济主体在考虑采取一系列行动

---

[1] 彭新武：《论复杂系统探究方式》，《系统辩证学学报》，2003 年第 1 期，第 13~18 页。

[2] Memmesheimer R M, Timme M. Designing complex networks. Physica D: Nonlinear Phenomena, Vol. 224, No. 1~2, 2006, pp. 182~201.

[3] Amaral Nunes L A, Uzzi B. Complex system – a new paradigm for the integrative study of management, physical, and technological systems. Management Science, Vol. 53, No. 7, 2007, pp. 1033~1035.

[4] 慕庆国，王立杰：《对复杂系统理论的探讨》，《中国煤炭经济学院学报》，2002 年第 4 期，第 293~296 页。

可能会有的后果后，会做出相应的决策反应或对策。由于人的存在和参与，因而使得社会经济系统比自然系统更具有复杂性。换句话说，社会经济系统是一个更为庞大的复杂系统。

为有效解决复杂系统中的决策问题，Saaty 教授提出了能全面考虑系统因素之间相互影响、相互作用的 ANP 决策方法。虽然从数学方面的视角上看，ANP 有着极其丰富和深邃的基本内涵，但从深层次本质上分析，它也仅是一种思维方式而已。ANP 先将复杂系统问题分解成各个组成因素，又将这些因素按支配（控制）关系组合成网络结构。基于构建出的网络关系请专家采用两两比较的方式判断系统各因素的相对重要性。然后，通过超矩阵综合集成专家的判断信息，最终通过计算超矩阵的极限矩阵来确定决策方案的复合排序。这一过程体现了人类决策思维的基本特征，即分解、判断综合[①]。

事实上，上述 ANP 决策方法蕴含着大量的非线性特征，其主要体现在如下两点上。

（1）因素集内部因素之间可能存在大量的非线性影响关系。不像 AHP 假设层次内部因素之间是相互独立的，ANP 考虑到因素集内部因素之间的相互依存性，这种依存关系充分反映了因素集内部因素之间可能存在复杂的非线性联系。当然，Saaty 教授试图通过传统的两两比较法来揭示这种复杂的依存关系，但从他关于内部依存机理关系的描述上看，这种分析方法所给出的依存机理关系是混乱的。比如，对于较简单的因素集内部循环依存机理，设目标集内部循环依存关系为"目标 g_2 依存于目标 g_1，目标 g_3 依存于目标 g_2，…，目标 g_1 依存于目标 g_n"时，若令 $g'_1 = g_1$，并设 $g_1, \cdots, g_n$ 在以 g'_1 为控制标准下的绝对重要性为 $\alpha_1, \cdots, \alpha_n$，则以 g'_1（也就是 g_1）为控制标准下因素 $g_1, \cdots, g_n$ 之间的两两比较矩阵可以表示为矩阵 $Z^{(1)}$。

$$Z^{(1)} = \begin{array}{c|cccc} & g_1 & g_2 & \cdots & g_n \\ \hline g_1 & 1 & 0 & \cdots & \alpha_1/\alpha_n \\ g_2 & 0 & 0 & \cdots & 0 \\ \vdots & \vdots & \vdots & & \vdots \\ g_n & \alpha_n/\alpha_1 & 0 & \cdots & 1 \end{array} \qquad Z = \begin{array}{c|cccc} & g_1 & g_2 & \cdots & g_n \\ \hline g_1 & 1 & 0 & \cdots & 1/\alpha_n \\ g_2 & 0 & 0 & \cdots & 0 \\ \vdots & \vdots & \vdots & & \vdots \\ g_n & \alpha_n & 0 & \cdots & 1 \end{array}$$

从 $Z^{(1)}$ 来看，$g_1, \cdots, g_n$ 对 g'_1 的相对重要性分别为 $\alpha_1/\alpha_1, 0, \cdots, 0, \alpha_n/\alpha_1$。另一方面，在以 g'_1 为控制标准下 g_1 的绝对重要性 α_1 依据 ANP 的比较

---

① 王莲芬，许树柏：《层次分析法引论》，中国人民大学出版社，1990 年。

45

规则实际上就是 g_1 对 g'_1 的绝对重要性,由于 $g'_1 = g_1$ 因而它也是 g_1 对 g_1 的绝对重要性。而 g_1 对 g_1 的绝对重要性因其中已有比较的含义,故也是 g_1 对 g_1 的相对重要性,进而可知 $\alpha_1 = \alpha_1/\alpha_1 = 1$, $Z^{(1)} = Z$。分析矩阵 Z 可以看出,其第一列元素从数值上看均是,g_1,…,g_n 对 g'_1 的绝对重要性,而第一行最后一个元素 $1/\alpha_n$ 反映的却是以 g'_1(即 g_1)作为控制标准下 g_1 对 g_n 的相对重要性。这样在矩阵 Z(或 $Z^{(1)}$)中,既有相对重要性比较的元素,又有绝对重要性比较的元素,因此可见矩阵的比较机理是混乱的。事实上,对此问题国外学者也有相近的看法。例如,Barzilai 通过研究 AHP/ANP 所采用的线性价值函数指出,ANP 所使用的超矩阵并没有正确保证线性分解这一本质要求[1]。再如,Millet 等人通过一个反例分析指出,现行 AHP 不仅得出的是不正确的两两比较偏好比率(判断矩阵构造错误),而且得出方案排序也不正确(即排序方法错误)[2]。

通过上述分析可知,运用 Saaty 教授给出的两两比较判断法因其存在依存机理混乱问题而难以反映因素集内部因素之间存在的复杂非线性机理关系。这一难题将在后面第 5 章、第 6 章予以解决。

(2) ANP 不同因素集之间也可能存在着复杂的非线性作用关系。这种作用关系体现为下层因素集对上层因素集的影响并不一定是独立的,而是可能存在互补、替代、匹配等非线性关系,从而可能会产生涌现、突变等复杂系统行为特征。需要说明的是,传统 ANP 并没有认识到这种非线性机理关系的存在,而是仅仅通过构造因素集之间的加权矩阵来揭示它们之间的内在联系,因而也不可能从理论分析方法上反映出因素集之间的非线性机理联系。这也是非线性 ANP 决策方法需要解决的重要理论问题。

为便于后文研究,下文将对 ANP 基本结构类型划分方法予以描述。

第二节 ANP 决策结构类型划分

迄今,ANP 决策结构有如下两种划分方法。

其一,按照文献 [1,117],ANP 系统结构可分解为内部独立递阶系统结

---

[1] Barzilai J. On the decomposition of value functions [J]. Operations Research Letter, 1998, 22 (4~5): 159~170.

[2] Millet I, Schoner B. Incorporating negative values into the analytic hierarchy process. Computers & Operations Research, Vol. 32, No. 12, 2005, pp. 3167~3173.

构（HSII – Hierarchy System with Inner Independence）或称作层次分析系统结构（AHP）、内部依存的递阶系统结构（HSID – Hierarchy System with Inner Dependence）、带有反馈的递阶系统结构（HSOF – Hierarchy System with Outer Feedback）、内部独立的循环系统结构（CSII – Circular System with Inner Independence）和内部依存的循环系统结构（CSID – Circular System with Inner Dependence）。

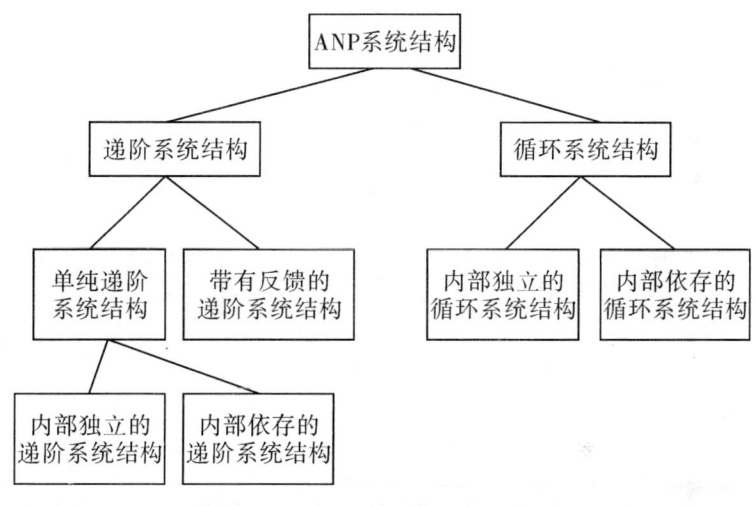

图 2.1　ANP 系统结构分解示意图

一个系统的结构取决于系统中因素（因素集）之间的依存关系。ANP 系统中存在两种依存性：功能依存性和结构依存性。功能依存性是指系统中因素集之间和因素间的定量支配关系。结构依存性是指系统中因素集和因素间的结构关系。由于结构支配关系影响确定功能依存性的定量方法，因此它对系统的分析和设计而言是至关重要的。结构依存性可分为两类，即外部依存性（因素集之间的依存关系）和内部依存性（即因素集内部因素之间的依存关系）。外部依存性又分为两大类，一类是递阶支配关系，另一类是循环支配关系。参见图 2.1，按照外部依存性的分类，相应地可将 ANP 系统结构分为递阶系统结构和循环系统结构。递阶系统结构又可进一步划分为单纯递阶系统结构与带有反馈的递阶系统结构。根据层次（因素集）内部因素是否独立，可将单纯递阶系统结构分为最简单的 AHP 结构和 HSID 系统结构。AHP 结构是最简单的一种系统结构形式。如果在 AHP 结构的基础上考虑各层次内部因素的相互依存性，那么这种结构即称为 HSID 系统结构。若一个系统的层次之间既可能存

47

在递阶支配关系，又可能存在循环支配关系，同时也允许存在层次内部的依存性，则这类系统结构称作 HSOF 系统结构。类似于递阶系统结构，循环系统结构按层次内部是否相互独立可划分为 CSII 系统结构和 CSID 系统结构。

其二，根据文献［99］，Saaty 教授于 2001 年将 ANP 系统结构重新划分为以下五种基本类型：AHP 系统结构、最上面两层带反馈关系的递阶系统结构（即 Suparchy 结构）、中间两层带反馈关系的递阶系统结构（即 Intarchy 结构）、最下面两层带反馈关系的递阶系统结构（即 Sinarchy 结构）和具有一般性的网络系统结构（即 Hiernet 结构）。这五种系统结构图分别参见下图 2.2～2.6。

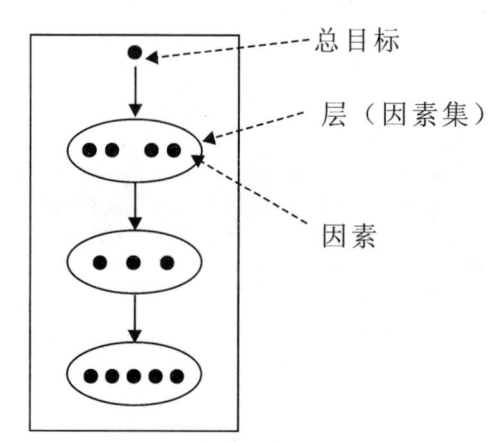

图 2.2　AHP 系统结构

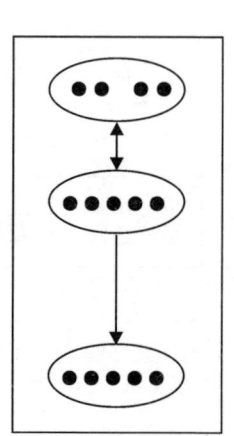

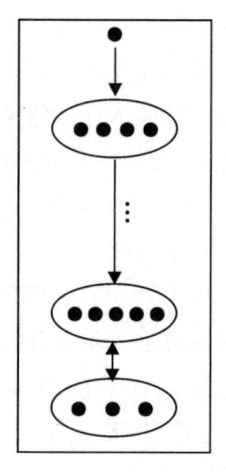

图 2.3　最上面两层带反馈关系的递阶系统结构

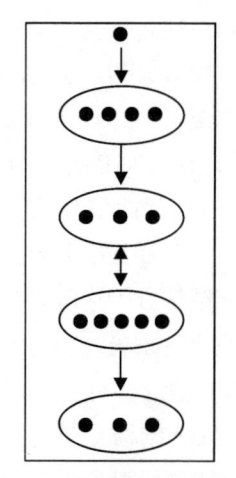

图 2.4　中间两层带反馈关系的递阶层次系统结构

图 2.5　最下面两层带反馈关系的递阶层次系统结构

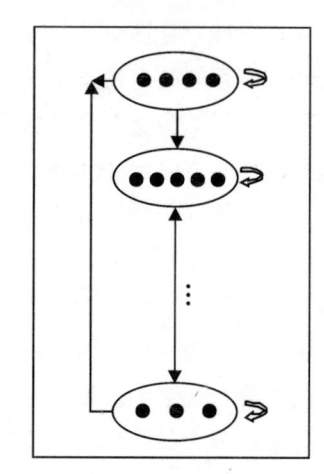

图 2.6　具有一般性的层次网络系统结构

考虑到 AHP 系统结构已在前一部分做了介绍，因此这里不再赘述。Suparchy 结构与 AHP 系统结构的不同之于在于它隐含了系统的总目标，且在最上面两层之间存在反馈支配关系；Intarchy 系统结构不仅存在总目标，而且在中间两层之间存在反馈支配关系；Sinarchy 系统结构类似于 Intarchy 系统结构，它与 Intarchy 结构的区别之处仅在于具有支配关系的两层位于最下面，而并不位于系统结构中间部分；Hiernet 系统结构是最具有一般性的网络结构，其中既存在因素集内部因素之间的依存关系（这种依存关系在图 2.6 中用弧形箭头来表示），也存在因素集之间的反馈关系。

需要强调的是，第二种 ANP 结构划分方法自提出以来很少（几乎没有）被其他学者所采用，即使是 Saaty 教授本人在其最新的 ANP 成果专著中也没有采用这种划分结构，因此在后文的分析中，作者仍然借鉴传统的第一种结构划分方法来对 ANP 决策方法予以研究。但是，考虑到传统划分方法对因素集内部依存关系的划分过于粗糙，因此作者将内部依存关系又细分为典型的循环依存关系（即因素集内部因素成形如 A 影响 B，B 影响 C，C 又影响 A 的依存关系）和多元依存关系（即因素集中存在多个因素（大于等于 2）共同影响某个因素的作用关系）（分别详见第 5、第 6 章）。基于上述认识，这里我们将最为常用的 HSID 系统结构划分为内部循环依存递阶系统结构（HSICD – Hierarchy System with Inner Circular Dependence）和内部多元依存递阶系统结构（HSIMD – Hierarchy System with Inner Mutielement Dependence）。这样，ANP 原有的 5 种基本结构扩展为现有的 6 种基本结构。由于 AHP 系统结构、CSII 系统结构、HSICD 和 HSIMD 系统结构是上述 6 种结构是最为典型的系统结构（换句话说，上述四种典型类型的系统结构研究清楚了，其他类型的 ANP 结构所存在的问题也就相应地迎刃而解），因此后文将对这四种典型 ANP 系统结构问题予以深入研究。

第三节　本章小结

世界从本质上讲是复杂的、非线性的，由于系统复杂性特征的存在使得人们对复杂世界的认识极其有限，而非线性又是产生系统复杂性的主要根源之一，因此从非线性思维的角度来认识、探究复杂系统是可行的。ANP 作为反映复杂系统问题的一种多准则决策方法，近年来在国外得到了较为广泛的应用。ANP 决策方法蕴含着大量的非线性特征，一方面 ANP 因素集内部因素之间可能存在复杂的非线性影响关系，另一方面 ANP 不同因素集之间也可能存在着复杂的非线性作用关系。传统 ANP 不仅针对因素集内部依存的比较机理是混乱的，而且它给出的方案排序方法也难以反映出因素集之间所蕴含的复杂非线性联系，因而从新的视角来探索 ANP 决策方法有着很重要的理论与现实意义。为便于后文研究，本章在简要介绍现有两种 ANP 基本类型结构划分方法的基础上，将系统原有的 5 种 ANP 结构扩展为现有的 6 种基本结构。即：AHP 系统结构、HSICD 系统结构、HSIMD 系统结构、HSOF 系统结构、CSII 系统结构、CSID 系统结构。

第三章

非线性 AHP 决策方法

第一节 问题的提出

美国著名运筹学家 Saaty 教授提出的层次分析法是一种适合于复杂问题的定性与定量相结合的系统分析与决策方法[1]。Badiru 通过引入事件的状态和概率对 AHP 予以改进，提出了动态决策的 DDM 模型及软件[2]。尽管 AHP（包括 DDM）自提出以来已被广泛应用于社会、经济、管理等诸多领域，但因其会产生方案逆序问题（即增加一个新方案或删除原有的一个方案后原有方案或其余方案的相对排序发生变化的问题）而备受专家学者的质疑与批评[3]。Barzilai/Golani 指出，错误地采用加法型集成函数是导致传统 AHP 出现逆序问题的一个重要根源[4]。由此根源出发，作者进一步认为，建构在因素固定权重（简称为固权）体系上的、反映系统要素相互作用机理的少数几种特定的方案复合排序方法很有可能出现方法模型的失效问题。其中原因在于：复杂系统内部

---

[1] 戴汝为，操龙兵：《综合集成研讨厅的研制》，《管理科学学报》，2002 年第 2 期，第 10~16 页。

[2] Badiru A B, Pulat P S and Kang M. DDM: decision support system for hierarchical dynamic decision making. Decision Support System, Vol. 10, No. 1, 1993, pp. 1~18.

[3] Wang Y M, Luo Y, Hua Z S. On the extent analysis method for fuzzy AHP and its applications [J]. European Journal of Operational Research, 2008, 186 (2): 735~747.
Wang Y M, Echag T M S. An approach to avoiding rank reversal in AHP [J]. Decision Support Systems, 2006, 42 (3): 1474~1480.
Ramanathan R. Data envelopment analysis for weight derivation and aggregation in the analytic hierarchy process [J]. Computers & Operations Research, 2006, 33 (5): 1289~1307.

[4] Stam A, Duarte Silva A P. On multiplicative priority rating methods for the AHP. European Journal of Operational Research, Vol. 145, No. 1, 2003, pp. 92~108.

因素（如方案、指标、准则等）之间蕴含着许多错综复杂的非线性、动态性关系，对系统要素之间的相互作用机理的合理近似假设在通常情况下不仅是比较困难的，而且即使能够做出特定的近似假设也不能够断言假设的近似作用机理关系对不同评价决策问题或同一个评价决策问题的各个待评价方案均是合理的、适用的。因此，从复杂系统内在的机理复杂性上看，如何采用非线性变权思想对传统 AHP（或称作固权 AHP）所采用的固权体系及相应的方案复合排序方法予以合理改进，是克服固权 AHP 方法失效问题、提高 AHP 评价决策科学性的一个重要研究课题。事实上，在 Saaty 提出 AHP 时也曾研究了因素变权问题，但这种变权是一种时变系统的变权（即因素权重随时间的变化而变化），而不是因系统因素状态值变化而变化的状态变权。关于状态变权的概念，我国学者汪培庄教授早在 20 世纪 80 年代研究多目标决策时就曾提出过①，之后，以李洪兴教授为代表的一些学者对非线性变权理论进行了系统的研究，给出了处罚型变权、激励型变权与混合型变权的公理化体系和基于状态变权向量、均衡函数等概念的多目标变权决策方法②。但是，从已有相关成果上看，目前不仅没有关于非线性 AHP 分析方面的研究报道，而且由于现有的多目标变权决策方法存在着状态变权向量的确定过于主观武断、因素固权概念的使用与方法构建的核心思想不一致等问题，因此迄今尚缺乏将现有的变权分析方法直接应用于复杂问题 AHP 分析、实现非线性 AHP 变权评价的科学依据。

  下文首先为说明已有变权研究成果在 AHP 分析上的不适宜性，分析了现有多目标变权决策方法的内在缺陷；然后，为解决传统 AHP 的固权问题以及传统 AHP 可能导致的方案复合排序方法失效问题，依据整体论与还原论相结合的系统分析思路，通过构建复杂评价问题的新分析结构，给出了一种方案评

---

① 汪培庄：《模糊集与随机集落影》，北京师范大学出版社，1985。
② 李洪兴：《因素空间理论与知识表示的数学框架（VIII）》，《模糊系统与数学》，1995 年第 3 期，第 1~9 页。
刘文奇：《一般变权原理与多目标决策》，《系统工程理论与实践》，2000 年第 3 期，第 1~11 页。
李德清，李洪兴：《状态变权向量的性质与构造》，《北京师范大学学报（自然科学版）》，2002 年第 4 期，第 455~461 页。
李德清，崔红梅，李洪兴：《基于层次变权的多因素决策》，《系统工程学报》，2004 年第 3 期，第 258~263 页。
李德清，李洪兴：《变权决策中变权效果分析与状态变权向量的确定》，《控制与决策》，2004 年第 11 期，第 1241~1245 页。

价的非线性 AHP 实现方法；之后，对该方法的变权机理与优点予以了理论分析；最后，通过一个实例对给出的非线性 AHP 方法的实际应用可行性予以了验证，并结合实例对因素权重是如何随着其状态变化而变化的、变权是否合理这两个问题进行了深入分析。

第二节 变权决策方法的缺陷分析

针对多目标决策问题，文献［121］给出了如下式（3.1）所示的变权综合决策模型：

$$\hat{Z} = \sum_{i=1}^{\lambda} w_i (x_1^0, \cdots, x_\lambda^0) x_i^0 \quad\quad\quad (式3.1)$$

其中，$\hat{Z}$ 为实际评价值；x_i^0（$i = 1, \cdots, \lambda$）为因素 x_i 的状态值；$w_i(x_1^0, \cdots, x_\lambda^0)$ 是与 $x_1^0, \cdots, x_\lambda^0$ 有关的 x_i 的变权，它满足规一性条件 $\sum_{i=1}^{\lambda} w_i(x_1^0, \cdots, x_\lambda^0) = 1$。若记 $X = (x_1^0, \cdots, x_\lambda^0)$ 为因素 $x_1, \cdots, x_\lambda$ 的状态向量，$W = (w_1, \cdots, w_\lambda)$ 为因素 $x_1, \cdots, x_\lambda$ 的常权（即固权）向量，$S(X) = (S_1(X), \cdots, S_\lambda(X))$ 为状态变权向量，则因素 $x_1, \cdots, x_\lambda$ 的变权向量 $W(X) = (w_1(X), \cdots, w_\lambda(X))$ 可表示为 W 和 $S(X)$ 的规一化的 Hadamard 乘积。即：

$$W(X) = \frac{W \cdot S(X)}{\sum_{i=1}^{\lambda} w_i S_i(X)} = \frac{(w_1 S_1(X), \cdots, w_\lambda S_\lambda(X))}{\sum_{i=1}^{\lambda} w_i S_i(X)} \quad (式3.2)$$

作者认为，上述多目标变权决策方法存在如下两方面缺陷。

第一，状态变权向量的确定过于主观武断。目前，对状态变权向量 $S(X)$ 的确定主要有乐观系数法[1]和调权水平法[2]。乐观系数法通过专家（决策者）给出的乐观系数（α'）来确定 $S(X)$，其表达式为 $S(X) = (e^{\alpha'(x_1^0 - \bar{x}^0)}, \cdots, e^{\alpha'(x_\lambda^0 - \bar{x}^0)})$，式中，$\bar{x}^0 = (1/\lambda) \cdot \sum_{i=1}^{\lambda} x_i^0$，$\alpha' \in [-\infty, +\infty]$。从该式不难看出，如何科学确定出 α' 值是合理确定 $S(X)$ 的核心所在。然而迄今为止，对于 α' 值如何确定的问题，现有相关文献并没有给出对实际问题的解决较具有可操作性的方法。文献［125］虽然认识到如何确定参数 α' 是个深入研

---

[1] 李德清，崔红梅，李洪兴. 基于层次变权的多因素决策［J］. 系统工程学报，2004，19（3）：258~263.

[2] 李德清，李洪兴. 变权决策中变权效果分析与状态变权向量的确定［J］. 控制与决策，2004，19（11）：1241~1245.

究的问题，但该文只是指出："决策者对状态值大的因素考虑的越多，α'的取值应越正大；决策者对状态值小的因素考虑的越多，α'的取值应越负大"。显然，这仅从变权机理上说明了决策者所考虑的因素对α'取值的影响，并没有给出α'值的确定方法。由此可见，乐观系数法尽管有一定的理论价值，但由于它缺乏关于α'的合理赋值方法，因此在实际应用中，专家在确定α'值时必然存在着较强的主观随意性和武断性，这样，其给出的$S(X)$也必然具有明显的主观武断性。文献[126]试图运用调权水平法来克服乐观系数法存在的内在缺陷，并指出在一般情况下，可通过专家给出的调权水平A''（$A'' \in [1/\lambda, 1]$）来确定出α'值及$S(X)$。但是，对于A''值如何确定的问题，文献[126]只是给出了确定调权水平的一个基本原则，即："若对因素值的均衡性要求低，则调权水平取低值；若对因素值的均衡性要求高，则调权水平取高值"。结合A''值的取值范围可知，上述原则仍然存在着过于笼统、实际应用可操作性差问题。因此，与乐观系数法一样，调权水平法在解决实际问题时同样存在着A''值与$S(X)$确定的主观武断问题。

第二，因素固权概念的使用与方法构建的核心思想不一致。这主要表现在，尽管变权决策方法构建的核心思想在于"因素的权重是随状态向量X的变化而变化的"（换言之便是"因素的固定权重并不存在"），但在方法运用中却又要求专家进行因素固权的估计（也就是说因素的固定权重是存在的——若不然则让专家去估计什么）。退一步来讲，即使说因素的固定权重是存在的，现有的变权决策方法也没有给出固权的内涵定义（如固权是在何种条件下的何种特定含义），因而专家在使用固权、变权两个概念进行判断估计时很可能产生因界限不清楚而导致的概念逻辑混乱问题。事实上，受两院院士关注的文献[127]也有相近看法，该文认为常权是变权的近似，常权生成变权的模型（即式3.2）是本末倒置的。

第三节 非线性AHP系统新分析结构

尽管现有多目标变权方法存在以上两方面的缺陷，但它强调因素权重随着因素状态值变化而变化的变权思想，能够较好地反映复杂系统非线性、动态性等本质特征，对研究复杂系统AHP评价问题还是有着很重要的理论借鉴价值的。借鉴多目标决策的变权思想，我们可构建如下图3.1所示的复杂评价问题的非线性AHP系统新分析结构。在新分析结构中，与传统AHP类似，仍需将系统的各种因素按属性分解为多类因素集，如总目标集、目标集或准则集（准则集可以进一步细分为子准则集）、指标集和方案集。在图 3.1 中，总目标集只有一个总目标 G，g_1，…，g_n 表示的是目标集中的 n 个因素；与之类似，c_1，…，c_m、s_1，…，s_l、a_1，…，a_K 分别表示准则集、指标集和方案集中的 m、l、K 个因素。与传统 AHP 的分析结构相比，新分析结构有如下三方面的不同：其一，因素集（方案集和总目标集除外）中的每个因素均根据需要划分为有限个可能的取值水平（状态）；其二，基于非线性复杂系统理论、整体论与还原论相结合的系统分析方法论，新分析结构在对系统分解后的局部单元进行还原综合时不是采用传统 AHP 的简单还原论思维，而是采用了层次性整体论思维。传统 AHP 的还原论分析思路是以上层因素集中的因素为控制标准，在不区分其水平状态的系统描述基础上，先比较下层因素集中各因素的相对重要性——系统分解过程，然后再对所得各因素局部权重进行简单综合（即计算复合排序权重），得出下层各因素对控制标准（因素）的总体影响。而层次性整体论的分析思维则是在系统分解的基础上将每个上层因素和对它有直接影响的下层因素看作为一个局部子系统（上层因素视作局部子系统的产出，与之有直接影响的下层因素视作局部系统的投入），采用整体判断模式（如交合分析（CA – Conjoint Analysis）全景判断法，详见本章第四节基于下层因素的投入（状态）组合来判断出局部子系统的产出结果（状态），实现对单一局部层次系统投入的整体性集成，并依据各层次子系统的集成综合结果自下而上逐层实现上一层子系统、直到最上层子系统的层次性、整体性集成（参见后文第四节，这种层次性整体论思维将在新方法构建所依据的专家判断信息提取中具体体现出来）。由于复杂系统不可能一次完成从因素性质到系统整体性质的涌现，需要通过一系列中间等级（层次）的整合逐步涌现出来[1]，以及整体论思维方式能够较好地反映复杂系统内在的复杂关系，因而上述层次性整体论思维更易于反映系统不同层次之间以及同一层次不同因素之间的替代、匹配等复杂非线性关系，从而揭示出区别于简单还原论的"部分之和大于整体"的系统突变与涌现行为特征。由此可见，新结构通过层次性整体论思维既实现了系统逐层还原过程中的局部整体性集成，又充分发挥了整体论在反映系统复杂非线性机理上的方法论优势。其三，新分析结构对专家的类型及其作用予以了明确区分，将分析过程中所涉及的咨询专家分为决策

---

[1] 许国志等：《系统科学》，上海科技教育出版社，2000.

主体型专家和外部专家两种类型，其中，决策主体型专家的作用在于根据其在目标管理策略上的主观偏好给出各目标相对于总目标 G 的相对重要性判断信息，外部专家的作用在于利用他们拥有的知识、经验和直觉对方案层到目标层之间各因素的客观内在机理予以主观判断。为了强调咨询专家在类型与作用上的差异，新分析结构在总目标与目标集之间的结构表达上使用了虚箭线，以反映它们之间存在的系统联系仅是纯主观偏好关系，不同于目标集至方案集上使用的实双箭线所表示的客观存在、但仅能够由主观判断加以描述的系统联系。

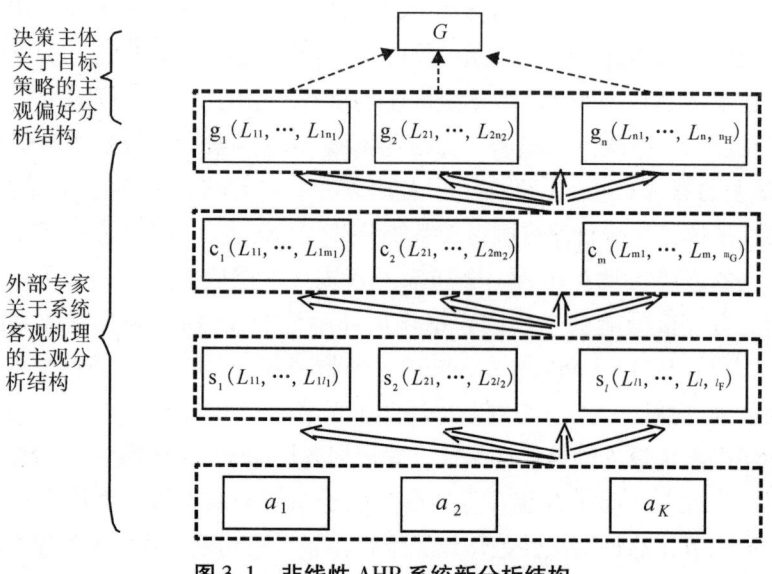

图 3.1 非线性 AHP 系统新分析结构

图 3.1 中，向上的双箭头表示系统自下而上的投入产出过程；符号 L 及其下角标表示系统因素（不包括总目标和方案）的水平状态，如 L_{11}, ⋯, L_{1n_2} 表示的是分目标 g_2 的 n_2 个水平状态。系统因素的水平状态是新分析结构区别于固权 AHP 分析结构的一个显著特征，也是非线性 AHP 方案评价的重要基础。这里借鉴 DDM 模型的有关技术思想①，通过设定参照系给出因素集中各因素（不包括总目标和方案）水平状态的确定（划分）方法。首先，选取因素集中各因素水平状态划分的参照系。参照系是为了便于专家进行整体判断而

---

① Badiru A B, Pulat P S and Kang M. DDM: decision support system for hierarchical dynamic decision making [J]. Decision Support System, 1993, 10 (1): 1~18.

选定的一个实际存在的、与待评价方案类似的参照对象（方案）的一组对应于分析结构各系统因素的具体实际情况（即系统因素状态）。参照系的选取应保证专家能够比较熟悉参照对象的系统实际情况。例如，某房地产企业在对多个投资项目进行风险评价时，可在该企业过去成功的投资项目中选择一个对专家来讲是比较熟悉的项目作为参照对象，将参照对象对应于分析结构各个系统因素的实际状态作为参照系。然后，邀请多位（比如 E 位）专家共同确定出分析结构中各因素相对于参照系的几个水平状态级别（即因素的水平状态）。根据 Saaty 教授关于分辨能力的心理学实验结论[①]，系统因素的状态划分级别可选定为 3、5、7、9 级。例如，当选定 3 个级别进行状态划分时，可以将系统因素状态划分为"比参照水平好"、"与参照水平一样"、"比参照水平差"3 个状态。系统因素状态的多少应视被评价方案的数量而定；当方案数量较多时，划分的状态级别数即状态数也需相应增加。需要指出的是，为叙述方便，图 3.1 中各因素的状态均是按相对参照基础由好到差予以排序的。

第四节　方案优选排序的非线性 AHP 实现方法

运用非线性 AHP 进行方案优选排序，可以按如下 7 个步骤进行。

步骤 1：建立如图 3.1 所示的复杂评价问题的新分析结构。

步骤 2：构建分析结构下方案评价的价值体系。

分析结构下方案评价的价值体系是指对应于图 3.1 中各系统因素（不包括方案和总目标）各水平状态的一组效用偏好值（价值）。其构建方法为：请 E 位专家共同对图 3.1 因素集（总目标集和方案集除外）中各个因素的各个状态进行偏好判断，并予以介于 0～100 的效用偏好赋值。价值体系主要有以下两方面作用：①它是实现方案评价的基础；②它与系统因素状态的主观概率（参见步骤 4）相结合，可计算出方案在各系统因素状态上的期望价值，从而确定出方案在各系统因素上的期望状态或期望状态区间。例如，若指标 s_1 的 3 个状态 L_{11}、L_{12}、L_{13} 的效用偏好值分别为 100、50、0，方案 a_k（$k=1,\cdots,K$）在 s_1 的 3 个状态上的主观概率分别为 0.2、0.6 和 0.2，则参见下文步骤 4 可知，a_k 在 s_1 状态上的期望价值 $U_k^{(s_1)} = 0.2 \times 100 + 0.6 \times 50 + 0.2 \times 0 = 50$，进

---

① Saaty T L. The Analytic Hierarchy Process [M]. New York: McGraw-Hill, 1980.

而可知 a_k 在 s_1 上的期望状态为 L_{12}；若方案 a_k 在 s_1 的 3 个状态上的主观概率分别为 0.6、0.3 和 0.1，则 $U_k^{(s_1)} = 0.6 \times 100 + 0.3 \times 50 + 0.1 \times 0 = 75$，进而可知 a_k 在指标 s_1 上的期望状态区间是（L_{11}, L_{12}）。

步骤 3：令 $k = 1$。

步骤 4：针对方案 a_k 请专家进行判断，确定出因素集（不包括总目标集和方案集）中因素各水平状态的主观概率（相当于证据理论中的性质函数或打赌概率）并计算出 a_k 在分析结构各因素状态上的期望价值。

根据图 3.1 中分析结构的层次属性，可以将主观概率划分为指标集中因素各水平状态的主观概率和准则集、分目标集中因素各水平状态的主观概率。这两类主观概率及各因素期望价值的确定方法如下：

（1）指标集中因素各状态主观概率及各因素期望价值的确定

结合图 3.1 方案对指标的影响关系，针对任意一个方案 a_k，$k = 1$，$\cdots$，K，邀请位专家分别判断出方案 a_k 在指标 s_1 上所处的水平状态。如果认为 a_k 在 s_1 上处于状态 L_{11}，$\cdots$，L_{1l_1} 的专家数分别为 $E_{11,k}^{(s_1)}\cdots$，$E_{1l_1,k}^{(s_1)}$，那么 a_k 在 s_1 上处于状态 L_{11}，$\cdots$，L_{1l_1} 的主观概率 $P_{11,k}^{(s_1)}\cdots$，$P_{1l_1,k}^{(s_1)}$ 分别为 $E_{11,k}^{(s_1)}/E\cdots$，$E_{1l_1,k}^{(s_1)}/E$。类似地，可以邀请专家判断出方案 a_k 处于指标 s_2，$\cdots$，s_l 相应水平状态的主观概率。若在方案评价的价值体系中指标 s_1 各状态态 L_{11}，$\cdots$，L_{1l_1} 的价值为 $u_{11}^{(s_1)}\cdots$，$u_{1l_1}^{(s_1)}$，则方案 a_k 在 s_1 状态上的期望价值计算公式为：

$$U_k^{(s_1)} = \Sigma_{j_1=1}^{l_1} P_{1j_1,k}^{(s_1)} u_{1j_1,k}^{(s_1)} \qquad (式3.3)$$

类似地，可以计算出方案 a_k 在指标 s_2，$\cdots$，s_l 状态上的期望价值 $U_k^{(s_2)}$，$\cdots$，$U_k^{(s_l)}$。

（2）准则集、目标集中因素各状态主观概率及各因素期望价值的确定

不失一般性，这里以准则集中因素各状态主观概率及各准则期望价值的确定为例来予以说明。值得强调的是，指标集中的因素与其上一层准则集中的因素之间可能存在着复杂的影响关系，不妨假设指标集中的因素对上一层准则集中因素的影响关系如图 3.1 所示。由于 c_1，$\cdots$，c_m 受下层指标的影响（参见图 3.1），因此，需要专家基于指标集中因素的状态（更准确地说应是期望状态或期望状态区间），对受下层指标影响的准则 c_1，$\cdots$，c_m 所处的状态做出整体判断。这种判断方式是与 CA 的全景法（即从待评价对象的多个属性整体的

角度判断出对评价对象的偏好）完全一致的①。CA 自 1964 年被正式提出以来其全景法迄今已在消费者偏好测定、产品分析等管理科学领域得到了广泛而成功的应用②。由于大量的应用实践证明 CA 的全景法是一种十分有效的分析方法，因此选用全景法对分析结构中各因素所处的水平状态进行整体判断是具有较好可行性的。下面基于系统因素水平状态的整体判断给出准则 $c_1, \cdots, c_m$ 主观概率的确定方法。即：

针对任意一个方案 a_k，请 E 位专家分别基于对 c_1 有影响的指标（即 s_1、s_2）的期望水平状态或期望状态区间，应用全景法判断出 a_k 在 c_1 上所处的水平状态。若认为 a_k 在 c_1 上处于状态 $L_{11}, \cdots, L_{1m_1}$ 的专家人数分别为 $E_{11,k}^{(c_1)}, \cdots, E_{1m_1,k}^{(c_1)}$，则方案 a_k 在 c_1 上处于状态 $L_{11}, \cdots, L_{1m_1}$ 的主观概率 $P_{11,k}^{(c_1)}, \cdots, P_{1m_1,k}^{(c_1)}$ 分别为 $E_{11,k}^{(c_1)}/E, \cdots, E_{1m_1,k}^{(c_1)}/E$。类似地，可以邀请专家判断出方案 a_k 处于 $c_2, \cdots, c_m$ 准则相应水平状态的主观概率。

与各指标期望价值的计算方法相类似，可以计算出 a_k 在 $c_1, \cdots, c_m$ 状态上的期望价值 $U_k^{c_1}, \cdots, U_k^{c_m}$。

步骤 5：令 $k = k + 1$，若 $k \leq K$（K 为待评价方案个数），则转步骤 4；若 $k > K$，则转步骤 6。

步骤 6：邀请系统决策主体按照摆幅置权（SW）方法确定目标 $g_1, \cdots, g_n$ 的权重向量。

由于 SW 重要性概念在国外目前已成为被普遍接受的关于多目标权重重要性的规范性解释③，因此这里采用 SW 方法来确定分目标权重向量。其具体做法是：首先，根据分目标 $g_1, \cdots, g_n$ 的状态空间，确定出 2 个假设方案。其中一个假设方案是在每一个目标上都是最差状态，记作最差方案（$L_{1n_1}, \cdots, L_{n,n_H}$）；另一个假设方案是在每一个目标上都是最好状态，记作最好方案（$L_{11}, \cdots, L_{n_1}$）。然后，从最差方案出发，请决策主体从 n 个目标中挑选出一

---

① Scholl A, Manthey L, Helm R, Steiner M. Solving multiattribute design problems with analytic hierarchy process and conjoint analysis: an empirical comparison. European Journal of Operational Research, Vol. 164, No. 3, 2005, pp. 760~777.

② Moskowitz H R, Silcher M. The applications of conjoint analysis and their possible uses in sensometrics. Food Quality and Preference, Vol. 17, No. 3~4, 2006, pp. 145~165.
Ida T, Kinoshita S, Sato M. Conjoint analysis of demand for IP telephony: the case of Japan. Applied Economics, Vol. 40, No. 10, 2008, pp. 1279~1287.

③ Winterfeldt D V, Edwards W. Decision Analysis and Behavioral Research. Cambridge: Cambridge University Press, 1986.

个最希望首先改进最差方案的目标（设该目标为 g_θ），将其由最差状态 L_{θ,n_θ} 改进成最好状态 $L_{\theta 1}$，并将决策主体进行这一改进的价值偏好（相当于 $u_{\theta 1}^{(g_\theta)} - u_{\theta,n_\theta}^{(g_\theta)}$）定为100（称作目标 g_θ 的初步权重）。接下来，对余下的目标请专家仿照前述方法分别改进最差方案，并对每一个目标状态值改进的价值偏好相对于在目标上的改进偏好做出介于0和100之间的一个数值估计（称作相应目标的初步权重）。最后，对上述初步权重进行规一化，得出目标 g_1，$\cdots$，g_n 的规一化权重向量（ω_1，$\cdots$，ω_n）。

步骤7：计算出方案 a_1，$\cdots$，a_k 的相对总效用偏好评价排序值 U_1，$\cdots$，U_k，并依据 U_1，$\cdots$，U_k 的大小对各方案排序。

设 δ_1，$\cdots$，δ_n 为在目标 g_1，$\cdots$，g_n 上的状态效用变化（即 $u_{11}^{(g_1)} - u_{1n_1}^{(g_1)}$，$\cdots$，$u_{n1}^{(g_n)} - u_{n,n_H}^{(g_n)}$）相对于某一共同的效用价值尺度的当量系数，则反映方案 a_k（$k=1$，$\cdots$，K）优劣的总效用偏好值 U_k' 可表述为：

$$U_k' = \delta_1 \left(U_k^{(g_1)} - u_{1n_1}^{(g_1)} \right) + \cdots + \delta_n \left(U_k^{(g_n)} - u_{n,n_H}^{(g_n)} \right) \quad (式3.4)$$

另外，由SW相对重要性权重概念内涵可知：

$$\frac{\delta_2 \left(u_{21}^{(g_2)} - u_{2n_2}^{(g_2)} \right)}{\delta_1 \left(u_{11}^{(g_1)} - u_{1n_1}^{(g_1)} \right)} = \frac{\omega_2}{\omega_1}, \cdots, \frac{\delta_n \left(u_{n1}^{(g_n)} - u_{n,n_H}^{(g_n)} \right)}{\delta_1 \left(u_{11}^{(g_1)} - u_{1n_1}^{(g_1)} \right)} = \frac{\omega_n}{\omega_1} \quad (式3.5)$$

令 $\bar{\zeta} = \delta_1 \left(u_{11}^{(g_1)} - u_{1n_1}^{(g_1)} \right) / \omega_1$（显然 $\lambda > 0$），则由式3.4和式3.5可知如下表达式成立。即：

$$U_k' = \left[\frac{U_k^{(g_1)} - u_{1n_1}^{(g_1)}}{u_{11}^{(g_1)} - u_{1n_1}^{(g_1)}} \omega_1 + \frac{U_k^{(g_2)} - u_{2n_2}^{(g_2)}}{u_{21}^{(g_2)} - u_{2n_2}^{(g_2)}} \omega_2 + \cdots + \frac{U_k^{(g_n)} - u_{n,n_H}^{(g_n)}}{u_{n1}^{(g_n)} - u_{n,n_H}^{(g_n)}} \omega_n \right] \bar{\zeta} \quad (式3.6)$$

在式3.6中，由于 $\bar{\zeta}$ 的取值并不影响 U_1'，$\cdots$，U_k' 之间的排序，因此可定义方案 a_k 的相对总效用偏好评价排序值（即相对效用）U_k 为：

$$U_k = \frac{U_k^{(g_1)} - u_{1n_1}^{(g_1)}}{u_{11}^{(g_1)} - u_{1n_1}^{(g_1)}} \omega_1 + \frac{U_k^{(g_2)} - u_{2n_2}^{(g_2)}}{u_{21}^{(g_2)} - u_{2n_2}^{(g_2)}} \omega_2 + \cdots + \frac{U_k^{(g_n)} - u_{n,n_H}^{(g_n)}}{u_{n1}^{(g_n)} - u_{n,n_H}^{(g_n)}} \omega_n, k=1,\cdots,K \quad (式3.7)$$

第五节　方法的变权机理与优点

一、变权机理

设任意方案 a_k 在各指标上的取值状态向量为 $Y = (y_1, \cdots, y_l)$。由于AHP中的因素权重可逐层分解到底层指标，因此按照AHP复合排序公式可知，方案 $Y = (y_1, \cdots, y_l)$ 的综合评价值为：

$$V = \tau_1 u_1 + \tau_2 u_2 + \cdots + \tau_l u_l \quad \quad (式3.8)$$

其中，τ_1，$\cdots$，τ_l 为因素 y_1，$\cdots$，y_l 的复合排序权重，$\Sigma_{\zeta=1}^{l} \tau_\zeta = 1$，$u_\zeta$ 为因素 y_ζ 的单属性效用值。若 y_1，$\cdots$，y_l 被视作连续变量，V 在 $(y_1, \cdots, y_l)$ 处可导（若不可导，采用 Dini 导数即可①），则式3.8两边对 u_ζ 求导可得：

$$\frac{\partial V}{\partial u_\zeta} = \tau_\zeta \quad \quad (式3.9)$$

由式3.7可知，U_k 表示的是方案 a_k 的相对效用，因此它与 V 之间存在一个正的比例系数 ϕ，使得

$$U_r = \phi V \quad \quad (式3.10)$$

从而进一步可推知：

$$\frac{\partial U_k}{\partial u_\zeta} = \phi \frac{\partial V}{\partial u_\zeta}, \quad \Sigma_{\zeta=1}^{l} \frac{\partial U_k}{\partial u_\zeta} = \phi \Sigma_{\zeta=1}^{l} \frac{\partial V}{\partial u_\zeta} = \phi \Sigma_{\zeta=1}^{l} \tau_\zeta = \phi \quad \quad (式3.11)$$

联立式3.9、3.11可以得出：

$$\tau_\zeta = (1/\phi) \frac{\partial U_k}{\partial u_\zeta} = \frac{\partial U_k}{\partial u_\zeta} / \Sigma_{\zeta=1}^{l} \frac{\partial U_k}{\partial u_\zeta} \quad \quad (式3.12)$$

因为方案综合评价值 V 是 u_1，$\cdots$，u_l 的函数，所以结合式3.9可知 τ_ζ 也必然是 u_1，$\cdots$，u_l 的函数，从而有 $\tau_\zeta = F_\zeta(u_1, \cdots, u_l)$。其中，$F_\zeta$ 表示的是 τ_ζ 与 u_1，$\cdots$，u_l 之间的函数关系。而 u_ζ 又是 y_ζ 因素的函数，即 $u_\zeta = u_\zeta(y_\zeta)$，这样由式3.12可知：$\tau_\zeta = F_\zeta(u_1(y_1), \cdots, u_l(y_l))$。该式表明随着因素 y_1，$\cdots$，y_l 取值的变化，因素 y_ζ 的权重 τ_ζ 也是随着变化的，即如下式3.13所示的关系成立。

$$\tau_\zeta = F_\zeta(u_1(y_1), \cdots, u_l(y_l)) = G_\zeta(y_1, \cdots, y_l) \triangleq G_\zeta(Y) \quad \quad (式3.13)$$

上式3.13为 τ_ζ 相对于 $Y(y_1, \cdots, y_l)$ 方案的变权机理，即因素 y_ζ 的权重 τ_ζ 并不只依赖于 y_ζ 的变化而变化，而是依赖于所有因素 y_1，$\cdots$，y_l 取值组合的变化而变化的，即一种组合变权。

需要说明的是，在本书给出非线性AHP决策方法中相对效用 U_k 并不是直接使用各因素的变权进行合成的，而是在从指标期望价值 $U_k^{(s_1)}$，$\cdots$，$U_k^{(s_l)}$ 到分目标期望价值 $U_k^{(g_1)}$，$\cdots$，$U_k^{(g_n)}$ 逐层递推的过程中隐含了各因素的变权，通过 $U_k^{(g_1)}$，$\cdots$，$U_k^{(g_n)}$、分目标权重（ω_1，$\cdots$，ω_n）以及各目标最好、最差状态的价

---

① Loewena P D, Wang X F. On the multiplicity of Dini subgradients in separable spaces. Nonlinear Analysis, Vol. 58, No. 1~2, 2004, pp. 1~10.

值（即 $u_{11}^{(g_1)}$，$\cdots$，$u_{n1}^{(g_n)}$ 和 $u_{1n_1}^{(g_1)}$，$\cdots$，$u_{n,n_H}^{(g_n)}$）进行合成的（参见式3.7）。另外，非线性 AHP 中并非所有因素的权重都是变化的，其中也有固权的存在，如步骤6通过 SW 方法确定目标权重 ω_1，$\cdots$，ω_n 就是固权。但是，非线性 AHP 中的固权以及隐含使用的变权与已有多目标变权决策方法中使用的固权、变权有着本质上的区别。这是因为，在已有多目标变权决策方法中，因素的固权和变权均是针对同一因素而言的（参见式3.2），而在非线性 AHP 实现方法中，从方案集到准则集，系统因素只存在反映系统客观机理的变权而不存在固权。尽管目标集中因素（即目标）既有固权又有变权，但是目标的固权是相对总目标而言的，它反映的是专家关于目标策略的主观价值偏好，而目标的变权是相对下层相关因素而言的，它反映的是目标与其下层因素之间的内在客观系统机理。

二、方法优点

相对于传统 AHP 而言，本书给出的方案优选排序的非线性 AHP 决策方法主要具有以下两方面的优点。

第一，非线性 AHP 评价问题的新分析结构和基于新分析结构的专家判断信息的提取方法即整体判断法抛弃了传统 AHP 的还原论分析思路，取而代之的是更具有科学合理性的整体论与还原论相结合的系统分析思路，从而相对于传统 AHP 更有利于反映非线性、涌现性等复杂系统特征。

第二，从式3.7可知，非线性 AHP 决策方法给出的相对总效用偏好评价排序值 U_k 与方案 a_k 是一一对应的。这样，对任意一组评价方案而言，增加一个新方案（或删除该组方案中的一个方案）后不会改变该组方案（或其余方案）的相对排序，因而本文给出的非线性 AHP 决策方法从本质上解决了困扰专家学者的传统 AHP 方案逆序问题。

第六节　数值例子

为对本文提出的决策方法予以进一步理解，下文结合某高科技企业新产品项目的开发风险评价问题进行说明。设在该评价问题中有六个新产品开发项目（视作方案 a_1，$\cdots$，a_6）和十五位风险评价专家对于该评价问题，建立了如图3.2所示的系统分析结构（为便于说明，作者对该分析结构中的部分评价指标进行了删节）。

第三章 非线性AHP决策方法

```
                    ┌─────────────────────────┐
                    │  某企业新产品项目开发风险  │
                    └─────────────────────────┘
                         ↙              ↘
    ┌──────────────────────────┐   ┌──────────────────────────┐
    │ 技术风险 g₁(L₁₁,L₁₂,L₁₃) │   │ 市场风险 g₂(L₂₁,L₂₂,L₂₃) │
    └──────────────────────────┘   └──────────────────────────┘
                ↑                             ↑
    ┌──────────────────────────┐   ┌──────────────────────────┐
    │ 产品研发风险 c₁₁          │   │ 产品目标市场进入风险      │
    │ (L₁₁,₁, L₁₁,₂, L₁₁,₃)    │   │ c₂₁(L₂₁,₁, L₂₁,₂, L₂₁,₃) │
    ├──────────────────────────┤   ├──────────────────────────┤
    │ 产品生产的技术设备风险    │   │ 产品销售的数量风险        │
    │ c₁₂(L₁₂,₁, L₁₂,₂, L₁₂,₃) │   │ c₂₂(L₂₂,₁, L₂₂,₂, L₂₂,₃) │
    ├──────────────────────────┤   ├──────────────────────────┤
    │ 产品生产的工程技术人员风险│   │ 产品销售的价格风险        │
    │ c₁₃(L₁₃,₁, L₁₃,₂, L₁₃,₃) │   │ c₂₃(L₂₃,₁, L₂₃,₂, L₂₃,₃) │
    └──────────────────────────┘   └──────────────────────────┘
           ↑            ↑                      ↑
        ┌─────┐      ┌─────┐                ┌─────┐
        │ a₁  │      │ a₂  │     ……         │ a₆  │
        └─────┘      └─────┘                └─────┘
```

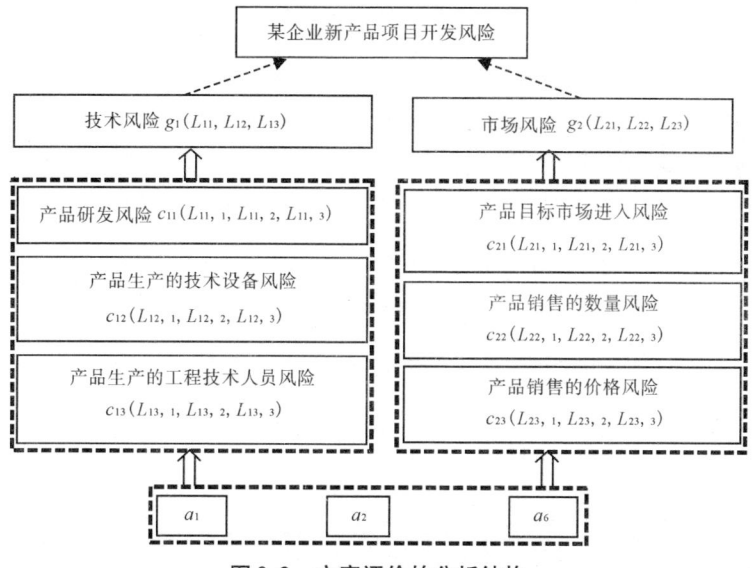

图 3.2　方案评价的分析结构

图 3.2 中，总目标为某企业新产品项目开发风险，评价目标为技术风险（g_1）和市场风险（g_2）。影响技术风险的指标因素包括产品研发风险（c_{11}）、产品生产的技术设备风险（c_{12}）和产品生产的工程技术人员风险（c_{13}）；反映市场风险的指标包括产品目标市场进入风险（c_{21}）、产品销售的数量风险（c_{22}）、产品销售的价格风险（c_{23}）。运用前文给出的方法步骤，首先选定十五位专家都熟悉的该企业近期成功开发的一个新产品项目作为参照对象，并将参照对象对应方案评价分析结构的各因素实际状态作为参照系，在此基础上对分析结构中分各目标和指标可能的取值状态均予以了"比参照项目风险小"、"与参照项目风险差不多"和"比参照项目风险大"三个状态级别划分。然后，请专家判断出各方案在各指标上所处的状态，从而得出了 $a_1, \cdots, a_6$ 在各指标上各个状态的主观概率（见表 3.3 第 2~19 行）；根据 $a_1, \cdots, a_6$ 在各指标上各状态的主观概率及价值体系中各指标的状态价值（见表 3.1 第 3 行后半部分和第 6 行），计算出了各方案在各指标状态上的期望价值（见表 3.2），在此基础上确定出了对应于各方案的各指标的期望状态或期望状态区间。接着，针对每个方案，请专家分别基于对 g_1、g_2 有影响的指标期望状态或期望状态区间，判断出了各方案在分目标 g_1、g_2 上所处的水平状态，从而得出了各方案在 g_1、g_2 上各个状态的主观概率（参见表 3.3 最后 6 行）；由各方案在 g_1、g_2 上的主观概率和价值体系中 g_1、g_2 的状态价值（见表 3.1 第 3 行前半

部分）计算出了各方案在 g_1、g_2 状态上的期望价值（见表3.4第2、第3列）。

表3.1 方案评价的价值体系

因素状态	L_{11}	L_{12}	L_{13}	L_{21}	L_{22}	L_{23}	$L_{11,1}$	$L_{11,2}$	$L_{11,3}$	$L_{12,1}$	$L_{12,2}$	$L_{12,3}$
状态价值	u_{11}	u_{12}	u_{13}	u_{21}	u_{22}	u_{23}	$u_{11,1}$	$u_{11,2}$	$u_{11,3}$	$u_{12,1}$	$u_{12,2}$	$u_{12,3}$
	100	50	0	100	50	0	100	50	0	100	50	0
因素状态	$L_{13,1}$	$L_{13,2}$	$L_{13,3}$	$L_{21,1}$	$L_{21,2}$	$L_{21,3}$	$L_{22,1}$	$L_{22,2}$	$L_{22,3}$	$L_{23,1}$	$L_{23,2}$	$L_{23,3}$
状态价值	$u_{13,1}$	$u_{13,2}$	$u_{13,3}$	$u_{21,1}$	$u_{21,2}$	$u_{21,3}$	$u_{22,1}$	$u_{22,2}$	$u_{22,3}$	$u_{23,1}$	$u_{23,2}$	$u_{23,3}$
	100	50	0	100	50	0	100	50	0	100	50	0

表3.2 方案在各指标状态上的期望价值

方案	$U_k^{(c_{11})}$	$U_k^{(c_{12})}$	$U_k^{(c_{13})}$	$U_k^{(c_{21})}$	$U_k^{(c_{22})}$	$U_k^{(c_{23})}$
a_1	53.33	40	50	56.67	40	100
a_2	36.67	60	83.33	76.67	66.33	63.33
a_3	66.67	20	40	60	73.33	50
a_4	40	63.33	63.33	36.67	83.33	80
a_5	63.33	86.67	23.33	50	53.33	36.67
a_6	43.33	30	90	50	36.67	66.67

表3.3 方案在指标与分目标上的主观概率

方案	$U_k^{(g_1)}$	$U_k^{(g_2)}$	U_k
a_1	46.67	50	89.67
a_2	63.33	96.67	150.5
a_3	6.67	93.33	99
a_4	70	50	109.5
a_5	100	63.33	148.33
a_6	33.33	36.67	65

最后，请系统决策者按照 SW 的方法确定出了 g_1、g_2 的相对权重（分别是 85 和 100），并由 g_1 和 g_2 的相对权重、g_1、g_2 最好和最差状态的价值及各案在 g_1 和 g_2 各状态上的期望价值（利用式 3.7），求出了各方案的相对总效用偏好评价排序值（见表 3.4 第 4 列）。

依据表 3.4 第 4 列数据可知，方案的优劣次序为 $a_2 > a_5 > a_4 > a_3 > a_1 > a_6$。

表 3.4　方案在分目标 g_1 和 g_2 各状态上的期望价值与方案的排序值

主观概率	a_1	a_2	a_3	a_4	a_5	a_6
$P_{11,1,k}$	0.267	0.133	0.533	0.2	0.467	0.133
$P_{11,2,k}$	0.533	0.467	0.267	0.4	0.333	0.6
$P_{11,3,k}$	0.2	0.4	0.2	0.4	0.2	0.267
$P_{12,1,k}$	0.2	0.267	0.133	0.267	0.8	0.2
$P_{12,2,k}$	0.4	0.667	0.133	0.733	0.133	0.2
$P_{12,3,k}$	0.4	0.066	0.734	0	0.067	0.6
$P_{13,1,k}$	0.2	0.667	0.267	0.467	0.133	0.8
$P_{13,2,k}$	0.6	0.333	0.267	0.333	0.2	0.2
$P_{13,3,k}$	0.2	0	0.466	0.2	0.667	0
$P_{21,1,k}$	0.467	0.600	0.4	0.267	0.133	0.4
$P_{21,2,k}$	0.200	0.333	0.4	0.2	0.733	0.2
$P_{21,3,k}$	0.333	0.067	0.2	0.533	0.134	0.4
$P_{22,1,k}$	0.2	0.467	0.6	0.667	0.333	0
$P_{22,2,k}$	0.4	0.333	0.267	0.333	0.4	0.733
$P_{22,3,k}$	0.4	0.2	0.133	0	0.267	0.267
$P_{23,1,k}$	1	0.333	0.2	0.6	0.133	0.533
$P_{23,2,k}$	0	0.4	0.6	0.4	0.467	0.267
$P_{23,3,k}$	0	0.267	0.2	0	0.4	0.2
$P_{11,k}$	0.267	0.333	0	0.4	1	0.133
$P_{12,k}$	0.4	0.6	0.133	0.6	0	0.4
$P_{13,k}$	0.333	0.067	0.867	0	0	0.467
$P_{21,k}$	0.2	0.933	0.867	0.467	0.4	0.2
$P_{22,k}$	0.6	0.067	0.133	0.067	0.467	0.333
$P_{23,k}$	0.2	0	0	0.466	0.133	0.467

在上述实例应用过程中，无论是划分因素的水平状态还是确定主观概率，均没有遇到方法应用难题，这表明本文提出的排序方法具有较好的实际应用可操作性。

由前文反映因素权重是如何随方案取值组合变化而变化的变权机理公式 3.13 可知，指标 c_{11}，$\cdots$，c_{23} 权重 τ_{11}，$\cdots$，τ_{23} 的变权机理分别为：

$$\tau_{11} = F_{11}(u_{11}(c_{11}), u_{12}(c_{12}), \cdots, u_{23}(c_{23})),$$
$$\tau_{23} = F_{23}(u_{11}(c_{11}), u_{12}(c_{12}), \cdots, u_{23}(c_{23}))$$

但是，由于这些对方案的评价是一种离散评价，上述变权机理中的有关函数即 F_{11}，$\cdots$，F_{23}，u_{11}，$\cdots$，u_{23} 并不能予以显性表达，因此下面通过具体数值解的分析来说明本文提出的方法隐含使用的指标权重 τ_{11}，$\cdots$，τ_{23} 确实是相对指标组合（即方案）的变化而变化的。

设指标权重 τ_{jk}（$j=1, 2$；$k=1, 2, 3$）相对于方案 a_k 的权重为 $\tau_{k,jk}$（$\tau_{k,jk} > 0$），则由前文式 3.8、3.10 以及分别在表 3.2 和表 3.4 所示的方案在各指标状态上的期望价值、方案的相对效用排序值可知：

$$\begin{cases} \phi(53.33\tau_{1,11} + 40\tau_{1,12} + 50\tau_{1,13} + 56.67\tau_{1,21} + 40\tau_{1,22} + 100\tau_{1,23}) = 89.67, \\ \phi(36.67\tau_{2,11} + 60\tau_{2,12} + 83.33\tau_{2,13} + 76.67\tau_{2,21} + 66.33\tau_{2,22} + 63.33\tau_{2,23}) = 150.5, \\ \phi(66.67\tau_{3,11} + 20\tau_{3,12} + 40\tau_{3,13} + 60\tau_{3,21} + 73.33\tau_{3,22} + 50\tau_{3,23}) = 99, \\ \phi(40\tau_{4,11} + 63.33\tau_{4,12} + 63.33\tau_{3,13} + 36.67\tau_{4,21} + 83.33\tau_{4,22} + 80\tau_{4,23}) = 109.5, \\ \phi(63.33\tau_{5,11} + 86.67\tau_{5,12} + 23.33\tau_{5,13} + 50\tau_{5,21} + 53.33\tau_{5,22} + 36.67\tau_{5,23}) = 148.33, \\ \phi(43.33\tau_{6,11} + 30\tau_{6,12} + 90\tau_{6,13} + 50\tau_{6,21} + 36.67\tau_{6,22} + 66.67\tau_{6,23}) = 65 \end{cases} \quad (\text{式 3.14})$$

若指标权重 τ_{11}，$\cdots$，τ_{23} 是相对于指标组合的变化而变化的，则式 3.14 中至少存在一个指标权重 $\tau_{k,jk}$ 是相对于方案变化而变化的。假设所有的指标权重 $\tau_{k,jk}$ 均不因方案而变化，记指标固定不变的权重为 τ'_{jk}（$\tau'_{jk} > 0$），则此时式 3.14 可转换为：

$$\begin{cases} \phi(53.33\tau'_{11} + 40\tau'_{12} + 50\tau'_{13} + 56.67\tau'_{21} + 40\tau'_{22} + 100\tau'_{23}) = 89.67, \\ \phi(36.67\tau'_{11} + 60\tau'_{12} + 83.33\tau'_{13} + 76.67\tau'_{21} + 66.33\tau'_{22} + 63.33\tau'_{23}) = 150.5, \\ \phi(66.67\tau'_{11} + 20\tau'_{12} + 40\tau'_{13} + 60\tau'_{21} + 73.33\tau'_{22} + 50\tau'_{23}) = 99, \\ \phi(40\tau'_{11} + 63.33\tau'_{12} + 63.33\tau'_{13} + 36.67\tau'_{21} + 83.33\tau'_{22} + 80\tau'_{23}) = 109.5, \\ \phi(63.33\tau'_{11} + 86.67\tau'_{12} + 23.33\tau'_{13} + 50\tau'_{21} + 53.33\tau'_{22} + 36.67\tau'_{23}) = 148.33, \\ \phi(43.33\tau'_{11} + 30\tau'_{12} + 90\tau'_{13} + 50\tau'_{21} + 36.67\tau'_{22} + 66.67\tau'_{23}) = 65 \end{cases} \quad (\text{式 3.15})$$

令，$\phi\tau'_{jk} = \tau''_{jk}$ 则式 3.15 经等价变换为如下的齐次线性方程组：

$$\begin{cases}53.33\tau''_{11}+40\tau''_{12}+50\tau''_{13}+56.67\tau''_{21}+40\tau''_{22}+100\tau''_{23}=89.67,\\ 36.67\tau''_{11}+60\tau''_{12}+83.33\tau''_{13}+76.67\tau''_{21}+66.33\tau''_{22}+63.33\tau''_{23}=150.5,\\ 66.67\tau''_{11}+20\tau''_{12}+40\tau''_{13}+60\tau''_{21}+73.33\tau''_{22}+50\tau''_{23}=99,\\ 40\tau''_{11}+63.33\tau''_{12}+63.33\tau''_{13}+36.67\tau''_{21}+83.33\tau''_{22}+80\tau''_{23}=109.5,\\ 63.33\tau''_{11}+86.67\tau''_{12}+23.33\tau''_{13}+50\tau''_{21}+53.33\tau''_{22}+36.67\tau''_{23}=148.33,\\ 43.33\tau''_{11}+30\tau''_{12}+90\tau''_{13}+50\tau''_{21}+36.67\tau''_{22}+66.67\tau''_{23}=65\end{cases}$$ (式3.16)

解式 3.16 得, $\tau''_{11}=0.292$, $\tau''_{12}=0.972$, $\tau''_{13}=-0.312$, $\tau''_{21}=1.382$, $\tau''_{22}=0.502$, $\tau''_{23}=-0.165$。由此进一步可知：$\tau'_{11}=0.292/\phi$, $\tau'_{12}=0.972/\phi$, $\tau'_{13}=-0.312/\phi$, $\tau'_{21}=1.382/\phi$, $\tau'_{22}=0.502/\phi$, $\tau'_{23}=-0.165/\phi$。由于 $\phi>0$，因此指标权重 $\tau'_{13}=-0.312/\phi<0$, $\tau'_{23}=-0.165/\phi<0$。显然这与假设矛盾，从而指标权重 $\tau_{11},\cdots,\tau_{23}$ 确实是相对指标组合（即方案）的变化而变化的。

需要强调说明，因素固权只是变权的一种特殊情况，在实际中是否需要变权是由评价者决定的，由于在该例子中我们无法判别评价者是否需要变权，因此我们认为采用更为一般的因素变权是科学合理的。事实上，本文提出的变权 AHP 法不仅适用于因素状态变权体系下的方案评价，而且也适用于固权体系下的方案优选排序。此外，关于状态变权的合理性问题，李德兴、李洪兴等学者已明确指出，总是采用固定不变的因素权重在实际中经常会出现诸多不合理现象，一般说来，采用变权的思想对决策问题进行评价是合理的[①]。

第七节　本章小结

建构在固权体系上的、反映系统要素相互作用机理的少数几种特定的 AHP 方案复合排序方法因不能反映复杂系统非线性、涌现性等本质特征而可能出现方法模型的失效问题。因此，从复杂系统内在的机理复杂性上看，如何采用非线性变权思想对传统 AHP 所采用的固权体系及相应的方案复合排序方法予以合理改进，是克服传统 AHP 方法失效问题、提高 AHP 评价决策科学性的一个亟待解决的重要研究课题。为解决 AHP 的固权问题以及传统 AHP 可能导致的方案复合排序方法失效问题，论文在借鉴现有多目标变权决策方法的变

---

① 李德清，李洪兴：《状态变权向量的性质与构造》，《北京师范大学学报》（自然科学版），2002 年第 4 期，第 455~461 页。

权思想（即因素权重随因素状态值的变化而变化的思想）的基础上，依据整体论与还原论相结合的系统分析思路，通过构建复杂评价问题的新分析结构和新分析结构下方案评价的价值体系，给出了一种方案优选排序的非线性 AHP 决策方法。在非线性 AHP 决策方法中，系统因素的权重并不只依赖于该因素取值的变化而变化，而是依赖于同一层次所有因素取值组合的变化而变化的，即一种组合变权。

相对于传统 AHP 而言，非线性 AHP 决策方法不仅采用了更有利于反映复杂系统非线性、涌现性等特征的新分析结构和基于新分析结构的专家判断信息的提取方法即层次性整体判断法，而且从根本上解决了困扰专家学者的 AHP 方案逆序问题。一个数值例子应用结果表明，该方法有着很强的实际应用可操作性。

第四章

非线性 ANP 内部独立循环系统的方案排序方法

第一节 问题的提出

社会经济复杂系统具有非线性、动态性、开放性、层次性、涌现性等特征[1]。著名科学家钱学森在 20 世纪 80 年代曾明确指出,凡现在不能用还原论方法处理的或不宜用还原论方法处理的问题,而是宜用系统科学方法处理的问题,都是复杂性问题[2]。鉴于还原论仅能从系统的局部机制和微观结构去寻求对系统宏观现象的说明,对复杂系统问题存在着明显的分析缺陷,贝塔朗菲提出了一般系统论即整体论[3]。整体论强调系统内部各部分之间的相互联系和作用决定着系统的宏观性质,试图从整体上去研究系统,以克服还原论的不足。对于一个复杂系统,要想比较全面地认识其整体,就需要尽量从不同层次、不同角度、不同途径去认识和分析问题,而不能满足于还原论那种一因一果的简单解释。[4]然而应该看到,由于复杂系统中存在着大量的非线性作用机制,迄今人们对复杂系统整体行为的认识还是比较有限的,因而在分析过程中除了需要相关的科学理论知识之外,往往还需要依赖许许多多长期实践中得出的经验

---

[1] 李夏,戴汝为:《系统科学与复杂性》《自动化学报》,1998 年第 2~3 期,第 200~207 页。
戴汝为:《系统科学及复杂性研究》,《系统仿真学报》,2002 年第 11 期,第 1411~1416 页。
[2] 于景元,周晓纪:《从综合集成思想到综合集成实践——方法、理论、技术、工程》,《管理学报》,2005 年第 11 期,第 4~10 页。
[3] 同上
[4] 彭新武:《论复杂系统探究方式》,《系统辩证学学报》2003 年第 1 期,第 13~18 页。
戴汝为:《支持决策和咨询的技术——思维系统工程》,《中国工程科学》,2005 年第 1 期,第 17~20 页。

甚至是直觉①。

为分析和评价复杂系统问题，Saaty 教授在 AHP 的基础上提出了 ANP 决策方法②。内部独立循环系统（CSII）是第三章所提出的六种 ANP 典型系统之一，经常被用来解决社会经济系统评价与决策的实际问题。ANP 的目的在于通过反映系统要素之间相互联系的影响超矩阵得出被评价对象的极限影响排序（LIP – Limiting Influence Priorities）。因此，在 ANP 分析过程中合理构造出影响超矩阵便是一个极其重要的技术核心③。然而，传统的 ANP 方法在对 CSII 型系统问题超矩阵的一个子矩阵（即方案对目标的影响矩阵（IMAG – Influence Matrix of Alternatives to Goals））构造时采用了和其他子矩阵完全相同的构造方式，即点估计方式，作者认为，IMAG 的这种构造方式是存在缺陷的、不甚合理的。其中原因在于：IMAG 的构造实质上体现的是一种整体论的系统思想，而不应是与其他子矩阵构造思想相类似的还原论思想。此外，从更深层次角度分析，由于 ANP 在构造专家判断矩阵时仍是沿用传统 AHP 的两两（成对）比较判断方式，但这种判断方式因其采用了迄今尚无内涵定义的相对重要性权重概念而极有可能最后得出错误的方案排序结果④，因此，抛弃传统 ANP 所采用的两两比较判断方式，探索一种全新的、能有效克服因素权重内涵无定义缺陷的 ANP 决策方法对发展 ANP 方法有着很重要的理论价值与实践意义。

为克服上述缺陷，下文以内部独立的 ANP 循环系统为研究对象，首先假设即使运用传统 ANP 方法，也建议专家在 ANP 分析时应采用区间估计而不是通常 ANP 采用的点估计来反映 IMAG 矩阵中各元素即相对偏好的判断。在分析传统 ANP 超矩阵构造所存在缺陷的基础上，通过引入 DEA 的理论方法，提出一种基于区间估计的 ANP 超矩阵构造的改进方法。然后，

---

① 戴汝为：《系统科学及复杂性研究》，《系统仿真学报》，2002 年第 11 期，第 1141~1416 页。
于景元，周晓纪：《从综合集成思想到综合集成实践——方法、理论、技术、工程》，《管理学报》，2005 年第 11 期，第 4~10 页。

② Saaty T L. Decision Making with Dependence and Feedback: the Analytic Network Process [M]. Pittsburgh: RWS Publications, 2001.

③ 同上。

④ Schoner B, and Wedley W C. Ambiguous criteria weights in AHP: consequences and solutions [J]. Decision Sciences, 1989, 20 (3): 462~475.

Dyer J S. Remarks on the analytic hierarchy process [J]. Management Science, 1990, 36 (3): 249~258.

彻底抛弃 ANP 所采用的两两比较判断方式，给出一种能充分反映复杂系统非线性本质特征且从根本上克服传统 ANP 内在缺陷的非线性 ANP 决策方法。

第二节　ANP 内部独立循环系统超矩阵的改进方法

一、传统 ANP 超矩阵的构造方法及其存在的问题

在 ANP 分析过程中，构成对象系统（即所研究的系统）的各种因素按属性可分解为多类因素集，如目标集（GC）、准则集（CC）（准则集可以进一步细分为子准则集，也可以没有准则集）和方案集（AC）。如果各因素集内部因素之间相互独立，因素集之间形成如"GC→CC→…→AC→GC"所示的循环支配链（这里"A→B"表示 A 支配 B），并且循环支配链内部不存在循环支配关系的子循环，则这类系统被称为 CSII 系统。CSII 系统的网络结构如图 4.1 所示。

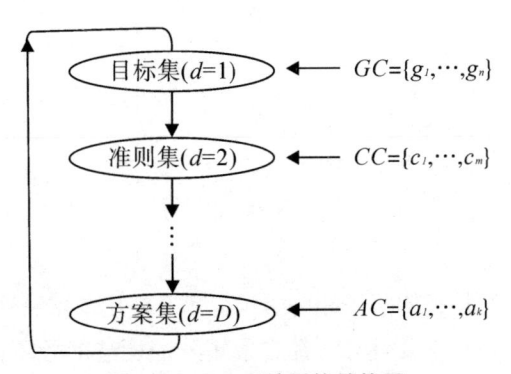

图 4.1　CSII 系统网络结构图

其中，g_1，…，g_n 表示的是目标集中的 n 个因素；与之类似，c_1，…，c_m 及 a_1，…，a_k 分别表示准则集、方案集中的 m、K 个因素；d 表示因素集，$d=1$，…，D。特殊地，当 CSII 系统的网络结构只有目标集和方案集而没有中间准则集时，对象系统的 ANP 结构被称作两层网络结构。

参见图 4.1 所示的网络结构，为解决 LIP 问题，传统 ANP 给出了如下构造超矩阵的方法步骤。即：

首先，以目标集中因素 g_i 为控制标准，$i=1$，…，n，将准则集中各因素进行两两比较，构造出基于相对重要性点估计的两两比较判断矩阵（这里所

讲的点估计是指专家凭主观经验定性给出的关于因素两两比较重要性的估计值是一个具体数)。然后,根据传统 AHP 给出的判断矩阵处理方法(如特征根法)①,求出各准则的单排序权重向量 $(w_1^{(i)},\cdots,w_m^{(i)})^T$。最后,基于计算出的权重向量 $(w_1^{(i)},\cdots,w_m^{(i)})^T$,构造出超矩阵 W_{21} 的子矩阵(即目标集对准则集的影响矩阵)。的数学表达式为:

$$W_{21} = \begin{bmatrix} w_1^{(1)} & w_1^{(2)} & \cdots & w_1^{(n)} \\ w_2^{(1)} & w_2^{(2)} & \cdots & w_2^{(n)} \\ w_m^{(1)} & w_m^{(2)} & \cdots & w_m^{(n)} \end{bmatrix} \qquad (式4.1)$$

ANP 指出,可以采用上述类似过程,分别构造出准则集对下一层因素集(即子准则集)、…、最底层子准则集对方案集的影响矩阵以及方案集对目标集的影响矩阵。为叙述方便,这里分别将这些影响矩阵记为 W_{32}、W_{43}、…、$W_{D,D-1}$ 以及 W_{1D}。在 CSII 系统中,ANP 认为其他因素集之间无直接影响,因此它们之间的影响矩阵为零矩阵。这样,依据各因素集之间的影响矩阵,ANP 给出了如下式 4.2 所示的超矩阵(W)。

$$W = \begin{bmatrix} 0 & 0 & 0 & \cdots & 0 & W_{1D} \\ W_{21} & 0 & 0 & & 0 & 0 \\ 0 & W_{32} & 0 & & 0 & 0 \\ 0 & 0 & W_{43} & 0 & \vdots & \vdots \\ 0 & \cdots & 0 & \ddots & 0 & 0 \\ 0 & 0 & \cdots & 0 & W_{D,D-1} & 0 \end{bmatrix} \qquad (式4.2)$$

需要特别指出的是,构造子矩阵 W_{1D} 实际上是让专家(决策者)基于方案来评价各个目标的相对重要性。与其它子矩阵的构造问题不同,W_{1D} 的这种构造方法会使得专家在进行相对重要性两两比较时面临着非常大的逻辑判断困难。其原因在于:决策目标是受一系列判断准则、子准则等多方面因素影响的具有整体性特征的集合体,因此让专家基于方案来评价各个目标,其实质就是让专家按整体论思想进行逻辑判断。复杂系统理论指出:人们在分析复杂系统的整体行为时,由于对系统整体行为的认识极其有限,往往需要依赖许许多多的经验和直觉,给出的分析结论因而往往具有很大的主观不确定性,对系统的

---

① 许树柏:《实用决策方法——层次分析法》,天津大学出版社,1988.

整体行为专家很难做出相对准确的评价。① 由此可以推断，专家在构造子矩阵时所出现的判断偏差通常会明显大于构造其它子矩阵 $W_{d,d-1}$，（$d=2，\cdots，D$）时出现的偏差。

针对上述问题，作者认为在构造子矩阵 W_{1D} 的过程中，专家主观估计目标集中各因素相对重要性的取值时，采用区间估计（而不是点估计）的表达手段往往更为合适，因为这样更有利于反映出专家在构造 W_{1D} 时需要面临的相对重要性评价的高度不准确性。事实上，Saaty 和 Vargas② 早在研究 AHP 时就提出了主观区间估计的概念，并相应地提出了如式 4.3 所示的区间估计判断矩阵（A''）。

$$A'' = \begin{bmatrix} 1 & [f_{12}, F_{12}] & \cdots & [f_{1n}, F_{1n}] \\ [f_{21}, F_{21}] & 1 & \cdots & [f_{2n}, F_{2n}] \\ & & \vdots & \\ [f_{n1}, F_{n1}] & [f_{n2}, F_{n2}] & \cdots & 1 \end{bmatrix} \quad （式4.3）$$

国内外许多学者如 Saaty、Vargas、Arbel、Lipovestsk 与 Mikhailov、Chandran、徐泽水教授等人，都曾对基于区间估计判断矩阵的 AHP 排序权重求解问题进行过研究探讨。③ 但迄今为止，在文献中还未发现关于 ANP 区间估计判断矩阵以及相关排序权重求解方面的研究。为探索解决这一具有理论价值和明显实际应用意义的问题，下文基于 DEA 理论提出一种构造 ANP 超矩阵的改进方法。

---

① 戴汝为：《系统科学及复杂性研究》，《系统仿真学报》，2002 年第 11 期，第 1411~1416 页.
于景元，周晓纪：《从综合集成思想到综合集成实践——方法、理论、技术、工程》，《管理学报》，2005 年第 11 期，第 4~10 页.

② Saaty T L and Vargas L G. Uncertainty and rank order in the analytic hierarchy process. European Journal of Operational Research, Vol. 32, No. 1, 1987, pp. 107~117.

③ Saaty T L and Vargas L G. Uncertainty and rank order in the analytic hierarchy process. European Journal of Operational Research, Vol. 32, No. 1, 1987, pp. 107~117.

Arbel A, Vargas L G. Preference simulation and preference programming: Robustness issues in priority derivation. European Journal of Operational Research, Vol. 69, No. 2, 1993, pp. 200~209.

Lipovestsky S. Interval estimation of priorities in the AHP. European Journal of Operational Research, Vol. 114, No. 1, 1999, pp. 153~164.

Mikhailov L. A fuzzy approach to deriving priorities from interval pairwise comparison judgements. European Journal of Operational Research, Vol. 159, No. 3, 2004, pp. 687~704.

Chandran B, Golden B, Wasil E. Linear programming models for estimating weights in the AHP. Computer & Operations Research, Vol. 32, No. 9, 2005, pp. 2235~2254.

徐泽水：《一种基于可能度的区间判断矩阵排序法》，《中国管理科学》，2003 年第 1 期，第 63~65 页.

二、CSII 系统超矩阵构造的改进方法

作者认为：在子矩阵的构造过程中，ANP 让专家基于被评价方案来评价各个决策目标的相对重要性，其实质就是允许专家选取有利于基准方案（即用作比较参照基准来比较各目标相对重要性的方案）的一组决策目标权重；而这种思想恰恰是与 DEA 相对效率评价的技术核心相一致的。DEA 是由著名的运筹学家 Charnes 和 Cooper 等人于 1978 年创立、在"相对效率"概念的基础上发展起来的一种新的系统分析方法，它主要用来评价具有多输入多输出的复杂系统即决策单元的相对效率，近年来在国内外已成为管理科学和系统工程领域一种重要并且有效的分析工具[①]。在 DEA 中，对一个决策单元有效性的评价是通过优化输入输出指标的虚拟权重来进行的，它允许选取一组对所评价的决策单元最为有利的虚拟权重向量，以使它的相对效率评价值最大[②]。

基于上述理论认识和 DEA 理论，作者给出如下超矩阵（W）构造的改进方法步骤。

步骤 1：构造目标集对方案集的影响矩阵 W'_{D1}。其具体做法是暂不考虑方案集对目标集的影响（此时如图 4.1 所示的系统网络结构成为了一个典型的 AHP 层次结构），按照传统的 AHP 法，由专家给出 AHP 层次结构中各层次因素之间的两两比较相对重要性判断矩阵，并依据给出的判断矩阵计算出在控制目标 g_i 下，各方案的总排序权重向量 $Z_i = (z_{1i}, z_{2i}, \cdots, z_{Ki})^T$，$i = 1, \cdots, n$。然后，令 $W'_{D1} = (Z_1, Z_2, \cdots, Z_n)$。即：

$$W'_{D1} \begin{bmatrix} z_{11} & z_{12} & \cdots & z_{1n} \\ z_{21} & z_{22} & \cdots & z_{2n} \\ & & \vdots & \\ z_{K1} & z_{K2} & \cdots & z_{Kn} \end{bmatrix} \qquad (式4.4)$$

步骤 2：基于 W'_{D1} 构造各方案相对效率评价的 DEA 模型。将方案 a_k 视作决策单元（记为 DMU_k），$k = 1, \cdots, K$。这里，DMU_k 是仅有产出向量、没有投入向量的特殊决策单元，其产出向量是 $Z'_k = (z_{r1}, z_{r2}, \cdots, z_{kn}) > 0$。以产出

[①] 魏权龄：《数据包络分析》，科学出版社，2004。
Charnes A, Cooper W W, Rhodes E. Measuring the efficiency of decision-making units. European Journal of Operational Research, Vol. 2, No. 6, 1978, pp. 429~444.

[②] 李春好：《对 W–B 乘子置信域约束构造方法的改进及模型》，《中国管理科学》，2003 年第 3 期，第 51~55 页。

向量的虚拟权重 $\hat{u}_i^{(\dot{\varphi})}$ 为变量，以第 $\dot{\varphi}$ 个决策单元的效率评价指数 $h'_{\dot{\varphi}}$ 最大为优化目标，以所有决策单元的效率指数 $h'_k \leq 1$ 为约束，可构造出如下式4.5所示的测度方案相对效率的评价模型。

$$max \ = h'_p = \sum_{i=1}^{n} \hat{u}_i^{(\dot{\varphi})} z_{i\dot{\varphi}}, \ \dot{\varphi}=1, \cdots, K$$

$$s.t. \begin{cases} h'_k = \sum_{i=1}^{n} \hat{u}_i z_{ik} \leq 1, \ k=1, \cdots, K \\ \hat{u}_i \geq \varepsilon, \ i=1, \cdots, n \end{cases} \quad (\text{式}4.5)$$

步骤3：考虑方案集对目标集的影响，邀请专家基于方案集中的各个方案，分别给出目标集中各因素之间两两比较相对重要性的区间估计及相应的 IMAG 区间估计判断矩阵，并基于给出的区间估计构造虚拟权重向量的置信域。

设基于方案 $\dot{\varphi}$ 专家给出的 IMAG 区间估计判断矩阵的一个元素是 $[f_{i,i'}^{(\dot{\varphi})}, F_{i,i'}^{(\dot{\varphi})}]$，$i, i'=1, \cdots, n, i \neq i'$。由于该元素测度的是目标 i 相对于目标 i' 的相对重要性取值区间，依据文献 [146] 因此可以推出模型4.5中虚拟权重的置信域约束。其具体表达式是：

$$f_{i,i'}^{(\dot{\varphi})} \leq u_i^{(\dot{\varphi})}/u_{i'}^{(\dot{\varphi})} \leq F_{i,i'}^{(\dot{\varphi})}, \ i, i'=1, \cdots, n; i \neq i'; \dot{\varphi}=1, \cdots, K \quad (\text{式}4.6)$$

步骤4：将式4.6添加到模型4.5的约束中，构造出含有置信域约束的 DEA 评价模型，并依据此模型的计算结果构造出方案集对目标集的影响子矩阵 W'_{1D}。

设由含有置信域约束的 DEA 模型得出的第 $\dot{\varphi}$ 个决策单元效率相对评价的最优虚拟权向量为 $\hat{U}^{(\dot{\varphi})} = (\hat{u}_1^{(\dot{\varphi})}, \cdots, \hat{u}_n^{(\dot{\varphi})})^T$，$\dot{\varphi}=1, \cdots, K$。由于最优虚拟权向量 $U^{(\dot{\varphi})}$ 是基于决策单元 $DMU_{\dot{\varphi}}$（即方案 $\dot{\varphi}$）对目标集中各因素（决策目标）相对重要性的评价，因而可以依据 $U^{(\dot{\varphi})}$（$\dot{\varphi}=1, \cdots, K$）构造方案集对目标集的初步影响子矩阵 W'_{1D}。其表达式为 $(\hat{U}^{(1)}, \cdots, \hat{U}^{(K)})$，即：

$$W'_{1D} = \begin{bmatrix} \hat{u}_1^{(1)} & \hat{u}_1^{(2)} & \cdots & \hat{u}_1^{(K)} \\ \hat{u}_2^{(1)} & \hat{u}_2^{(2)} & \cdots & \hat{u}_2^{(K)} \\ & & \vdots & \\ \hat{u}_n^{(1)} & \hat{u}_n^{(2)} & \cdots & \hat{u}_n^{(K)} \end{bmatrix} \quad (\text{式}4.7)$$

按照传统 ANP 的基本要求，对矩阵 W'_{1D} 的各列进行规一化，得出方案集对目标集的最终影响子矩阵 W'_{1D}。即：

$$W''_{1D} = \begin{bmatrix} \hat{u}_1^{(1)}/\sum_{j=1}^n \hat{u}_j^{(1)} & \hat{u}_1^{(2)}/\sum_{j=1}^n \hat{u}_j^{(2)} & \cdots & \hat{u}_1^{(K)}/\sum_{j=1}^n \hat{u}_j^{(K)} \\ \hat{u}_2^{(1)}/\sum_{j=1}^n \hat{u}_j^{(1)} & \hat{u}_2^{(2)}/\sum_{j=1}^n \hat{u}_j^{(2)} & \cdots & \hat{u}_2^{(K)}/\sum_{j=1}^n \hat{u}_j^{(K)} \\ & & \vdots & \\ \hat{u}_n^{(1)}/\sum_{j=1}^n \hat{u}_j^{(1)} & \hat{u}_n^{(2)}/\sum_{j=1}^n \hat{u}_j^{(2)} & \cdots & \hat{u}_n^{(K)}/\sum_{j=1}^n \hat{u}_j^{(K)} \end{bmatrix}$$ （式4.8）

步骤5：用传统ANP法构造出其他因素集之间的影响子矩阵，并将它们和子矩阵 W_{1D} 按式4.9进行排列形成计算极限排序的超矩阵 W_1。

$$W_1 = \begin{bmatrix} 0 & 0 & 0 & \cdots & W''_{1D} \\ W_{21} & 0 & 0 & \cdots & 0 \\ 0 & W_{32} & 0 & \cdots & 0 \\ & & & \vdots & \\ 0 & 0 & \cdots & W_{D,D-1} & 0 \end{bmatrix}$$ （式4.9）

三、算例分析

下文运用文献［137］给出的一个算例对上述超矩阵构造的改进方法进行科学合理性验证。这个例子是某单位有三人需要评定职称，三个被评审人（视作方案）分别用 a_1，a_2，a_3 表示；评价目标即目标集因素，包括教学能力、科研能力和一般表现三方面，分别用 g_1，g_2，g_3 表示。因此，该评价问题的因素集有两个，分别是方案集 $\{a_1, a_2, a_3\}$ 和目标集 $\{g_1, g_2, g_3\}$。该实例的系统结构如图4.2所示。其因素集内部因素相互独立，因素集形成如"$GC \rightarrow AC \rightarrow G'C = GC$"的循环支配链，因此是一个两层CSII型网络结构。

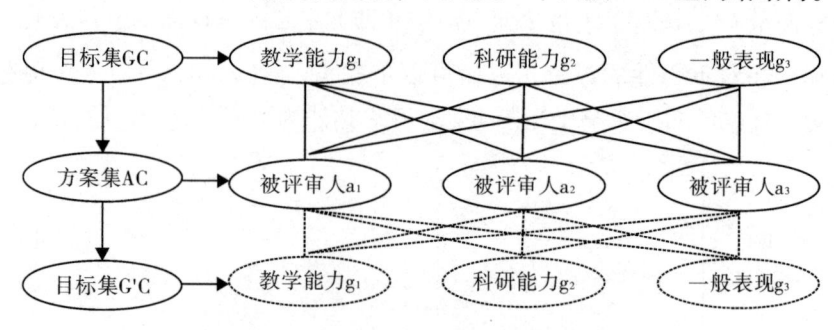

图4.2 职称评定问题的系统网络结构

在文献［137］中，ANP超矩阵的构造方法是：首先，分别针对目标 g_1，

g_2、g_3 构造方案之间相对重要性的两两比较判断矩阵，并依此计算出方案 a_1、a_2 和 a_3 的排序向量 $X_1 = (0.25, 0.50, 0.25)^T$，$X_2 = (0.10, 0.50, 0.40)^T$，$X_3 = (0.40, 0.30, 0.30)^T$；通过向量 X_1、X_2、X_3 给出子矩阵 W_{21}（见表4.1西南角）。接下来，分别基于被评审者 a_1、a_2 和 a_3 比较各目标的相对权重，形成两两比较的点估计判断矩阵，依此求出各目标因素的排序向量 $\Gamma_1 = (0.30, 0.40, 0.30)^T$，$\Gamma_2 = (0.50, 0.10, 0.40)^T$ 和 $\Gamma_3 = (0.40, 0.20, 0.40)^T$，并由 Γ_1、Γ_2、Γ_3 构造出子阵 W_{12}（见表4.1东北角）；最后，由 W_{12}、W_{21} 以及零矩阵形成超矩阵 W_0，并求出 W_0 的极限超矩阵 W_0^∞（W_0 和 W_0^∞ 分别列于表4.1和表4.2）。

表4.1 超矩阵 W_0

	g_1	g_2	g_3	a_1	a_2	a_3
g_1	0	0	0	0.3	0.5	0.4
g_2	0	0	0	0.4	0.1	0.2
g_3	0	0	0	0.3	0.4	0.4
a_1	0.25	0.1	0.4	0	0	0
a_2	0.25	0.5	0.3	0	0	0
a_3	0.50	0.4	0.3	0	0	0

表4.2 极限超矩阵 W_0^∞

	g_1	g_2	g_3	a_1	a_2	a_3
g_1	0	0	0	0.405	0.405	0.405
g_2	0	0	0	0.222	0.222	0.222
g_3	0	0	0	0.373	0.373	0.373
a_1	0.273	0.273	0.273	0	0	0
a_2	0.324	0.324	0.324	0	0	0
a_3	0.403	0.403	0.403	0	0	0

下面基于上述信息，按前文给出的改进方法来构造该评价问题的超矩阵并依此计算出相应的极限超矩阵。

将方案 a_1、a_2、a_3 视作决策单元，记为 DMU_k（$K=1, 2, 3$），由 X_1、X_2 和 X_3 可知它们的产出向量分别是 $Z_1' = (0.25, 0.10, 0.40)^T$，$Z_2' = (0.25, 0.50, 0.30)^T$，$Z_3' = (0.50, 0.40, 0.30)^T$。需要指出的是，文献[137]中

$\varGamma_1$，$\varGamma_2$ 和 $\varGamma_3$ 是由点估计而非区间估计的判断矩阵求得的。为了证实本文提出的方法，这里依据向量 $\varGamma_1$，$\varGamma_2$ 和 $\varGamma_3$ 来构造各目标之间相对权重的区间估计。其具体构造过程如下：

对于 DMU_1，由 K_1 可知目标 g_1 和 g_2 的相对权重为 $0.3/0.4 = 0.75$。类似地，由 K_2 和 K_3 分别可知目标 g_1 和 g_2 的相对权重为 $0.5/0.1 = 5$ 和 $0.4/0.2 = 2$。上述数据表明专家对各目标之间相对重要性的估计是不确定的，其变化范围在 $\min\{0.75, 2, 5\} \sim \max\{0.75, 2, 5\}$ 之间。因此，从区间估计的角度来看，目标 g_1 和 g_2 之间的相对权重的区间估计可以认为是 $[0.75, 5]$。与上述过程类似，可以推知目标 g_1 和 g_3 之间相对权重的区间估计是 $[1, 1.25]$，目标 g_2 和 g_3 之间相对权重的区间估计是 $[0.25, 4/3]$。

由上述区间估计及式 4.6 可以推知：

$$0.75 \leq \hat{u}_1 \hat{u}_2 \leq 5 \qquad (式4.10)$$

$$1 \leq \hat{u}_1 \hat{u}_3 \leq 1.25 \qquad (式4.11)$$

$$0.25 \leq \hat{u}_2 \hat{u}_3 \leq 4/3 \qquad (式4.12)$$

将向量 Z'_1，Z'_2，Z'_3 和式 4.10、4.11、4.12 代入模型 4.5 中，可以得出对应各个方案的最优虚拟权重向量，这些向量经规一化后分别是 $(0.391, 0.121, 0.488)^T$、$(0.314, 0.294, 0.392)^T$ 和 $(0.630, 0.159, 0.211)^T$。由这些虚拟权重向量可知方案集对目标集的影响子矩阵 W_{12} 为：

$$W_{12} = \begin{bmatrix} 0.391 & 0.314 & 0.630 \\ 0.121 & 0.294 & 0.159 \\ 0.488 & 0.392 & 0.211 \end{bmatrix} \qquad (式4.13)$$

由子矩阵 W_{12} 和 W_{21} 以及零矩阵，按照前文给出的方法可以构造出如表 4.3 所示的超矩阵 W_1。依据此矩阵，可以进一步计算出如表 4.4 所示的极限超矩阵 W_1^∞。

表 4.3　超矩阵 W_1

	g_1	g_2	g_3	a_1	a_2	a_3
g_1	0	0	0	0.391	0.314	0.630
g_2	0	0	0	0.121	0.294	0.159
g_3	0	0	0	0.488	0.392	0.211
a_1	0.25	0.1	0.4	0	0	0
a_2	0.25	0.5	0.3	0	0	0
a_3	0.50	0.4	0.3	0	0	0

表 4.4　极限超矩阵 W_1^∞

	g_1	g_2	g_3	a_1	a_2	a_3
g_1	0	0	0	0.465	0.465	0.465
g_2	0	0	0	0.191	0.191	0.191
g_3	0	0	0	0.344	0.344	0.344
a_1	0.273	0.273	0.273	0	0	0
a_2	0.315	0.315	0.315	0	0	0
a_3	0.412	0.412	0.412	0	0	0

根据表 4.2 和表 4.4 得到的极限超矩阵 W_0^∞ 和 W_1^∞，可以得出如下表 4.5 所示的各方案的评价结果。

比较表 4.5 中的评价结果可知，采用本文提出的超矩阵构造改进方法与采用传统的 ANP 法所得到的方案评价排序权重非常接近，而且方案排序结果完全相同。这表明 ANP 超矩阵构造的改进方法是相对可靠的。由于区间估计能很好地反映出专家在构造方案集对目标集的影响子矩阵时所遇到的困难及判断的高度不确定性，因此，相比较而言，作者认为在解决实际评价问题时，本文提出的超矩阵构造改进方法更实用、得出的评价结果更有说服力。

表 4.5　采用不同超矩阵构造方法得出的方案评价结果

采用的超矩阵构造方法	方案排序权值 方案 a_1	方案 a_2	方案 a_3	方案优先次序
Saaty 给出的方法	0.273	0.324	0.403	$a_3 > a_2 > a_1$
本文给出的改进方法	0.273	0.315	0.412	$a_3 > a_2 > a_1$

第三节　针对 CSII 型系统的非线性 ANP 方案排序新方法

上一节给出的 ANP 超矩阵的改进方法虽然相对于传统 ANP 超矩阵的构造方法而言有着明显的理论进步意义，但从方法本质上，它并没有摆脱原有 ANP 构造两两比较判断矩阵的理论框架束缚。一方面，ANP 与 AHP 一样，其所使用的相对重要性权重概念迄今仍无清晰的内涵定义[①]（关于这方面缺陷的深入分析，详见后文第五章第三节）。另一方面，Bana e Costa/Vansnick[②] 指出 Saaty 给出的 AHP/ANP 特征向量法也存在理论缺陷。综合上述两方面可知，传统 ANP 方法本质上即是错误的，因而也难以合理反映复杂系统的突变、非线性等基本特征。

由于 CSII 系统中不仅上层因素集和下层因素集中的因素之间存在着复杂的非线性关联关系，而且方案集对目标集还存在着直接的反馈关系，因此从复杂系统的非线性本质特征分析，采用非线性思维构建这类系统的方案排序方法是合适的。此外，因为整体论与还原论相结合的系统方法论较好地实现了整体论与还原论的辩证统一，所以从反映系统因素之间存在的复杂非线性关系上看采用该方法论对 CSII 系统进行分析和方案排序方法构建也是具有科学可行性的。

基于上述理论认识，依据非线性复杂系统理论、整体论与还原论相结合的综合集成方法论，通过构建新的系统分析结构、专家判断信息的提取平台和方案评价的价值体系，给出一种可以克服传统 ANP 内在缺陷的非线性 ANP 方案排序方法。

一、CSII 型系统的新分析结构

图 4.3 所示的新分析结构与传统 ANP 的 CSII 型分析结构图 4.1 相比，其不同之处有如下几点：第一，因素集（方案集除外）中的每个因素均根据需要划分为有限个可能的取值水平（状态）。新分析结构对系统因素予以状态划

[①] Schoner B, and Wedley W C. Ambiguous criteria weights in AHP: consequences and solutions [J]. Decision Sciences, 1989, 20 (3): 462~475.

Dyer J S. Remarks on the analytic hierarchy process [J]. Management Science, 1990, 36 (3): 249~258.

[②] Raharjo H, Xie M, Brombacher A C. On modeling dynamic priorities in the AHP using compositional data analysis [J]. European Journal of Operational Research, 2009, 194 (3): 834~846.

分体现了它与传统 ANP 分析结构的一个显著区别,也为后文分析系统因素集之间复杂非线性关系提供了重要基础。借鉴 DDM 模型的有关技术思想[118],可以通过设定参照系来划分因素集中各因素(方案除外)的水平状态,其具体划分方法参见第三章第三节。

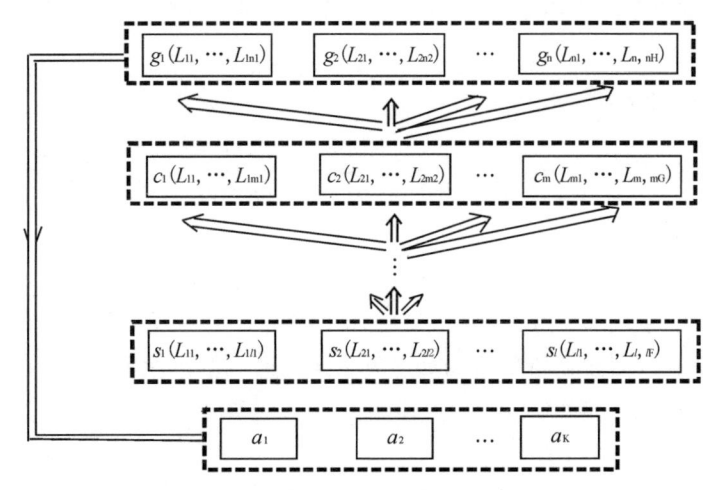

图 4.3　CSII 系统的新分析结构

第二,新分析结构在对系统分解后的局部单元进行还原综合时抛弃了传统 ANP 的简单还原论思维(认为部分之和即为整体的思维方式),取而代之的是基于非线性复杂系统理论、整体论与还原论相结合的系统分析方法论所提出来的层次性整体论思维(认为部分之和大于整体的思维模式,这种思维模式已在前文第三章第三节予以了详细说明,这里不再赘述)。由于新分析结构通过层次性整体论思维不仅能够实现系统逐层还原过程中的局部整体性集成,而且能充分发挥整体论在反映系统复杂非线性机理上的方法论优势,因此它比图 4.1 所示的分析结构更具优越性。第三,新分析结构中向上的双箭头表示系统自下而上的投入产出过程,向下的双箭头表示的是决策主体基于目标集的综合集成结果所做出的价值反馈过程。

需要指出的是,为叙述方便,图 4.3 中各因素的水平状态均是按相对参照基础由好到差予以排序的。

二、方案排序新方法

CSII 系统的方案排序步骤如下所示:

步骤 1:建立针对 CSII 系统问题的新分析结构(参见上图 4.3)。

步骤 2：构建分析结构下方案评价的价值体系。

分析结构下方案评价的价值体系是指对应于图 4.3 中各系统因素（方案除外）各水平状态的一组效用偏好值（价值）。其构建方法为：请多位专家共同对图 4.3 因素集（方案集除外）中各个因素的各个状态进行偏好判断，并予以介于 0~100 的效用偏好赋值。关于价值体系所体现的作用请参阅第三章第四节步骤 2。

步骤 3：令 $k=1$。

步骤 4：请专家针对方案 a_k 进行判断，确定出因素集（不包括方案集）中因素各水平状态的主观概率并计算出 a_k 在分析结构各因素状态上的期望价值。

根据图 4.3 中分析结构的层次属性，可以将主观概率划分为指标集中因素各水平状态的主观概率和准则集、目标集中因素各水平状态的主观概率。这两类主观概率及各因素期望价值的确定方法详见第三章第四节步骤 4，经过自下而上（即从方案集到目标集）逐层递推，可以计算出 a_k 在 g_1，…，g_n 状态上的期望价值 $U_k^{g_1}$，…，$U_k^{g_n}$。

步骤 5：令 $k=k+1$，若 $k \leqslant K$（K 为待评价方案个数），则转步骤 4；若 $k>K$，则转步骤 6。

步骤 6：请系统决策主体基于各方案在目标上的期望值 $U_k^{g_1}$，…，$U_k^{g_n}$（$k=1$，…，K）和各方案的投入资源进行价值判断并求出关于评价方案的最优偏好解。

将 a_k 方案视作决策单元（记为 DMU_k），把各决策方案在目标上的期望值 $U_k^{g_1}$，…，$U_k^{g_n}$ 视作系统的输出，并为使问题适当简化，可以把方案的若干个输入转化为方案投资额一个输入；为方便，记输出向量 $Y_k = (U_k^{g_1}, \cdots, U_k^{g_n}) > 0$，输入 $X_k > 0$。

这里的主要目的即是请系统决策者评价每个方案的价值偏好 $\mu_k = \begin{pmatrix} Y_k \\ v \end{pmatrix}$，但由于决策者的价值函数是隐含的或不清楚的，因此这里借鉴文献［147］寻找各方案输入、输出向量最优偏好解（MPS – Most Preferred Solution）的思想，假设 MPS 在决策者的伪凹（Pseudoconcave）价值函数上有最大值，且决策者的意愿是以最少的系统方案输入获取最大的系统方案输出，则可以通过求解如下式 4.14 所示的多目标规划模型得到一个最优偏好解。

$$\max \quad Y_k \lambda', \quad k=1, \cdots, K \qquad \text{（式 4.14）}$$

$$\min \quad X_k \lambda'$$
$$s.\, t. \quad \lambda'_1 + \lambda'_2 + \cdots + \lambda'_K = 1$$

式 4.14 中，向量 $\lambda' = (\lambda'_1, \lambda'_2, \cdots, \lambda'_K)$，$\lambda'_1, \lambda'_2, \cdots, \lambda'_K$ 为非负决策变量。

由于上述多目标规则模型可能有多个解，因此仅需要找出一个局部最优偏好解即可（因假设的价值函数是伪凹的，故 4.14 的局部最优解也就是其全局最优解），求解多目标线性规划的方法有多种，比如功效函数法等等[1]，这里不再一一叙述。

步骤 7：构造方案评价的 BCC 价值效率模型，并依据此模型的计算结果得出方案 $a_1, \cdots, a_K$ 的相对效率值 $Z'_1, \cdots, Z'_K$。

为了将各决策方案与 MPS 进行比较，Halme 等给出了如下定理。

定理[2]：设 $\mu_j^* = \begin{pmatrix} Y_j^* \\ -X_j^* \end{pmatrix}$（$j$ 为决策单元，$j = 1, \cdots, N$）是决策者的最优偏好解，即 $\mu_j = \begin{pmatrix} Y_j \\ -X_j \end{pmatrix}$ 在点 μ_j^* 上取最大值，若由模型 4.15 求出的最优价值 Z_{j0}^* 均为正数，则输入、输出空间内的任意一个点 μ_j（$\mu_j \in E^{Q+s}$）关于任何严格递增伪凹价值函数 $V(\mu_j)$ 是价值无效的。

$$\min Z_{j0} = \sigma - \varepsilon \left(\hat{e}^T S^- + e^T S^+ \right) \quad (式 4.15)$$

$$s.\, t. \begin{cases} \sum_{j=1}^{N} Y_j \lambda_j - \sigma y_j - S^- = Y_{j0}, \\ \sum_{j=1}^{N} X_j \lambda_j - \sigma x_j + S^+ = X_{j0}, \\ S^+ \geq 0, \\ S^- \geq 0, \\ \lambda_1 + \lambda_2 + \cdots + \lambda_N = 1, \\ \lambda_j \geq 0, \text{如果 } \lambda_j^* = 0, j = 1, \cdots, N \end{cases}$$

其中，Z_{j0} 的最优值是被评价决策单元 j_0 的相对价值效率评价值；λ_j^* 是分

---

[1] Wierzbicki A. The Use of Reference Objectives in Multiobjective Optimization. G. Fandel and T. Gol, eds. Multiple Objective Decision Making – Theory and Application [M]. New York: Springer – Verlag Press, 1979.

[2] Halme M, Joro T, Korhonen P, Salo S, Wallenius J. A value efficiency approach to incorporating preference information in data envelopment analysis. Management Science, Vol. 45, No. 1, 1999, pp. 103~115.

析者最优偏好解对应的值。式 4.15 实际上是对偶 BCC 模型的价值效率评价模型。

基于步骤 6 和上述定理，通过将决策者的主观偏好信息（即求解出的 MPS）与系统方案客观输入、输入值有机结合，可以构造出如下的测度方案相对效率的价值评价模型。

$$\min Z'_{k0} = \sigma' - \varepsilon \ (\hat{e}^T \bar{S}^- + e^T \bar{S}^+) \quad \text{（式 4.16）}$$

$$s.t. \begin{cases} \sum_{k=1}^{K} Y_K \lambda'_r - \sigma' Y_k - \bar{S}^+ = Y_{k0}, \\ \sum_{k=1}^{K} X_k \lambda'_k + \sigma' X_k + \bar{S}^- = X_{k0}, \\ \bar{S}^+ \geq 0, \\ \bar{S}^- \geq 0, \\ \lambda_k \geq 0, \text{ 如果 } (\lambda'_k)^* = 0, k = 1, \cdots, K \end{cases}$$

其中，松弛向量 $\bar{S}^- = (\bar{S}_1^-, \bar{S}_2^-, \cdots, \bar{S}_K^-)^T \geq 0$, $\bar{S}^+ = \bar{S}_1^+ \geq 0$；$Z'_{k0}$ 表示的是最优值被评价决策单元 k_0 的相对价值效率评价值；$(\lambda'_k)^*$ 是由式 4.14 计算出的、系统决策者最优偏好解对应的 λ' 值。在式 4.16 中，若 $Z'_{k0} = 0$，则说明决策单元 DMU_{k0} 是价值有效的，若 $Z'_{k0} > 0$，则说明 DMU_{k0} 是价值无效的。

依据模型 4.16 可得出各方案相应的价值效率评价值 $Z'_1, \cdots, Z'_K$。

步骤 8：若只有唯一有效的价值效率评价值，则可直接依据相对效率值 $Z'_1, \cdots, Z'_K$ 对方案进行排序。若有多个相对效率值为 1，则转步骤 9。

步骤 9：利用交叉有效排序方法对决策单元进行区别。关于交叉有效排序方法的详细介绍参见第一章第四节。

三、算例分析

下文仍结合教师职称评定的问题运用所提出的新方法予以分析。在该优选评价问题中有三位教师（视作方案 a_1, a_2, a_3）和五位评价专家。根据规定的考评要求，评价目标设为教学能力（g_1）和科研能力（g_2），影响教学能力的指标因素包括对教学大纲的把握（s_{11}）、专业能力深度和广度（s_{12}）、语言技艺运用（s_{13}）和对学生特点的了解（s_{14}），反映科研能力的指标包括逻辑思维与表达能力（s_{21}）和科研成果（s_{22}）；经分析认为，指标集因素（即指标）之间、评价准则之间均是相互独立的，而方案集对目标集存在支配关系，因此是一个典型的三层 CSII 型系统结构。

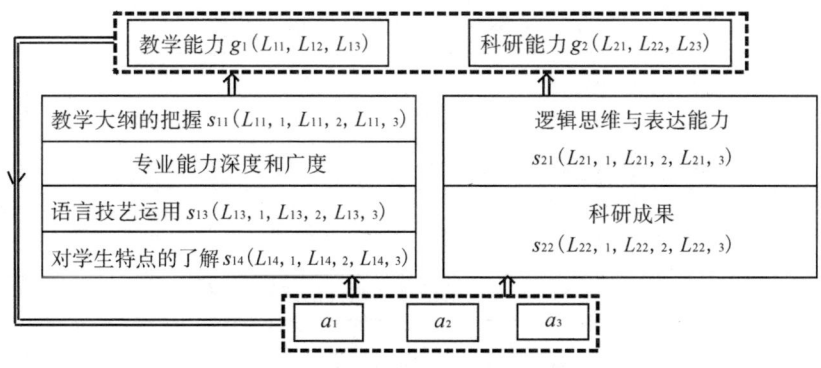

第四章 非线性ANP内部独立循环系统的方案排序方法

图4.4 方案评价的新分析结构

运用前文给出的方法步骤，首先建立如图4.4所示的分析结构，并通过选定五位专家都熟悉的一位教师作为参照对象，将参照对象对应方案评价分析结构的各因素实际状态作为参照系，在此基础上对分析结构中各目标和指标可能的取值状态均予以了"比参照教师强"、"与参照教师差不多"和"比参照教师差"三个状态级别划分。然后，请专家判断出各方案在各指标上所处的状态，从而得出了 a_1, a_2, a_3 在各指标上各个状态的主观概率（见表4.8第2~19行）；根据 a_1, a_2, a_3 在各指标上各状态的主观概率及价值体系中各指标的状态价值（见表4.6第3行后半部分和第6行），计算出了各方案在各指标状态上的期望价值（见表4.7），在此基础上确定出了对应于各方案的各指标的期望状态或期望状态区间。接着，针对每个方案，请专家分别基于对 g_1、g_2 有影响的指标期望状态或期望状态区间，判断出了各方案在分目标 g_1、g_2 上所处的水平状态，从而得出了各方案在 g_1、g_2 上各个状态的主观概率（参见表4.8最后6行）；由各方案在 g_1、g_2 上的主观概率和价值体系中 g_1、g_2 的状态价值（见表4.1第3行前半部分）计算出了各方案在 g_1、g_2 状态上的期望价值（见表4.9第2、第3列）。

表4.6 方案评价的价值体系

因素状态	L_{11}	L_{12}	L_{13}	L_{21}	L_{22}	L_{23}	$L_{11,1}$	$L_{11,2}$	$L_{11,3}$	$L_{12,1}$	$L_{12,2}$	$L_{12,3}$
状态	u_{11}	u_{12}	u_{13}	u_{21}	u_{22}	u_{23}	$u_{11,1}$	$u_{11,2}$	$u_{11,3}$	$u_{12,1}$	$u_{12,2}$	$u_{12,3}$
价值	100	50	0	100	50	0	100	50	0	100	50	0
因素状态	$L_{13,1}$	$L_{13,2}$	$L_{13,3}$	$L_{14,1}$	$L_{14,2}$	$L_{14,3}$	$L_{21,1}$	$L_{21,2}$	$L_{21,3}$	$L_{22,1}$	$L_{22,2}$	$L_{22,3}$
状态	$u_{13,1}$	$u_{13,2}$	$u_{13,3}$	$u_{14,1}$	$u_{14,2}$	$u_{14,3}$	$u_{21,1}$	$u_{21,2}$	$u_{21,3}$	$u_{22,1}$	$u_{22,2}$	$u_{22,3}$
价值	100	50	0	100	50	0	100	50	0	100	50	0

表 4.7 方案在各指标状态上的期望价值

方案	$U_k^{(s11)}$	$U_k^{(s12)}$	$U_k^{(s13)}$	$U_k^{(s14)}$	$U_k^{(s21)}$	$U_k^{(s22)}$
a_1	50	70	70	70	50	80
a_2	80	60	30	50	70	60
a_3	70	90	60	50	60	70

表 4.8 方案在指标与准则上的主观概率

主观概率	a_1	a_2	a_3	主观概率	a_1	a_2	a_3	主观概率	a_1	a_2	a_3
$P_{22,3,k}$	0	0	0	$P_{11,2,k}$	0.6	0.4	0.4	$P_{14,1,k}$	0.6	0.4	0.2
$P_{11,k}$	0.4	0.4	0.8	$P_{11,3,k}$	0.2	0	0	$P_{14,2,k}$	0.2	0.2	0.6
$P_{12,k}$	0.6	0.4	0.2	$P_{12,1,k}$	0.6	0.4	0.8	$P_{14,3,k}$	0.2	0.4	0.2
$P_{13,k}$	0	0.2	0	$P_{12,2,k}$	0.2	0.4	0.2	$P_{21,1,k}$	0.2	0.6	0.4
$P_{21,k}$	1	0.4	0.5	$P_{12,3,k}$	0.2	0.2	0	$P_{21,2,k}$	0.8	0.2	0.6
$P_{22,k}$	0	0.6	0.5	$P_{13,1,k}$	0.2	0.2	0	$P_{21,3,k}$	0	0.2	0
$P_{23,k}$	0	0	0	$P_{13,2,k}$	0.6	0.2	0.8	$P_{22,1,k}$	0.6	0.2	0.4
$P_{11,1,k}$	0.2	0.6	0.4	$P_{13,3,k}$	0	0.6	0	$P_{22,2,k}$	0.4	0.8	0.6

表 4.9 方案在准则 g_1 和 g_2 各状态上的期望价值与方案的排序值

方案	$U_k^{(c1)}$	$U_k^{(c2)}$	Z_k'
a_1	70	100	0
a_2	60	50	0.53
a_3	90	75	0.35

由于决策主体对方案的价值反馈信息是通过他（她）给出的 MPS 来集成到 BCC 价值效率分析模型中，因此决策者需要识别出针对现有方案的 MPS。其具体做法如下：

若已知 a_1，a_2，a_3 的总投资额分别为 6.5 万元、5 万元和 6 万元，则可将 a_1，a_2，a_3 分别视作决策单元 DMU_1、DMU_2 和 DMU_3，并将各方案在 g_1、g_2 状态上的期望价值及其相应的投资额视作决策单元的产出、投入向量，以最少的投入换取最大的产出为原则，基于上述投入、产出数据和模型 4.14，可构造出如下的多目标线性规划模型。其表达式为：

$$\max \quad 70\lambda_1' + 60\lambda_2' + 90\lambda_3', \qquad (式4.17)$$

$$\max \quad 100\lambda_1' + 50\lambda_2' + 75\lambda_3',$$
$$\min \quad 6.5\lambda_1' + 5\lambda_2' + 6\lambda_3'$$
$$\text{s.t.} \quad \lambda_1' + \lambda_2' + \lambda_3' = 1$$

通过求解式 4.17，设决策者选择产出、投入向量 $(Y_1^*, Y_2^*, Y_1^*)^T = (83, 72, 5.8)^T$ 作为他（或她）的最优偏好解。在此基础上，依据式 4.16 计算构建了方案的价值效率评价模型。例如对于 DMU_2，相应的模型如下所示。

$$\min Z_2' = \sigma' - \varepsilon (\bar{S}_1^- + \bar{S}_1^+ + \bar{S}_2^+) \qquad (\text{式 4.18})$$

$$\text{s.t.} \begin{cases} 70\lambda_1' + 60\lambda_2' + 90\lambda_3' - 60\sigma' - \bar{S}_1^+ = 60, \\ 100\lambda_1' + 50\lambda_2' + 75\lambda_3' - 50\sigma' - \bar{S}_2^+ = 50, \\ 6.5\lambda_1' + 5\lambda_2' + 6\lambda_3' + 5\sigma' + \bar{S}^- = 5, \\ \lambda_1' + \lambda_2' + \lambda_3' = 1, \\ \bar{S}_1^+, \bar{S}_2^+ \geq 0, \\ \bar{S}^- \geq 0, \\ \lambda_3' \geq 0 \end{cases}$$

需要说明的是，由于选择出的 MPS 位于 a_1 和 a_2 投入、产出向量所处组成的凸集内，因此在上式 4.18 中对 λ_1'，λ_2' 均是无约束要求的。

通过求解模型 4.18，得出了 $Z_2' = 0.53$，因为 $Z_2' = 0.53 > 0$，所以方案 a_2 是价值无效的。类似地，分别得出了 DMU_1 和 DMU_3 相应的价值效率评价值为 $Z_1' = 0$，$Z_3' = 0.35$。依据这些效率评价值可知，仅方案 a_1 是价值有效的，且三个方案的优劣次序为 $a_1 \succ a_3 \succ a_2$。

在上述方法运用过程中，没有出现任何难题，说明该方法是合理可靠的，有着很强的实际应用价值。

第四节 本章小结

在传统 ANP 分析过程中，由于超矩阵反映着目标集、方案集、准则集之间的相互影响，对最终 LIP 排序起着至关重要的作用，因而如何科学合理地构造出被评价问题的超矩阵便是 ANP 分析的技术关键。针对传统 ANP 方法中关于超矩阵中的一个重要子矩阵即 IMAG 矩阵的构造问题，研究指出，在构造 IMAG 影响子矩阵时，用点估计数来反映专家对被比较目标的相对偏好并不合理。其中原因在于：基于方案集来比较各目标因素之间的相对重要性，其实质上是让专家从整体论角度来进行逻辑判断，而专家从整体论角度对复杂社会经济系统的行为特征进行分析往往需要依赖很多经验和直觉，因而往往只能给出具有很高不确定性的判断结果，仅用一个点估计数并不能较好地反映出专家对评价问题所持的真实看法。针对上述问题，此文以 CSII 型 ANP 系统为研究对象，提出了用区间估计方式来构造 IMAG 矩阵的理论观点。为了使这种理论观点能够在实际复杂经济系统评价决策问题中得以应用，文中基于 DEA 相对效率评价的技术核心思想（即选择一组有利的虚拟权重使决策单元的相对效率指数最大），提出了一种针对 CSII 型 ANP 系统超矩阵构造的改进方法。一个具体例子的分析以及与 Saaty 提出的 ANP 超矩阵构造方法的对比验证表明，改进的超矩阵构造方法相对而言是科学可靠的。然而应当看到，虽然改进的超矩阵构造方法不仅具有很强的理论创新价值而且也是具有实际应用可操作性的，但它是建立在假设系统因素相对重要性权重内涵清晰明确（否则分析者根本无法予以两两比较判断）以及 Saaty 教授给出的特征向量法科学可靠基础之上的，遗憾的是，这两个 ANP 基本假设已被国外诸多知名学者证明是本质错误的。为此，作者基于非线性复杂系统理论、整体论与还原论相结合的系统方法论，抛弃了原有 ANP 的两两比较分析模型及其线性的分解结构，在构建新分析结构的基础上，提出一种能更好地反映复杂系统层次之间因素非线性联系的ANP 决策方法。该方法主要具有如下三方面优点：第一，所采用的层次性整体判断法能够较好地体现出低层因素通过自组织在高层因素上体现出的突变与涌现行为特征，有效地揭示了"部分之和大于整体"的系统论思想。第二，通过决策者寻找最优偏好解的方式充分反映了其对各方案的价值反馈信息，并将这些信息集成到方案评价的价值效率模型中，从而实现了决策者的主观价值偏好信息与客观投入、产出系统的有机融合。第三，由于在此过程中新方法并没有使用内涵不清的 ANP 相对重要性权重概念及特征向量法，因此从根本上克服了传统 ANP 所存在的前述缺陷。最后，通过一个算例说明了新方法是科学合理的，具有较强的实际应用可行性。由此可见，新方法不仅具有发展ANP 理论方法的创新价值，而且也具有很强的实际应用推广价值。

第五章

非线性 ANP 内部循环依存递阶系统的方案排序方法

第一节 引言

为分析和评价复杂系统问题,Saaty 教授在 AHP 的基础上提出了网络分析法(ANP)[1]。由于 ANP 考虑了系统因素之间的反馈和依赖等复杂关系,更有利于反映复杂系统问题的实际情况,因此,它被人们认为是一种较之于 AHP 更加实用的决策工具。但是,不同于多属性决策理论中内涵明确的 SW 相对重要性(权重)概念[2],ANP 与 AHP 一样,所使用的系统因素相对重要性权重迄今仍是一个没有明确内涵定义的概念。另外,传统 ANP 所采用的线性分解结构以及建立在构造超矩阵基础上的方案复合排序方法因忽视系统因素之间非线性联系而难以反映复杂系统非线性、涌现性等本质特征。

在国外,ANP 已经在信息系统项目选择、财政危机预测、产品组合计划等诸多方面得到了较为广泛的应用。但是,从 ANP 应用研究上看现有文献尽管通常总是详尽描述相对说来较为容易理解的比较机理,即基于上层因素集中的因素比较下层因素集中各因素重要性的比较机理,但对于难以理解的比较机

---

[1] 戴汝为,操龙兵:《综合集成研讨厅的研制》,《管理科学学报》,2002 年第 2 期,第 10~16 页.
  许树柏:《实用决策方法——层次分析法》,天津大学出版社,1998 年.
[2] Winterfeldt D V, Edwards W. Decision Analysis and Behavioral Research [M]. Cambridge: Cambridge University Press, 1986.

理如因素集之间的比较机理却没有予以比较清楚、有参考指导意义的描述①。从理论方法研究上来看，国内外关于 ANP 的理论研究成果仍然非常少见。近年来除 Saaty、王莲芬等教授发表了关于 ANP 理论方法的介绍性论文之外，文献［37］对 ANP 进行了理论方法探索性研究。虽然该文指出了 ANP 存在着准则集之间难以比较的问题，但是它并没有较为深入地分析和揭示问题产生的内在根源。

内部循环依存递阶层次系统（HSICD）是 ANP 的一种典型系统。下文以 HSICD 系统为研究对象，在简述 ANP 对该类系统的分析方法和分析其内在缺陷的基础上，依据非线性复杂系统理论、整体论与还原论相结合的综合集成方法论，通过构建新的系统分析结构、专家判断信息的提取平台和方案评价的价值体系，给出一种可以克服传统 ANP 内在缺陷的方案排序新方法。

第二节　ANP 对 HSICD 系统的分析方法

在 ANP 分析过程中，构成对象系统的各种因素按属性可分解为多类因素集，如目标集（GC）、准则集（CC）（准则集可以进一步细分为子准则集，也可以没有准则集）和方案集（AC）。HSICD 系统的特点是因素集内部因素之间循环依存，因素集之间形成如"$GC \rightarrow CC \rightarrow \cdots \rightarrow SC \rightarrow AC$"所示的支配链（这里"$A \rightarrow B$"表示 A 支配 B），且因素集之间不存在反馈。该系统的网络结构如图 5.1 所示。其中，$g_1, \cdots, g_n$ 表示的是目标集中的 n 个因素；与之类似，$c_1, \cdots, c_m, s_1, \cdots, s_l, a_1, \cdots, a_K$ 分别表示准则集、最低层子准则集

---

① Karsak E E, Sozer S, Alptekin E. Product planning in quality function deployment using a combined analytic network process and goal programming approach ［J］. Computers and Industrial Engineering, 2003, 44 (1): 171~190.

Kahraman C, Ertay T, Büyük? zkan G. A fuzzy optimization model for QFD planning process using analytic network approach ［J］. European Journal of Operational Research, 2006, 171 (2): 390~411.

Lee J W, Kim S H. Using analytic network process and goal programming for interdependent information system project selection. Computers & Operations Research, Vol. 27, No. 4, 2000, pp. 367~382.

Shyur H J, Shih H S. A hybrid MCDM model for strategic vendor selection. Mathematical & Computer Modelling, Vol. 44, No. 7~8, 2006, pp. 749~761.

Agarwal A, Shankar R, Tiwari M K. Modeling the metrics of lean, agile and leagile supply chain: an ANP–based approach. European Journal of Operational Research, Vol. 173, No. 1, 2006, pp. 211~225.

Neaupane K M, Piantanakulchai M. Analytic network process model for landslide hazard zonation. Engineering Geology, Vol. 85, No. 3~4, 2006, pp. 281~294.

（指标集）和方案集中的 m、l、K 个因素；d 表示因素集，$d = 1$，$\cdots$，D。

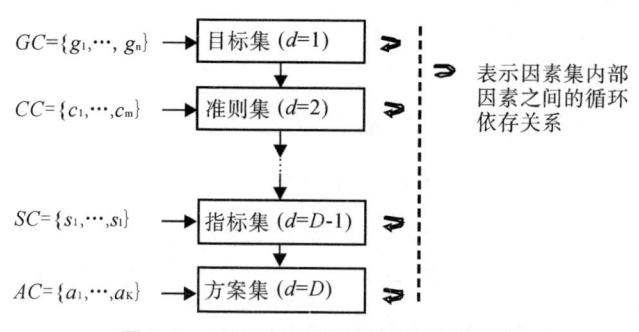

```
GC={g₁,⋯,gₙ}  →  目标集 (d=1)
                    ↓
CC={c₁,⋯,cₘ}  →  准则集 (d=2)          表示因素集内部
                    ⋮                   因素之间的循环
SC={s₁,⋯,sₗ}  →  指标集 (d=D-1)        依存关系
                    ↓
AC={a₁,⋯,aₖ}  →  方案集 (d=D)
```

图 5.1　ANP 对 HSICD 系统的分析结构

参见图 5.1 所示的网络结构，为解决系统方案的极限影响排序问题，传统 ANP 给出了如下的排序方法（步骤）。

步骤 1：构造分析结构的超矩阵．首先，以上层因素集中各因素为控制标准，将下层因素集中各因素进行两两比较，构造出两两比较判断矩阵。然后，根据传统 AHP 给出的判断矩阵处理方法[137]，求出下层因素集中各因素的单排序权重向量并基于这些权重向量分别构造出目标集对准则集、准则集对下一层因素集（即子准则集）、$\cdots$、指标集对方案集的影响矩阵 W_{21}，W_{32}，$\cdots$，$W_{D,D-1}$。

与上述因素集之间影响矩阵的构造方法不同，因素集（方案集除外）内部因素之间的依存矩阵是按如下方法予以构造的。即：先以 g_i 为控制标准，$i = 1$，$\cdots$，n，将目标 g_1，$\cdots$，g_n 进行两两比较，得出如下式 5.1 所示的判断矩阵 $Z^{(i)} = (z_{ij})_{n \times n}$，$i, j = 1$，$\cdots$，$n$。

$$Z^{(i)} = \begin{matrix} g_i \\ g_1 \\ g_2 \\ \vdots \\ g_n \end{matrix} \begin{bmatrix} g_1 & g_2 & \cdots & g_n \\ z_{11} & z_{12} & \cdots & z_{1n} \\ z_{21} & z_{22} & \cdots & z_{2n} \\ & & \vdots & \\ z_{n1} & z_{n2} & \cdots & z_{nn} \end{bmatrix} \quad \text{（式 5.1）}$$

然后，运用特征根法对上式 5.1 中的判断矩阵进行求解，计算出各目标的单排序权重向量 $(W_1^{(i)}, \cdots, W_n^{(i)})^T$，并基于它们构造出目标集内部因素之间的依存矩阵 W_{11}。其表达式为：

$$W_{11} = \begin{bmatrix} W_1^{(1)} & W_1^{(2)} & \cdots & W_1^{(n)} \\ W_2^{(1)} & W_2^{(2)} & \cdots & W_2^{(n)} \\ & & \vdots & \\ W_n^{(1)} & W_n^{(2)} & \cdots & W_n^{(n)} \end{bmatrix} \quad \text{(式5.2)}$$

最后，与 W_{11} 的构造方式类似，分别构造出准则集内部因素之间的依存矩阵 W_{22}、…、指标集内部因素之间的依存矩阵 $W_{D-1,D-1}$。

依据 W_{21}，…，$W_{D,D-1}$ 以及 W_{11}，…，$W_{D-1,D-1}$ 和反映方案集的 D 阶单位阵 $W_{D,D}$，ANP 给出了如下式5.3所示的超矩阵（W）。

$$W = \begin{bmatrix} W_{11} & & & & & 0 \\ W_{21} & W_{22} & & & & \\ & W_{32} & \ddots & & & \\ & & \ddots & W_{D-1,D-1} & & \\ 0 & & & W_{D,D-1} & W_{D,D} \end{bmatrix} \quad \text{(式5.3)}$$

步骤2：构造加权矩阵，并基于构造出的加权矩阵和超矩阵（W）求出加权超矩阵。分别将各因素集作为控制标准，构造因素集 GC、…、AC 之间的两两比较判断矩阵，计算出第 d 个因素集下因素集之间的相对排序向量（x_{1d}，…，x_{Dd}）^{T}，$d=1$，…，D，并基于这些排序向量，构造出如下式5.4所示的加权矩阵（$\dot{X}$）。

$$\dot{X} = \begin{bmatrix} x_{11} & & & & 0 \\ x_{21} & x_{22} & & & \\ & & \ddots & \ddots & \\ 0 & & & x_{D,D-1} & 1 \end{bmatrix} \quad \text{(式5.4)}$$

根据式5.3和式5.4，ANP 给出如下式5.5所示的加权超矩阵（$\overline{W}$）。

$$\overline{W} = \begin{bmatrix} W_{11}x_{11} & & & & 0 \\ W_{21}x_{21} & W_{22}x_{22} & & & \\ & & \ddots & \ddots & \\ 0 & & & W_{D,D-1}x_{D,D-1} & W_{D,D} \end{bmatrix} \quad \text{(式5.5)}$$

步骤3：计算加权超矩阵 $\overline{W}$ 的极限影响超矩阵 $\overline{W}^\infty$，确定出各方案的极限影响排序。

第三节　ANP 的方法缺陷分析

传统 ANP 对 HSICD 系统的方案分析与评价至少存在如下两方面缺陷。

其一，式 5.4 中的加权矩阵（$\bar{X}$）难以构造。其中原因有如下四点：①每个因素集中都包含一系列的因素，因素集之间进行比较时究竟比较"什么"、具体的比较规则是"什么"，对上述问题 ANP 并没有给出比较清楚的解释，显然在这种情况下专家是很难进行逻辑比较的。Saaty 教授为了说明 ANP 加权矩阵构造的可行性曾给出了一个煤炭工业（由煤炭企业组成的因素集）与电厂（一个电厂作为因素集）的经典比较模式模型（该模型具体详见文献［99］第 138~139 页和文献［153］第 122~124 页，下文将它简称作"煤电模型"）。在该模型中，Saaty 将煤炭工业和电厂二个因素集相对电厂这个因素集的相对重要性解释为煤炭工业对电厂产出或效益的影响与电厂本身对电厂产出或效益的影响之比（即边际效用替代率），并认为前者大于后者。深入分析该模型，我们可以发现如下两个概念使用问题。其一，在"煤炭工业对电厂产出或效益的影响"中的"煤炭工业"，其概念内涵并不清楚，它既有可能是煤炭工业的产出量，也有可能是煤炭工业的产品价格，还有可能是煤炭工业的产品质量。其二，"电厂本身对电厂产出或效益的影响"中的"电厂本身"概念内涵也不清楚，它可能是电厂自身的产出，也可能是电厂自身的燃料投入（煤炭）、电厂自身的动力投入（电能）、电厂自身的劳动力资源投入、电厂自身的管理水平等等。显然，专家在上述两个概念内涵上的不同理解必然导致明显不同的相对重要性判断结论。然而令人遗憾的是，ANP 并没有给出有关的比较机制与规则，以便于专家对其使用的概念有清晰的、共同或相近的内涵界定，因此在这种情况下专家是很难进行比较判断的。即使专家勉强能够按着其对有关概念的特定理解进行判断，也很难保证与所分析问题的其他层次因素在概念、逻辑关系上是相匹配的。事实上，文献［37］也有类似的看法，该文认为在 ANP 决策分析中，专家很难确定准则集之间的相对重要性，专家给出的判断结果是令人置疑的。②在 HSICD 系统中，目标集中的因素是系统的发展目标，准则集与子准则集中的因素均分别是反映发展目标的属性和子属性，目标集、准则集、子准则集因而分别都是不同类事物，对这些不同类事物进行比较显然违背了比较逻辑学中的可比性原则，即只有同类对象之间才可相比的

93

原则。③从发表在国外重要期刊上的 ANP 应用文献来看，迄今尚未发现它们对"专家基于何种信息或何种思维过程来构造加权矩阵"这一问题给出有意义的解释。参见下表 5.1，这些文献中所使用的加权矩阵，要么是作者不加任何解释直接给出，要么是直接假定为等权矩阵（保证待比较因素集权重相等的矩阵）。为探析前述问题，作者对有关文献的欧美作者进行了 19 份 E – mail 问卷调查，其中做出应答的仅有 4 份，未做出应答的为 15 份（这种应答状况在具有很高学术道德声望的欧美学术界是极为罕见的）。从做出应答的回收问卷上看，Sarkis① 并没有直接回答前述问题，而只是认为在实际问题中应由专家进行加权矩阵构造。Wolfslehner②、Niemira③ 对前述问题的回答为"专家可以参考 Saaty 教授给出的经典模型（如煤电模型）来构造加权矩阵"。由于煤电模型本身存在着如前文①所示的明显缺陷，因此他们的这种回答显然也缺乏实际指导意义。Ustun④ 则直接承认基于何种信息构造加权矩阵是模糊的、加权矩阵是难以构造的。综合上述问卷调查结果可以看出，在 ANP 应用实践中人们对如何构造加权矩阵是明显缺乏清晰认识的。④虽然 Saaty 在理论上指出要通过两两比较来构造加权矩阵⑤，但在最新版 SuperDecisions（1.6.0） 软件的使用说明中却又指出，当仅有两个因素集需要加权时，它们之间是无法进行比较的，并且没有给出任何原因解释直接武断地将加权矩阵设为等权矩阵（即保证待比较因素集权重相等的矩阵）。

其二，两两比较判断矩阵中的元素（相对重要性权重）内涵无定义。德国 Belton 教授在其发表的论文中首次公布了就 AHP 权重重要性的内涵问题所作的心理学实验结果⑥。该实验首先要求所有受访者就同一个判断矩阵构造

---

① Sarkis J. Evaluating environmentally conscious business practices. European Journal of Operational Research, Vol. 107, No. 1, 1998, pp. 159 ~ 174.

② Wolfslehner B, Vacik H. Evaluating sustainable management strategies with the analytic network process in a pressure – state – response framework. Journal of Environmental Management, Vol. 88, No. 1, 2008, pp. 1 ~ 10.

③ Niemira M P, Saaty T L. An analytic network process model for financial – crisis forecasting ［J］. International Journal of Forecasting, 2004 （20）: 573 ~ 587.

④ Ustun O, Demirtas E A. An integrated multi – objective decision – making process for multi – period lot – sizing with supplier selection. Omega, Vol. 36, No. 4, 2008, pp. 509 ~ 521.

⑤ Saaty T L. Decision Making with Dependence and Feedback: the Analytic Network Process ［M］. Pittsburgh: RWS Publications, 2001.

⑥ Belton V and Gear T. On a shortcoming of Saaty's method of analytic hierarchies ［J］. Omega, 1983, 11 （3）: 228 ~ 230.

问题独立构造出判断矩阵，然后再让所有受访者独立回答这样一个问题，即"在判断矩阵构造过程中，对任意两个因素之间的相对重要性判断是根据什么做出的"。实验结果表明：在受访的 200 多人中仅有 1 人做出了有理性意义的回答。由此，Belton 认为 AHP 的重要性概念没有明确的内涵定义，该概念只是因人而异的直觉[①]。之后，Schoner、Dyer 等人也先后指出 AHP 权重内涵不清晰问题[②]，为直接解决该问题，Choo/Schoner/Wedley、Barzilai 基于效用理论从价值权衡、边际效用替代等视角提出了 8 种较为可能的权重内涵理论解释[③]。例如，从价值权衡视角来看，因素的重要性权重应是反映待比较的层次因素从最差状态值变化到最好状态值对上层因素相对贡献的 SW 权重；从边际效用替代视角来看，两个因素之间的相对权重应是效用偏好无差异曲线的点边际效用替代率。但他们也同时指出，运用各种理论解释来确定 AHP 权重都必须依赖于和内涵解释相对应的特定比较程序，而这一要求在传统 AHP 比较判断模式下是很难实现的。其原因在于，在传统 AHP 比较判断中，不仅确定 SW 权重和边际效用替代率所直接依赖的因素状态是未加考虑的、未知的，而且从边际效用替代率上看，因素之间的相对权重是随因素状态变化而变化的，这直接与传统 AHP 因素权重在方案评价中保持固定不变的方法假定发生明显冲突。因此，Macharis/Springael/Brucker 等最近指出，AHP 的权重重要性定义目前尚存在着不清晰性与模糊性，关于 AHP 权重定义的争论仍在进行之中[④]。最近，Macharis/Springael/Bruker、Stam/Silva、Bodin/Gass 等指出，关于 AHP 权重定

---

① Belton V. A comparison of the analytic hierarchy process and simple multi‐attribute value functi
② Schoner B, and Wedley W C. Ambiguous criteria weights in AHP: consequences and solutions [J]. Decision Sciences, 1989, 20 (3): 462~475.
　Dyer J S. Remarks on the analytic hierarchy process [J]. Management Science, 1990, 36 (3): 249~258.
③ Choo E U, Schoner B, Wedley W C. Interpretation of criteria weights in multicriteria decision making [J]. Computers & Industrial Engineering, 1999, 37 (3): 527~541.
　Smith J E, von Winterfeldt D. Decision analysis in management science [J]. Management Science, 2004, 50 (5): 561~574.
④ 林锦国，魏世孝：《AHP 中 (0, 2) EM 法与 (1/9, 9) EM 法的比较研究》，《系统工程理论与实践》，1994 年第 5 期，第 64~69 页。

义的争论仍在进行之中①。由此可见，AHP 的权重重要性定义目前尚存在着不清晰性与模糊性，而迄今为止，ANP 分析方法沿用的仍是 AHP 的相对重要性概念，因此其权重内涵也是没有清晰界定的。

表 5.1　加权矩阵在 ANP 应用文献中的给出方式

加权矩阵的 具体给出方式	相应文献
不加任何解释直接给出	Agarwal/Shankar/Tiwari②（2006）；Demirtas/Ustun③（2008）；Gungor④（2006）；Niemira/Saaty⑤（2004）；Sarkis⑥（1998）；Tesfamariam/Lindberg⑦（2005）；Whitaker⑧（2007）

---

① Macharis J, Springael K, Brucker D. PROMETHEE and AHP: the design of operational synergies in multicriteria analysis [J]. European Journal of Operational Research, 2004, 153 (2): 307~317.
　　Stam A, Duarte Silva A P. On multiplicative priority rating methods for the AHP [J]. European Journal of Operational Research, 2003, 145 (1): 92~108.
　　Bodin L, Gass S L. On teaching the analytic hierarchy process [J]. Computers & Operations Research, 2003, 30 (10): 1487~1497.
② Bodin L, Gass S L. On teaching the analytic hierarchy process. Computers & Operations Research, Vol. 30, No. 10, 2003, pp. 1487~1497.
③ Demirtas E A, Ustun O. An integrated multiobjective decision making process for supplier selection and order allocation. Omega, Vol. 36, No. 1, pp. 76~90.
④ Gungor. Evaluation of connection types in design for disassembly (DFD) using analytic network process. Computers & Industrial Engineering, Vol. 50, No. 1~2, pp. 35~54.
⑤ Niemira M P, Saaty T L. An analytic network process model for financial-crisis forecasting [J]. International Journal of Forecasting, 2004 (20): 573~587.
⑥ Sarkis J. Evaluating environmentally conscious business practices. European Journal of Operational Research, Vol. 107, No. 1, 1998, pp. 159~174.
⑦ Tesfamariam D, Lindberg B. Aggregate analysis of manufacturing systems using system dynamics and ANP. Computers & Industrial Engineering, Vol. 49, No. 1, 2005, pp. 98~117.
⑧ Whitaker R. Validation examples of the analytic hierarchy process and analytic hetwork process [J]. Mathematical and Computer Modelling, 2007, 46 (7~8): 840~859.

续表

加权矩阵的 具体给出方式	相应文献
按等权矩阵假定给出	Bayazit/Karpak① （2007）； Chang② （2007）； Wolfslehner③ （2008）； Chung/Li/Pearn④ （2005）； Karsak/Sozer/Alptekin⑤ （2003）； Promentilla/Furuichi⑥ （2006）； Ravi/Shankar/Tiwari⑦ （2005）； Sarkis/Sundarraj⑧ （2002）； Simunich⑨ （2007）； Ustun/Demirtas⑩ （2008）； Yüksel/Da deviren⑪ （2007）

第四节 HSICD 系统的新分析结构

HSICD 系统的各种因素按属性可分解为多类因素集，如目标集、准则集（它可以进一步细分为多个子准则集）和方案集。设 G 为总目标，g_1，…，

---

① Bayazit O, Karpak B. An analytical network process – based framework for successful total quality management (TQM): an assessment of Turkish manufacturing industry readiness. International Journal Production Economics, Vol. 105, No. 1, 2007, pp. 78~96.

② Chang C W, et al. Evaluating digital video recorder systems using analytic hierarchy and analytic network processes. Information Science, Vol. 177, No. 16, 2007, pp. 3383~3396.

③ Wolfslehner B, Vacik H. Application of the analytic network process in multi – criteria analysis of sustainable forest management [J]. Forest Ecology and Management 2005, 207 (1~2): 157~170.

④ Chung S H, Lee A H L, Pearn W L. Analytic network process (ANP) approach for product mix planning in semiconductor fabricator [J]. International Journal of Production Economics, 2005 96 (1): 15~36.

⑤ Karsak E E, Sozer S, Alptekin E. Product planning in quality function deployment using a combined analytic network process and goal programming approach [J]. Computers and Industrial Engineering, 2003, 44 (1): 171~190.

⑥ Promentilla M A B, Furuichi T, Ishii K and Tanikawa N. Evaluation of remedial countermeasures using the analytic network process. Waste Management, Vol. 26, No. 12, 2006, 1410~1421.

⑦ Ravi V, Shankar R, Tiwari M K. Analyzing alternatives in reverse logistics for end – of – life computers: ANP and balanced scorecard approach [J]. Computers & Industrial Engineering, 2005, 48 (2): 327~356.

⑧ Sarkis J, Sundarraj R P. Hub location at digital equipment corporation: a comprehensive analysis of qualitative and quantitative factor [J]. European Journal of Operational Research, 2002, 137 (2): 336~347.

⑨ Simunich. In the fall of 2002, the ANP had shown a better way to deal with Iraq. Mathematical and Computer Modelling, Vol. 46, No. 7~8, 2007, pp. 1130~1143.

⑩ Ustun O, Demirtas E A. An integrated multi – objective decision – making process for multi – period lot – sizing with supplier selection [J]. Omega, 2008, 36 (4): 509~521.

⑪ Yüksel I, Dadeviren M. Using the analytic network process (ANP) in a SWOT analysis – A case study for a textile firm. Information Sciences, Vol. 177, No. 16, 2007, pp. 3364~3382.

g_n、c_1，…，c_m、s_1，…，s_l、a_1，…，a_K 分别为目标集、准则集、最低层子准则集（指标集）和方案集中的 n、m、l、K 个因素。与传统 ANP 的分析结构相比，图 5.2 所示的新分析结构有如下三方面的不同：第一，因素集（方案集除外）中的每个因素均需要划分为有限个可能的取值水平（状态）；第二，根据备选方案选择决策的互斥原理，认为方案集内各方案彼此是相互独立的，抛弃了 ANP 原有结构允许方案层因素循环依存的不合理假设；第三，关于因素集与其下一层因素集之间机理关系的认识，抛弃了固权 ANP 的还原论系统分析思维，取而代之的是层次性整体论思维。传统 ANP 的简单还原论分析思维是先将系统因素按其属性分解为多类因素集，然后在分解的基础上进行简单的还原综合，即采用假定的函数形式进行集成，如加法函数或乘法函数（其实质是对数加法函数），按"部分之和即为整体"的简单系统论观点进行系统集成。而层次性整体论的分析思维则是在系统分解的基础上采用整体判断模式通过对局部子系统状态的判断自下而上逐层递推直到最上层子系统的层次性、整体性集成（关于层次性整体论思维详见第三章第三节，这种思维将在新方法构建所依据的专家判断信息提取平台即概率影响矩阵的构造中具体体现出来），这样较好地反映了系统不同层次之间以及同一层次不同因素之间的替代、匹配等复杂非线性关系，从而揭示出区别于简单还原论的"部分之和大于整体"的系统突变与涌现行为特征。第四，与目标集至方案集上使用的实双箭线（表示客观存在、但仅能够由主观判断加以描述的系统联系）不同，新分析结构在总目标 G 与目标集之间的结构表达上使用了虚箭线（表示它们之间的系统联系仅是纯主观偏好关系）。相比较而言，传统 ANP 并没有将因素集之间存在的不同联系机理加以区分。

图 5.2 中，向上的双箭头表示系统自下而上的投入产出过程；单箭头表示箭尾因素对箭头因素的因果影响关系。符号及其下角标表示系统因素（不包括方案）的水平状态，如 L_{11}，…，L_{1n1} 表示的是目标 g_1 的 n_1 个水平状态。对系统因素进行水平状态划分是新分析结构区别于传统 ANP 分析结构的一个显著特征，也是分析系统因素之间依存、反馈等复杂非线性关系的重要基础。借鉴 DDM 模型的有关技术思想①，可以通过设定参照系来确定（划分）因素集中各因素（不包括总目标和方案）的水平状态。具体划分方法为：在选取因

---

① Badiru A B, Pulat P S and Kang M. DDM: decision support system for hierarchical dynamic decision making [J]. Decision Support System, 1993, 10 (1)：1~18.

素集中各因素水平状态划分的参照系（详见第三章第三节）的基础上，邀请多位（比如 E' 位）专家共同确定出图 5.2 所示分析结构中各因素相对于参照系的几个水平状态级别。根据 Saaty 教授关于分辨能力的心理学实验结论①，系统因素的状态划分级别可选定为 3、5、7、9 级。例如，当选定 5 个级别进行状态划分时，可以将系统因素状态划分为"明显好于参照水平"、"较好于参照水平"、"与参照水平一样"、"较差于参照水平"、"明显差于参照水平"5 个状态。

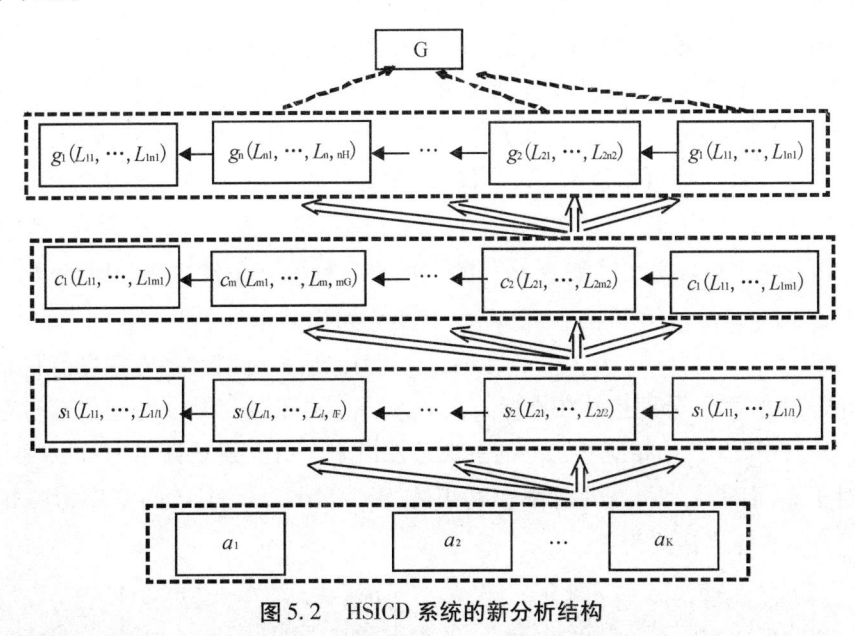

图 5.2　HSICD 系统的新分析结构

需要说明的是，系统因素状态水平的多少应视被评价方案的数量而定；当方案数量较多时，划分的状态级别也需相应增加。为叙述方便，图 5.2 中以及后文分析结构中各因素的水平状态均是按相对参照基础由好到差予以排序的。

第五节　专家判断信息的提取平台

与传统 ANP 专家判断信息的提取平台（即两两比较判断矩阵）不同，在新分析结构下判断信息的提取是通过确定因素之间的条件概率影响矩阵（简

---

① Saaty T L. Decision Making with Dependence and Feedback: the Analytic Network Process [M]. Pittsburgh: RWS Publications, 2001.

称作概率影响矩阵）进行的。根据图 5.2 中分析结构的层次属性，可以将概率影响矩阵划分为指标集因素之间的概率影响矩阵和指标集以上层各因素集中因素之间的概率影响矩阵两种类型。这两类概率影响矩阵的确定及调整方法如下：

一、指标集因素之间概率影响矩阵的确定

结合图 5.2，针对任意一个方案 a_k，$k = 1$，$\cdots$，K，指标之间的概率影响矩阵可以按如下方法予以确定。即：

邀请 E' 位专家分别判断出当方案 a_k 在指标 s_1 上处于状态 L_{1j_1}（$j_1 = 1$，$\cdots$，l_1）时，它在指标 s_2 上所处的水平状态。设认为 a_k 在 s_2 上处于状态 L_{21}，$\cdots$，L_{2l_2} 的专家数分别为 $E'^{1j_1}_{21,k}$，$\cdots$，$E'^{1j_1}_{2l_2,k}$，则根据主观概率理论和 Shafer 对主观概率的概念解释（即打赌概率）①，可以将方案 a_k 在 s_2 上处于状态 L_{21}，$\cdots$，L_{2l_2} 的概率 $P^{1j_1}_{2j_2,k}$（$j_1 = 1$，$\cdots$，l_1，$j_2 = 1$，$\cdots$，l_2）定义为 $E'^{1j_1}_{21,k}/E'$，$\cdots$，$E'^{1j_1}_{2l_2,k}/E'$。由此定义可以看出，概率 $P^{1j_1}_{2j_2,k}$ 的本质是一种主观条件概率，即是以 a_k 在 s_1 上处于状态 L_{1j_1} 为条件的主观概率，因此它可以表示为 $P^{1j_1}_{2j_2,k} = p\,(s_2 = L_{2j_2,k} \mid s_1 = L_{1j_1,k})$，$j_1 = 1$，$\cdots$，$l_1$，$j_2 = 1$，$\cdots$，$l_2$。类似地，可以邀请专家进行状态判断并得出方案 a_k 分别当其在指标 s_2，$\cdots$，s_{l-1} 上处于某一特定状态时它在指标 s_3，$\cdots$，s_l，s_1 相应状态上的主观条件概率。由上述条件概率可以确定出相对于 a_k 而言 s_1 对 s_2 的概率影响矩阵 $M^{(s)}_{12,k}$、$\cdots$、s_l 对 s_1 的概率影响矩阵 $M^{(s)}_{l1,k}$。其具体表达式为：

$$M^{(s)}_{12,k} = \begin{bmatrix} p^{(11)}_{21,k} & p^{(12)}_{21,k} & \cdots & p^{(1l_1)}_{21,k} \\ p^{(11)}_{22,k} & p^{(12)}_{22,k} & \cdots & p^{(1l_1)}_{22,k} \\ & & \vdots & \\ p^{(11)}_{2l_2,k} & p^{(12)}_{2l_2,k} & \cdots & p^{(1l_1)}_{2l_2,k} \end{bmatrix}, \cdots, M^{(s)}_{l1,k} = \begin{bmatrix} p^{(l1)}_{11,k} & p^{(l2)}_{11,k} & \cdots & p^{(l,lF)}_{11,k} \\ p^{(l1)}_{12,k} & p^{(l2)}_{12,k} & \cdots & p^{(l,lF)}_{12,k} \\ & & \vdots & \\ p^{(l1)}_{1l_1,k} & p^{(l2)}_{1l_1,k} & \cdots & p^{(l,lF)}_{1l_1,k} \end{bmatrix} \quad (式 5.6)$$

式 5.6 中，$p^{(1j_1)}_{2j_2,k}$，$\cdots$，$p^{(l,jF)}_{1j_1,k} \in [0, 1]$；$\sum_{j_2=1}^{l_2} p^{(1j_1)}_{2j_2,k} = 1$，$j_1 = 1$，$\cdots$，$l_1$，$\cdots$，$\sum_{j_1=1}^{l_1} p^{(1j_F)}_{1j_1,k} = 1$，$j_F = 1$，$\cdots$，$l_F$；$k = 1$，$\cdots$，$K$。

二、指标集以上层各因素集中因素之间概率影响矩阵的确定

不失一般性，这里以指标集上一层子准则集中因素之间概率影响矩阵的确

---

① Shafer G, Gillett P R, Scherl R B. A new understanding of subjective probability and its generalization to lower and upper prevision. International Journal of Approximate Reasoning, Vol. 33, No. 1, 2003, pp. 1 ~ 49.

定为例来予以说明。设 $v_1, \cdots, v_q$ 表示该子准则集中的 q 个因素,指标集中因素对 $v_1, \cdots, v_q$ 的影响关系如下图 5.3 所示。

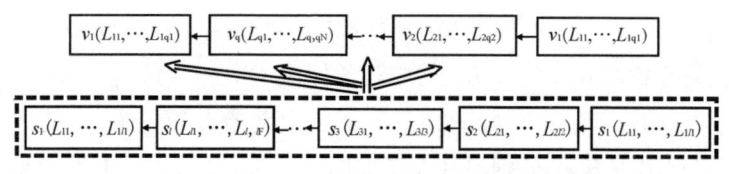

图 5.3　指标集与其上一层子准则集的因素影响关系

下图 5.4 是图 5.3 中子准则 $v_1, \cdots, v_q$ 的循环依存关系的详细描述,它反映的是子准则之间因状态水平不同而呈现出的依存、反馈等复杂非线性关系。该图中的弧形箭线反映的是箭尾因素处于其特定状态下对箭头因素存在影响。

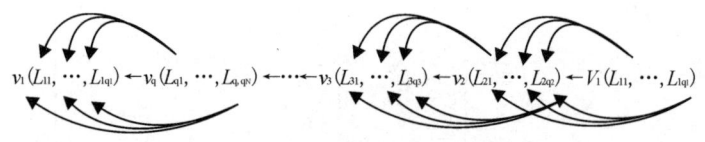

图 5.4　q 个子准则循环依存关系的详细描述

在图 5.4 中,由于子准则 $v_1, \cdots, v_q$ 受下层指标的影响(参见图 5.2),因此,需要专家基于指标集中因素的状态,对受下层指标影响的子准则 $v_1, \cdots, v_q$ 所处的状态做出整体判断。这种判断方式是与 CA 全景判断法完全一致的[①]。因为大量的应用实践证明 CA 全景判断法是一种十分有效的分析方法[②],所以选用它对分析结构中各因素所处的水平状态进行层次性整体判断是具有较好可行性的。下面基于系统因素水平状态的层次性整体判断给出子准则 $v_1,\cdots, v_q$ 之间概率影响矩阵的确定方法。即:

针对任意一个方案 a_k,请 E' 位专家分别基于对 v_2 有影响的指标(即 s_3、

[①] Scholl A, Manthey L, Helm R, Steiner M. Solving multiattribute design problems with analytic hierarchy process and conjoint analysis: an empirical comparison [J]. European Journal of Operational Research, 2005, 164 (3): 760~777.

[②] Scholl A, Manthey L, Helm R, Steiner M. Solving multiattribute design problems with analytic hierarchy process and conjoint analysis: an empirical comparison [J]. European Journal of Operational Research, 2005, 164 (3): 760~777.

Moskowitz H R, Silcher M. The applications of conjoint analysis and their possible uses in sensometrics [J]. Food Quality and Preference, 2006, 17 (3~4): 145~165.

Ida T, Kinoshita S, Sato M. Conjoint analysis of demand for IP telephony: the case of Japan [J]. Applied Economics, 2008, 40 (10): 1279~1287.

s_l）的期望水平状态或期望状态区间，应用 CA 全景法判断出当 a_k 在 v_1 上处于状态 $L_{1\hbar_1}$（$\hbar_1 = 1, \cdots, q_1$）时，它在 v_2 上所处的水平状态。设认为 a_k 在 v_2 上处于状态 $L_{21}, \cdots, L_{2q_2}$ 的专家数分别为 $E'^{1\hbar_1}_{21,k}, \cdots E'^{1\hbar_1}_{2q_2,k}$，则与上文类似，可将 a_k 在 v_2 上处于状态 $L_{21}, \cdots, L_{2q_2}$ 的主观条件概率 $p^{1\hbar_1}_{2h_2,k}$（$p^{1\hbar_1}_{2h_2,k} = (v_2 = L_{2h_2,k} \mid v_1 = L_{1\hbar_1,k})$，$\hbar_1 = 1, \cdots, q_1$，$\hbar_2 = 1, \cdots, q_2$）定义为 $E'^{1\hbar_1}_{21,k}/E', \cdots E'^{1\hbar_1}_{2q_2,k}/E'$。类似地，可以得出方案 a_k 分别当其在子准则 $v_2, \cdots, v_{q-1}, v_q$ 上处于某一特定状态时它在子准则 $v_3, \cdots, v_q, v_1$ 相应水平状态上的主观概率，以及相对于方案 a_k 而言 v_1 对 v_2 的概率影响矩阵 $M^{(1)}_{12,k}$、$\cdots$、v_q 对 v_1 的概率影响矩阵 $M^{(1)}_{q1,k}$。这些矩阵的表达式如下式 5.7 所示，其中，$p^{1\hbar_1}_{2h_2,k}, \cdots, p^{q\hbar_N}_{1h_1,k} \in [0, 1]$；$\sum_{\hbar_2=1}^{q_2} p^{1\hbar_1}_{2h_2,r} = 1$，$\hbar_1 = 1, \cdots, q_1$，$\cdots$，$\sum_{\hbar_1=1}^{q_1} p^{q,\hbar_N}_{1h_1,r} = 1$，$\hbar_N = 1, \cdots, q_N$；$k = 1, \cdots, K$。

$$M^{(v)}_{12,r} = \begin{bmatrix} p^{(11)}_{21,r} & p^{(12)}_{21,r} & \cdots & p^{(1q_1)}_{21,r} \\ p^{(11)}_{22,k} & p^{(12)}_{22,k} & \cdots & p^{(1q_1)}_{22,k} \\ & & \vdots & \\ p^{(11)}_{2q_2,k} & p^{(12)}_{2q_2,k} & \cdots & p^{(1q_1)}_{2q_2,k} \end{bmatrix}, \cdots, M^{(v)}_{q1,k} = \begin{bmatrix} p^{(q1)}_{11,k} & p^{(q2)}_{11,k} & \cdots & p^{(q,q_N)}_{11,k} \\ p^{(q1)}_{12,k} & p^{(q2)}_{12,k} & \cdots & p^{(q,q_N)}_{12,k} \\ & & \vdots & \\ p^{(q1)}_{1q_1,k} & p^{(q2)}_{1q_1,k} & \cdots & p^{(q,q_N)}_{1q_1,k} \end{bmatrix} \quad （式5.7）$$

三、概率影响矩阵的调整

式 5.6、5.7 中概率影响矩阵的部分元素可能为零。其产生的原因既可能是零元素所对应的条件概率事件客观上确实不会发生，也可能是专家的主观判断不能对客观上的小概率事件予以识别。由于上述两种情况无法予以进一步判别，因此这里从小概率事件的确有可能发生的视角将概率影响矩阵中为零的元素主观设定为小概率事件的概率 ε（如 $\varepsilon = 0.001$）。当式 5.6、5.7 中概率影响矩阵的元素出现 ε 时，需要对 ε 所在列的所有元素进行调整，使其列和规一化。为表达简洁，调整后的概率影响矩阵仍记为 $M^{(s)}_{12,k}, \cdots, M^{(s)}_{l1,k}$；$M^{(v)}_{12,k}$，$\cdots$，$M^{(v)}_{q1,k}$。

第六节　新分析结构的稳定性

不失一般性，这里仍以子准则 $v_1, \cdots, v_q$ 之间的循环依存关系为例来说明新分析结构的稳定性。其内涵是指子准则之间经无限次循环影响后，各子准则的各个取值状态存在稳态概率。

设任意一个评价方案 a_k 在时刻 t 和时刻 $(t+1)$ 时在子准则 $v_1, \cdots, v_q$

上处于状态 $L_{1\hbar_1}$，…，$L_{q,\hbar_N}$（$\hbar_1 = 1$，…，q_1，…，$\hbar_N = 1$，…，q_N）的概率分别为 $\pi^{(t)}_{1\hbar_1,k}$，…，$\pi^{(t)}_{q,\hbar_N,k}$ 和 $\pi^{(t+1)}_{1\hbar_1,k}$，…，$\pi^{(t+1)}_{q,\hbar_N,k}$。根据概率理论可知：$\pi^{(t+1)}_{1\hbar_1,k}$，…，$\pi^{(t+1)}_{q,\hbar_N,k} \in (0, 1)$；$\sum_{\hbar_1=1}^{q_1} \pi^{(t+1)}_{1\hbar_1,k} = 1$，…，$\sum_{\hbar_1=1}^{q_1} \pi^{(t)} \pi^{(t)}_{1\hbar_N,r} = 1$；$\sum_{\hbar_1=1}^{q_1} \pi^{(t+1)}_{1\hbar_1,k} = 1$，…，$\sum_{\hbar_1=1}^{q_1} \pi^{(t+1)}_{1\hbar_N,k} = 1$。为叙述方便，记向量 $\pi^{(t)}_{1,k} = (\pi^{(t)}_{11,k}, \cdots, \pi^{(t)}_{1q_1,k})^T$，…，$\pi^{(t)}_{q,k} = (\pi^{(t)}_{q1,k}, \cdots, \pi^{(t)}_{q,q_N,k})^T$，$\pi^{(t+1)}_{1,k} = (\pi^{(t+1)}_{11,k}, \cdots, \pi^{(t+2)}_{1q_1,k})^T$，…，$\pi^{(t+1)}_{q,k} = (\pi^{(t+1)}_{q1,k}, \cdots, \pi^{(t+1)}_{q,q_N,k})^T$。根据图 5.4 中 q 个子准则依存关系的详细描述和影响矩阵 $M^{(v)}_{12,k}$，…，$M^{(v)}_{q1,k}$ 的含义可知 $M^{(v)}_{12,k} \pi^{(t)}_{1,k}) = \pi^{(t)}_{2,k})$，$M^{(v)}_{23,k} \pi^{(t)}_{2,k}) = \pi^{(t)}_{3,k})$，…，$M^{(v)}_{q1,r} \pi^{(t)}_{q,k}) = \pi^{(t+1)}_{1,k})$ 进而有：

$$\begin{cases} M^{(v)}_{q1,k} M^{(v)}_{q-1,q,k} \cdots M^{(v)}_{12,k} \pi^{(t)}_{1,k}) = \pi^{(t+1)}_{1,k}), \\ M^{(v)}_{12,k} M^{(v)}_{q1,k} \cdots M^{(v)}_{23,k} \pi^{(t)}_{2,k}) = \pi^{(t+1)}_{2,k}) \\ \cdots \\ M^{(v)}_{q-1,q,k} M^{(v)}_{q-2,q-1,k} \cdots M^{(v)}_{q1,k} \pi^{(t)}_{q,k}) = \pi^{(t+1)}_{q,k}) \end{cases} \quad (\text{式}5.8)$$

式 5.8 的第 1 个方程中，矩阵 $M^{(v)}_{12,k}$，…，$M^{(v)}_{q1,k}$ 均为列和为 1 的矩阵，根据矩阵代数的知识可知 $M^{(v)}_{q1,k} \cdots M^{(v)}_{q-1,q,k} = Q'$ 也是列和为 1 的矩阵。若将 Q' 作为某随机过程的状态转移矩阵，则该随机过程必具有马尔可夫性或者说是一个马尔可夫过程。因矩阵 $M^{(v)}_{12,k}$，…，$M^{(v)}_{q1,k}$ 中的元素都大于 0，故 Q' 中的元素都大于 0，从而 Q' 为标准随机矩阵。结合上述两方面的事实可知，必然存在非零列向量 $\pi_{1,k}$（$\pi_{1,k} = lim_{t \to \infty} \pi^{(t)}_{1,k}$），$\pi_{1,k} = (\pi_{11,k}, \cdots, \pi_{1q_1,k})^T$ 使得 $Q' \pi_{1,k} = \pi_{1,k}$，又因 $\sum_{\hbar_1=1}^{q_1} \pi^{(t)}_{1\hbar_1,k} = 1$，故 $\sum_{\hbar_1=1}^{q_1} \pi_{1\hbar_1,k} = 1$，进一步可知 $\pi_{1,k}$ 为稳态概率向量[①]。类似地可知，式 5.8 中的其他方程均有稳态概率向量 $\pi_{2,k}$，…，$\pi_{q,k}$，其中 $\pi_{2,k} = lim_{t \to \infty} \pi^{(t)}_{2,k}$，$\cdots \pi_{q,k} = lim_{t \to \infty} \pi^{(t)}_{q,k}$。

上述推理结论表明，图 5.4 中的分析结构以及图 5.2 所示的新分析结构均是稳定的。

第七节　新分析结构下方案评价的价值体系

新分析结构下方案评价的价值体系是指对应于图 5.2 中各系统因素（不包括方案）各水平状态的一组效用偏好值（价值）。其构建方法为：请位专家共同对图 5.2 因素集（方案集除外）中各个因素的各个状态进行偏好判断，

[①] 牛映武：《运筹学》，西安交通大学出版社，2006。

并予以介于 0 – 100 的效用偏好赋值。价值体系主要有以下两方面作用：①它是实现方案评价的基础；②它与系统因素状态的稳态概率相结合，可计算出方案在各系统因素状态上的期望价值和方案在各系统因素上的期望状态或期望状态区间。例如，若指标 s_1 的 3 个状态 L_{11}、L_{12}、L_{13} 的效用偏好值分别为 100、50、0，方案 a_k 在 s_1 的 3 个状态上的稳态概率分别为 0.3、0.4、0.3，则参见下文步骤 4 可知，a_k 在 s_1 状态上的期望价值 $U_k^{s_1} = 0.3 \times 100 + 0.4 \times 50 + 0.3 \times 0 = 50$，进而可知 a_k 在 s_1 上的期望状态为 L_{12}；若方案 a_k 在 s_1 的 3 个状态上的稳态概率分别为 0.1、0.7、0.2，则 $U_k^{s_1} = 0.1 \times 100 + 0.7 \times 50 + 0.2 \times 0 = 45$，进而可知 a_k 在 s_1 指标上的期望状态区间是（L_{12}，L_{13}）。

第八节　方案排序方法

HSICD 系统的方案排序步骤如下所示：

步骤 1：建立如图 5.2 所示的系统新分析结构。

步骤 2：构建如第七节所述的价值体系。

步骤 3：令 $k = 1$。

步骤 4：针对方案 a_k 请专家进行判断，构造出因素集（不包括总目标和方案集）中因素之间的概率影响矩阵（参见第五节）并计算出 a_k 在分析结构各因素状态上的期望价值。若设由对应于 a_k 的概率影响矩阵 $M_{12,k}^{(s)}$，…，$M_{l1,k}^{(s)}$ 计算出的在指标 s_1 上状态 L_{11}，…，L_{1l_1} 的稳态概率为 $\pi_{11,k}^{(s_1)}$，…，$\pi_{1l_1,k}^{(s_1)}$；在方案评价的价值体系中 L_{11}，…，L_{1l_1} 的价值为 $u_{11,k}^{(s_1)}$，…，$u_{1l_1,k}^{(s_1)}$），则 a_k 在 s_1 态上的期望价值计算公式为 $U_k^{(s_1)} = \sum_{j_1=1}^{l_1} \pi_{1j_1,k}^{(s_1)} u_{1j_1}^{(s_1)}$。若 $U_r^{(s_1)} = u_{12}^{(s_1)}$，则可知 a_k 在 s_1 上的期望状态为 L_{12}；若 $U_k^{(s_1)} \in (u_{11}^{(s_1)}, u_{12}^{(s_1)})$，则可知 a_k 在 s_1 上的期望状态区间是（L_{11}，L_{12}）。类似地，可以求出 a_k 在其它因素状态上的期望价值，直到得出 a_k 在 g_1，…，g_n 状态上的期望价值 $U_k^{(g_1)}$，…，$U_k^{(g_n)}$。

步骤 5：令 $k = k + 1$，若 $k \leq K$（K 为待评价方案个数），转步骤 4；若 $k > K$，转步骤 6。

步骤 6：邀请系统决策主体按照 SW 方法确定目标在 g_1，…，g_n 的规一化权重向量（在 ω_1，…，ω_n）。采用 SW 方法确定目标权重的具体做法是：首先，根据 g_1，…，g_n 的状态空间，确定出 2 个假设方案。其中一个假设方案是在每一个目标上都是最差状态,记作最差方案（$L_{1n_1}, \cdots, L_{n,n_H}$）；另一个假设方案是在每一个目标上都是最好状态,记作最好方案（$L_{11}, \cdots, L_{n1}$）。然后,从最差方案出发,让决策者从 n 个目标中挑选出一个最希望首先改进最差方案的目标（设该目标为 g_h）,将其由最差状态 L_{h,n_h} 改进成最好状态 L_{L_h1},并将决策者进行这一改进的价值偏好（相当于 $u_{h1}^{(gh)} - u_{h,n_h}^{(gh)}$）定为 100（称作目标 g_h 的初权）。接下来,对余下目标让决策者仿照前述方法分别改进最差方案,并对每一个目标改进的价值偏好相对于最希望首先改进目标 g_h 的价值偏好（100）做出 0~100 之间的一个数值估计（相应目标的初权）。最后,对得出的所有目标初权进行规一化,得出 $g_1, \cdots, g_n$ 的最终权重向量（$\omega_1', \cdots, \omega_n'$）。

步骤 7：计算出方案 $a_1, \cdots, a_K$ 的相对总效用偏好评价排序值 $\dot{U}_1, \cdots, \dot{U}_K$,并依据 $\dot{U}_1, \cdots, \dot{U}_K$ 的大小对各方案排序。

设 $\delta_1', \cdots, \delta_n'$ 为在目标 $g_1, \cdots, g_n$ 上的状态效用变化（即 $u_{11}^{g_1} - u_{1n_1}^{(g_1)}, \cdots, u_{n1}^{(g_n)} - u_{n,n_H}^{(g_n)}$）相对于某一共同的效用价值尺度的当量系数,则反映方案 a_k（$k = 1, \cdots, K$）优劣的总效用偏好值 $\dot{U}_K'$ 可表述为：

$$\dot{U}_K' = \delta_1' \ (U_k^{(g_1)} - u_{1n_1}^{(g_1)}) \ + \cdots + \delta_n' \ (U_k^{(g_n)} - u_{n,n_H}^{(g_n)}) \qquad (\text{式} 5.9)$$

另外,由 SW 相对重要性权重概念可知：

$$\frac{\delta_2' \ (u_{21}^{(g_2)}) \ - u_{2n_2}^{(g_2)}}{\delta_1' \ (u_{11}^{(g_1)}) \ - u_{1n_1}^{(g_1)}} = \frac{\omega_2'}{\omega_1'}, \cdots, \frac{\delta_n' \ (u_{n1}^{(g_n)}) \ - u_{n,n_H}^{(g_n)}}{\delta_1' \ (u_{11}^{(g_1)}) \ - u_{1n_1}^{(g_1)}} = \frac{\omega_n'}{\omega_1'} \qquad (\text{式} 5.10)$$

令 $\bar{\zeta}' = \delta_1' \ (u_{11}^{(g_1)}) \ - u_{1n_1}^{(g_1)}) / \omega_1'$（显然 $\bar{\zeta}' > 0$）,则由式 5.9 和式 5.10 可知如下表达式成立。即：

$$\dot{U}_k' = \left[\frac{U_k^{(g_1)} - u_{1n_1}^{(g_1)}}{u_{11}^{(g_1)} - u_{1n_1}^{(g_1)}} \omega_1' + \frac{U_k^{(g_2)} - u_{2n_2}^{(g_2)}}{u_{21}^{(g_2)} - u_{2n_2}^{(g_2)}} \omega_2' + \cdots + \frac{U_k^{(g_n)} - u_{n,n_H}^{(g_n)}}{u_{n1}^{(g_n)} - u_{n,n_H}^{(g_n)}} \omega_n' \right] \bar{\zeta}' \qquad (\text{式} 5.11)$$

在式 5.11 中,由于 $\bar{\zeta}'$ 的取值并不影响 $\dot{U}_1', \cdots, \dot{U}_K'$ 之间的排序,因此可定义方案 a_k 的相对总效用偏好评价排序值（即相对效用）$\dot{U}_K$ 为：

$$\dot{U}_K = \frac{U_k^{(g_1)} - u_{1n_1}^{(g_1)}}{u_{11}^{(g_1)} - u_{1n_1}^{(g_1)}} \omega_1' + \frac{U_k^{(g_2)} - u_{2n_2}^{(g_2)}}{u_{21}^{(g_2)} - u_{2n_2}^{(g_2)}} \omega_2' + \cdots$$
$$+ \frac{U_k^{(g_n)} - u_{n,n_H}^{(g_n)}}{u_{n1}^{(g_n)} - u_{n,n_H}^{(g_n)}} \omega_n', k = 1, \cdots, K \qquad (\text{式} 5.12)$$

第九节　理论对比分析

相对于传统 ANP 方法而言，本书给出的新方法主要具有如下优点：

（1）新分析结构和基于新分析结构的层次性整体判断法采用非线性复杂系统理论、整体论与还原论相结合的系统分析方法论，更有利于反映复杂系统非线性、涌现性等特征。一方面，新方法在其分析结构识别时需要按照还原论思维进行系统分解，将系统因素按其属性分解为目标集、准则集（可进一步细分为子准则集）和方案集，以便于专家能比较深入地认识和把握系统结构的局部。另一方面，新方法在对系统局部进行综合时则抛弃了还原论的简单综合思路（即"整体等于部分之和"思路），采用的是层次性整体论分析思路，从下层因素整体组合的角度判断分析它们对上层相关因素的替代、匹配等非线性复杂影响，以反映"部分之和大于整体"的系统关系，从整体上把握系统的涌现与突变特征。这样，依据专家对每个方案所做出的系统状态整体判断而得出的概率影响矩阵便能够因方案的不同而不同，为科学反映系统因素之间的非线性联系提供了有效的技术保证。综合上述两方面可以看出，新方法将还原论与整体论进行了有机的结合，实现了还原论与整体论的辩证统一，从而能够合理地反映复杂系统非线性、涌现性等总体效应特征。而传统 ANP 采用两两比较法判断时，尽管试图反映系统因素之间的依存关系，但在局部子系统判断矩阵（如矩阵、加权矩阵）构造时却与 AHP 一样，认为被比较因素均是独立的、不存在相互作用的，它们对上层因素的作用被认为是一种"部分之和即为整体"的简单还原关系，否定了因素之间相互作用的复杂机理关系，因此无法反映复杂系统问题的非线性、涌现性等特征。

（2）当所研究问题的指标较多、层次较多时，虽然从判断信息的获取方式上看，新方法比传统 ANP 的两两比较判断方式显得繁琐，但从获得相对准确、可靠的判断信息上看，新方法更具科学可行性。传统 ANP 使用的两两比较法，尽管形式上看似简单，但它存在着对因素集内部依存循环依存关系的比较机理混乱、加权矩阵难以构造和因素权重内涵无定义的明显缺陷，由此显而易见它很难保证专家给出的判断信息是比较准确可靠的。相比较而言，新方法采用基于参照系的整体判断法不仅可以提高专家判断信息的科学合理性（其中原因参见优点1），而且更是可行的。这是因为：①通过与参照系对比来划分和判断系统因素状态，使得专家在进行层次性整体判断时能够有一个明确的参照背景，降低了整体判断的难度。层次性整体判断从本质上看是一种直觉判断思维，是人的主观意识对客观事物的本质及其关系的直接反映和理解[①]。从发生的心理机制上看，直觉是外界进入人脑的客体信息与大脑中贮存的与之对应的相似的知识和经验发生"共鸣"的产物，通过"联想"、"类比"和"想象"，最终完成对内在规律与本质的洞察[②]。例如，经典力学的奠基人伽利略曾想象：在一个比冰还要光滑的摩擦系数等于零的平面上，一小球一旦进入运动的状态，且不施加任何外力时，它将无休止地运动下去。通过与"冰的光滑程度"进行联想对比，伽利略发现了著名的惯性定律。由此可见，本文将参照对象的因素状态水平作为参照背景，使专家在整体判断过程中有了参照、联想、类比的基础，从而较好地诱发专家直觉判断的产生。因此，从上述理论分析上看，层次性整体判断法是可行的。②迄今已在诸多领域得到广泛应用的交合分析法，其专家判断信息获取的全景法就是层次性整体判断法[③]，而本文在判断信息获取上所采用的层次性整体判断法实质上即是交合分析全景法在HSICD系统各因素层次上的具体应用。因此，从实际应用上看，层次性整体判断法也是切实可行的。

（3）其使用的权重概念在内涵上是清晰明确的。从本质上看，新方法共使用了两种类型的权重。其一是价值体系中的各个因素，它们的内涵是清晰明确的，即决策主体对系统因素（各方案除外）各个状态的效用偏好；其二是各个目标相对重要性比较的SW权重，它是迄今广泛为国外专家学者所接受的内涵清晰明确的权重概念，其含义是效用偏好的边际替代率。相比较而言，ANP/AHP权重内涵则如前文第三节第2点所述是模糊的、无定义的。

第十节 数值对比分析

作者下面结合某大学2007年管理科学与工程专业免试推荐硕士生优选评

---

① Bowers K S, Regehr G, Balthazard C and Parker K. Intuition in the context of discovery. Cognitive Psychology, Vol. 22, No. 1, 1990, pp. 72~110.

② Bowers K S, Regehr G, Balthazard C and Parker K. Intuition in the context of discovery. Cognitive Psychology, Vol. 22, No. 1, 1990, pp. 72~110.
Allman J M, Watson K K, Tetreault N A and Hakeem A Y. Intuition and autism: a possible role for Von Economo neurons. Trends in Cognitive Sciences, Vol. 9, No. 8, 2005, pp. 367~373.

③ Choo E U, Schoner B, Wedley W C. Interpretation of criteria weights in multicriteria decision making [J]. Computers & Industrial Engineering, 1999, 37 (3): 527~541.

价问题进行了方法应用对比研究。设在该优选评价问题中有三位学生（视作方案 a_1，a_2，a_3）和五位评价专家（这些专家均为研究生指导教师）；显然，该例子的评价目标是选择免试研究生（G）。根据规定的考评要求，评价准则设为学习能力（c_1）和科研能力（c_2），影响学习能力的指标因素包括勤奋程度（s_{11}）、专业成绩（s_{12}）、数学成绩（s_{13}）和外语成绩（s_{14}），反映科研能力的指标包括逻辑思维与表达能力（s_{21}）和科研潜质（s_{22}）；经分析认为，指标集因素（即指标）之间是相互独立的，而准则集因素（即学习能力准则和科研能力准则）存在循环依存关系。

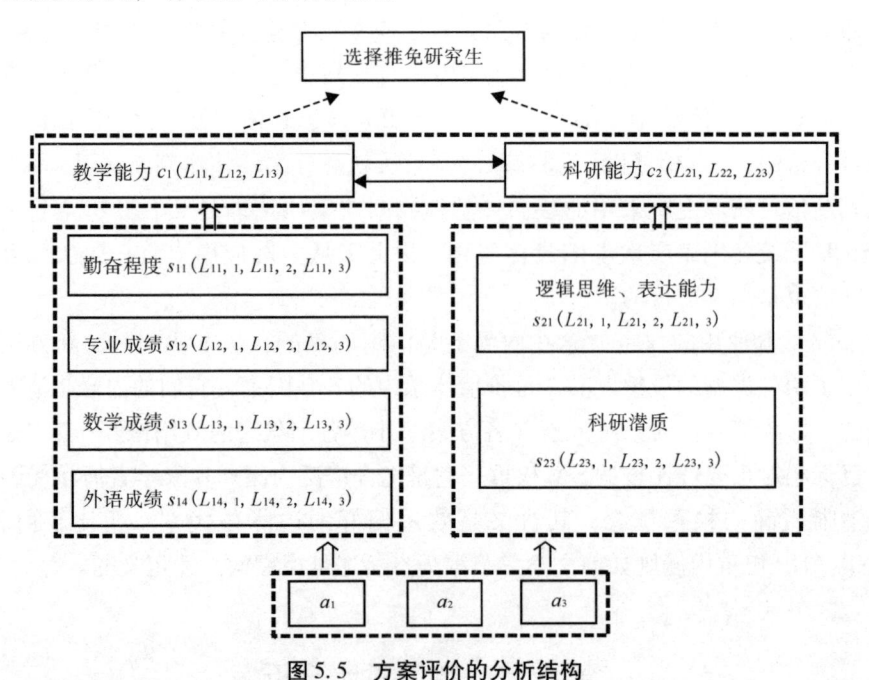

图 5.5　方案评价的分析结构

运用前文给出的方法步骤，首先建立如图 5.5 所示的分析结构，并通过选定五位专家都熟悉的一位 2006 年入学的在读研究生作为参照对象，将参照对象对应方案评价分析结构的各因素实际状态作为参照系，在此基础上对分析结构中各准则和指标可能的取值状态均予以了"比参照学生强"、"与参照学生差不多"和"比参照学生差"三个状态级别划分。然后，请专家判断出各方案在各个指标上所处的状态，从而得出了 a_1，a_2，a_3 在各指标上各个状态的概率（由于该实例中指标之间是相互独立的，因此它们也是稳定概率，见表 5.3 第 3~5 行及 8~10 行前半部分）；根据方案 a_1，a_2，a_3 在各指标上各状态的稳态概率及价值体系中各指标的状态价值（见表5.2第3行后半部分和第6行），计算出了a_1、a_2、a_3在各指标状态上的期望价值（见表5.4），在此基础上确定出了a_1、a_2、a_3在各指标上相应的期望状态或期望状态区间。接下来，针对每个方案，请专家分别基于对c_1、c_2有影响的指标期望状态或期望状态区间，判断出了对应于各方案的概率影响矩阵$M_{12,k}$和$M_{21,k}$（见表5.5），求出了各方案在c_1、c_2上的稳态概率（见表5.3第8~10行后半部分）；由各方案在c_1、c_2上的稳态概率和价值体系中c_1、c_2的状态价值（见表5.2第3行前半部分）计算出了方案a_1、a_2、a_3在c_1、c_2状态上的期望价值（见表5.6第2、第3列）。最后，请专家按照SW的方法确定出了c_1、c_2的规一化权重（其结果是$\omega'_1 = 0.58$、$\omega'_2 = 0.42$），并将得出的上述信息代入到式5.12中，求出了各方案的排序值（见表5.6第4列）。由此可知，基于新方法得出的方案优劣次序为$a_2 > a_3 > a_1$。

表5.2 方案评价的价值体系

因素状态	L_{11}	L_{12}	L_{13}	L_{21}	L_{22}	L_{23}	$L_{11,1}$	$L_{11,2}$	$L_{11,3}$	$L_{12,1}$	$L_{12,2}$	$L_{12,3}$
状态价值	u_{11}	u_{12}	u_{13}	u_{21}	u_{22}	u_{23}	$u_{11,1}$	$u_{11,2}$	$u_{11,3}$	$u_{12,1}$	$u_{12,2}$	$u_{12,3}$
	100	50	0	100	50	0	100	50	0	100	50	0
因素状态	$L_{13,1}$	$L_{13,2}$	$L_{13,3}$	$L_{14,1}$	$L_{14,2}$	$L_{14,3}$	$L_{21,1}$	$L_{21,2}$	$L_{21,3}$	$L_{22,1}$	$L_{22,2}$	$L_{22,3}$
状态价值	$u_{13,1}$	$u_{13,2}$	$u_{13,3}$	$u_{14,1}$	$u_{14,2}$	$u_{14,3}$	$u_{21,1}$	$u_{21,2}$	$u_{21,3}$	$u_{22,1}$	$u_{22,2}$	$u_{22,3}$
	100	50	0	100	50	0	100	50	0	100	50	0

表5.3 方案在指标与目标上的稳态概率

方案	稳态概率											
	$\pi_{11,1,k}$	$\pi_{11,2,k}$	$\pi_{11,3,k}$	$\pi_{12,1,k}$	$\pi_{12,2,k}$	$\pi_{12,3,k}$	$\pi_{13,1,k}$	$\pi_{13,2,k}$	$\pi_{13,3,k}$	$\pi_{14,1,k}$	$\pi_{14,2,k}$	$\pi_{14,3,k}$
a_1	0.6	0.4	0	0.4	0.4	0.2	0.4	0.4	0.2	0	0.6	0.4
a_2	0.2	0.4	0.4	0.2	0.8	0	0.6	0	0.4	0.2	0.6	0.2
a_3	0.6	0.2	0.2	0.4	0.4	0.2	0.2	0.6	0.2	0.4	0.4	0.2

方案	稳态概率									
	$\pi_{21,1,k}$	$\pi_{21,2,k}$	$\pi_{21,3,k}$	$\pi_{22,1,k}$	$\pi_{22,2,k}$	$\pi_{22,3,k}$	$\pi_{11,k}$	$\pi_{12,k}$	$\pi_{13,k}$	$\pi_{21,k}$	$\pi_{22,k}$	$\pi_{23,k}$
a_1	0.2	0.6	0.2	0.6	0.4	0	0.149	0.417	0.434	0.343	0.400	0.257
a_2	0.6	0.4	0	0.4	0.2	0.4	0.541	0.458	0.001	0.707	0.292	0.001
a_3	0.2	0.6	0.2	0.2	0.2	0.6	0.666	0.333	0.001	0.001	0.333	0.666

表5.4　方案在各指标状态上的期望价值

方案	$U_k^{(s11)}$	$U_k^{(s12)}$	$U_k^{(s13)}$	$U_k^{(s14)}$	$U_k^{(s21)}$	$U_k^{(s22)}$
a_1	80	60	60	30	50	80
a_2	40	60	60	50	80	60
a_3	70	60	50	60	50	30

表5.5　针对方案的概率影响矩阵 $M_{12,k}$ 和 $M_{21,k}$

方案	$M_{12,k}$ 调整前	$M_{12,k}$ 调整后	$M_{21,k}$ 调整前	$M_{21,k}$ 调整后
a_1	3/5　2/5　1/5 2/5　2/5　2/5 ε　1/5　2/5	0.5994　0.4　0.2 0.3996　0.4　0.4 0.0010　0.2　0.4	1/5　1/5　ε 3/5　2/5　1/5 1/5　2/5　4/5	0.2　0.2　0.0010 0.6　0.4　0.1998 0.2　0.4　0.7992
a_2	4/5　3/5　1/5 1/5　2/5　3/5 ε　ε　1/5	0.7992　0.5994　0.2 0.1998　0.3996　0.6 0.0010　0.0010　0.2	3/5　2/5　2/5 2/5　3/5　2/5 ε　ε　1/5	0.5994　0.3996　0.4 0.3996　0.5994　0.4 0.0010　0.0010　0.2
a_3	ε　ε　ε 2/5　1/5　ε 3/5　4/5　1	0.0010　0.0010　0.001 0.3996　0.1998　0.001 0.5994　0.7992　0.998	1　4/5　3/5 ε　1/5　2/5 ε　ε　ε	0.998　0.7992　0.5994 0.001　0.1998　0.3996 0.001　0.0010　0.0010

表5.6　方案在准则 c_1 和 c_2 各状态下的期望价值与方案的排序值

方案	$U_k^{(c_1)}$	$U_k^{(c_2)}$	$\dot{U}_k$
a_1	35.74	54.28	0.44
a_2	76.98	85.29	0.80
a_3	83.26	16.74	0.55

考虑到传统 ANP 存在权重内涵无清晰定义的缺陷，下文采用 Choo 等人关于权重内涵的 SW 权重解释和 SW 具体估计程序，基于上文得出的有关数据信息来构造案例对比分析的 ANP 超矩阵，以保证新旧方法对比在基础信息上的可比性。此外，考虑到传统 ANP 存在加权矩阵难以构造的缺陷，作者在下面对比分析中按 SuperDecisions 软件说明运用等权法来构造加权矩阵。

由表5.4第 2~7 列数据可计算出在 $s_{11}, \cdots, s_{22}$ 上各方案相对于零方案（即在各指标上的取值均为"0"的最差方案）的规一化 SW 权向量分别为：

$$(80/190, 40/190, 70/190)^T = (0.421, 0.211, 0.368)^T;$$
$$(60/180, 60/180, 60/180)^T = (0.333, 0.333, 0.333)^T;$$
$$(60/170, 60/170, 50/170)^T = (0.353, 0.353, 0.294)^T;$$

$(30/140, 50/140, 60/140)^T = (0.214, 0.357, 0.429)^T$；

$(50/180, 80/180, 50/180)^T = (0.278, 0.444, 0.278)^T$；

$(80/170, 60/170, 30/170)^T = (0.471, 0.353, 0.176)^T$

依据这些权向量可得出方案集对指标集的影响矩阵（W_{43}）为 $\begin{pmatrix} 0.421 & 0.333 & 0.353 \\ 0.211 & 0.333 & 0.353 \\ 0.368 & 0.333 & 0.294 \end{pmatrix}$。

基于表5.4数据和SW权重定义，计算出 s_{11}，…，s_{14} 之间以及 s_{21}、s_{22} 之间的相对权重分别为 $w_{11}/w_{13} = (60-50)/(80-40) = 0.25$；$w_{11}/w_{12} = (60-60)/(80-40) = 0$；$w_{11}/w_{14} = (60-30)/(80-40) = 0.75$；$w_{21}/w_{22} = (80-50)/(80-30) = 1.667$。由此得出 s_{11}，…，s_{14}、s_{21}、s_{22} 的规一化权向量分别为 $\Gamma'_1 = (w_{11}, w_{12}, w_{13}, w_{14})^T = (0.158, 0, 0.632, 0.210)^T$，$\Gamma'_2 = (w_{21}, w_{22})^T = (0.625, 0.375)^T$。由 Γ'_1 和 Γ'_2 可知，指标集对准则集的影响矩阵（W_{32}）应为 $\begin{pmatrix} 0.158 & 0 \\ 0 & 0 \end{pmatrix}$。

由于准则集中仅有两个相互依存的因素，因此按ANP规定可知准则集内部依存矩阵（W_{22}）为 $\begin{bmatrix} 0 & 1 \\ 1 & 0 \end{bmatrix}$。

由于在前文新方法应用中准则 c_1、c_2 的权重（即 $\omega'_1 = 0.58$、$\omega'_2 = 0.42$）本身就是利用SW程序得出的，因此根据它们可知，准则集对目标集的影响矩阵（向量）$W_{21} = (0.58, 0.42)^T$。

由矩阵 W_{22}、W_{32}、W_{43}、W_{21} 零矩阵和单位阵可构造出如表5.7所示的未加权超矩阵（W）。依据SuperDecisions软件说明可知，针对案例问题的ANP因素集加权矩阵为等权矩阵（Z）。即：

$$Z = \begin{pmatrix} 0 & 0 & 0 & 0 \\ 1 & 0.5 & 0 & 0 \\ 0 & 0.5 & 0 & 0 \\ 0 & 0 & 1 & 1 \end{pmatrix}$$

由 W 和 Z，可得出列随机超矩阵，对其取极限可得出方案 a_1，a_2，a_3 的规一化权向量为 $(0.342, 0.369, 0.289)$。由此可知，基于传统ANP方法得出的方案优劣排序结果为 $a_2 > a_1 > a_3$。

表 5.7 未加权超矩阵 W

	G	c_1	c_2	s_{11}	s_{12}	s_{13}	s_{14}	s_{21}	s_{22}	a_1	a_2	a_3
G	0	0	0	0	0	0	0	0	0	0	0	0
c_1	0.58	0	1	0	0	0	0	0	0	0	0	0
c_2	0.42	1	0	0	0	0	0	0	0	0	0	0
s_{11}	0	0.158	0	0	0	0	0	0	0	0	0	0
s_{12}	0	0	0	0	0	0	0	0	0	0	0	0
s_{13}	0	0.632	0	0	0	0	0	0	0	0	0	0
s_{14}	0	0.210	0	0	0	0	0	0	0	0	0	0
s_{21}	0	0	0.625	0	0	0	0	0	0	0	0	0
s_{22}	0	0	0.375	0	0	0	0	0	0	0	0	0
a_1	0	0	0	0.421	0.333	0.353	0.214	0.278	0.471	1	0	0
a_2	0	0	0	0.211	0.333	0.353	0.357	0.444	0.353	0	1	0
a_3	0	0	0	0.368	0.333	0.294	0.429	0.278	0.176	0	0	1

值得说明的是，在上述 ANP 超矩阵构造过程中，未加权超矩阵（W）是基于新方法得出的状态价值信息（即 $U_k^{(s_{11})}$，…，$U_k^{(s_{22})}$ 和 $U_k^{(c_1)}$、$U_k^{(c_2)}$）按照与两两比较相对重要性权重内涵解释即 SW 权重相对应的 SW 特定程序构造出来的，但若直接使用传统 ANP 的两两比较信息获取模式，则由于上述状态信息并不可知，因此 SW 特定估计程序便失去了可操作性，相应地相对重要性权重的内涵也就失去了清晰性。在这种情况下超矩阵（W）显然是很难甚至更可能是无法予以合理构造的。即使专家能够给出关于（W）的判断结果，也显然会因上述原因而具有很强的主观随意性。换句话说，若要使用传统 ANP 得出合理的判断结果，则必须与新方法一样给出有关因素的状态信息。另外，传统 ANP 不仅需要新方法得出的状态价值信息来构造超矩阵（W），而且还需要获取其它判断信息，以构造事实上难以构造的加权矩阵（Z）或者需要获取其它信息（至于是何种类型的信息从 ANP 理论和实际应用文献上看迄今并不可知）以证实加权矩阵（Z）为等权矩阵这一假定的科学合理性。综合上述两方面可以看出，为得出合理的分析结论，即使传统 ANP 能够分析出各因素的价值状态（迄今为止传统 ANP 并没有给出相应方法），那么它不仅需要新方法所依赖的判断信息，而且还需要依赖其他的、新方法不需使用的相关判断信息；因此，从判断信息获取难易程度上看，新方法比传统 ANP 方法更为容易。

比较新旧方法对方案的最终排序结果可知，虽然由两种方法得出的最优方案均为 a_2，但对方案 a_1 和 a_3 的排序却不同。因此，仅比较上述排序结果并不能判定哪种方法更为合理。为进一步分析两种方法的相对合理性，下文从能否反映决策者价值偏好角度对新旧方法予以敏感性分析。

由于在实际问题中不同专家对同一问题的看法会不尽相同,因此基于这一考虑作者将准则因素(c_1、c_2)的权重之比(即ω_1'/ω_2')分别设置为0.1/0.9、0.2/0.8、…、0.9/0.1,并基于这些偏好信息来考察新旧方法在方案排序上的反应敏感性。对应于上述偏好设置,由新旧方法得出的方案排序结果如下表5.8所示。

表5.8 基于ω_1'/ω_2'的方案排序敏感性分析

ω_1'/ω_2'	0.1/0.9; 0.2/0.8; 0.3/0.7; 0.4/0.6	0.5/0.5; 0.6/0.4; 0.7/0.3; 0.8/0.2; 0.9/0.1
基于新方法的方案排序	$a_2 > a_1 > a_3$	$a_2 > a_3 > a_1$
基于传统ANP方法的方案排序	$a_2 > a_1 > a_3$	

由表5.8可知,当时$\omega_1'/\omega_2' \geq 1$,由新方法得出的排序结果为$a_2 > a_3 > a_1$,当$\omega_1'/\omega_2' \leq 2/3$时,方案优劣排序结果变为$a_2 > a_1 > a_3$;而由传统ANP得出的排序结果则无论$\omega_1'/\omega_2'$在区间[0.1/0.9, 0.9/0.1]上取何值均保持不变。参见表6.3可以看出,在反映学习能力和科研能力的6个指标中,方案a_1和a_3仅在反映学习能力的指标s_{14}和反映科研能力的指标s_{22}上其状态取值存在明显差异,而在其它指标上两方案的取值状态或完全相同或非常接近。因此,若决策者单独从学习能力或更侧重考核学习能力(即$\omega_1'/\omega_2' \geq 1$)来评价方案$a_1$和$a_3$,则在指标$s_{14}$上状态取值明显较大的方案$a_1$应优于方案$a_3$;反之,若决策者单独从科研能力或更侧重于考核科研能力(如$\omega_1'/\omega_2' \leq 2/3$)来评价方案$a_1$和$a_3$,则在指标$s_{22}$上状态取值明显较大的方案$a_3$应优于方案$a_1$。从与这一理论分析结论是否吻合的角度上看,前述由新方法得出的方案排序结果具有完全一致性,而由传统ANP得出的方案排序结果则存在较明显的冲突。由此可见,在能否合理有效地反映决策者价值偏好方面,新方法较之于传统ANP具有更高的敏感性和科学合理性。

综合上述对比分析结果可以看出,新方法不仅在判断信息获取上要比传统ANP方法更为容易可行,而且其得出的评价结论较之于传统ANP方法也更具有科学合理性。

第十一节 本章小结

传统 ANP 对 HSICD 系统方案评价时存在加权矩阵难以构造和判断矩阵元素（权重）内涵无清晰定义和两方面缺陷。为克服上述缺陷，本文通过构建新的系统分析结构、专家判断信息的提取平台和新分析结构下方案评价的价值体系，给出一种系统分析结构稳定的方案排序新方法。新方法有如下三方面优点：其一，新分析结构在对系统因素状态进行划分的基础上，采用层次性整体论思维方式对系统状态自下而上逐层予以判断，从而较好地反映了系统不同层次之间以及同一层次不同因素之间的替代、匹配等复杂非线性关系，揭示出复杂系统突变与涌现行为特征。其二，相对于传统 ANP 方法，可以获得更可靠的判断信息。其三，使用的权重概念在内涵上是清晰明确的。

在专家信息获取与表达方面，新方法与传统 ANP 的区别在于：①专家判断信息获取方式不同。新方法主要采用的是能够反映系统因素复杂联系的层次性整体判断法，而传统 ANP 采用的则是假定被比较因素相互独立的两两比较判断法。②专家判断信息提取平台不同。新方法所采用的是能反映系统因素（各方案除外）之间的联系因方案不同而不同的概率影响矩阵，其中元素表示的是特定条件下元素所处某状态的条件概率，而传统 ANP 所采用的却是不因方案不同而不同的系统因素（各方案除外）之间的两两比较判断矩阵，其中元素表示的是概念缺乏清晰性的两个元素之间的相对重要性权重。

基于数值实例的对比分析结果表明，从为获得合理分析结论上看，新方法所需的判断信息不仅比传统 ANP 少，而且在判断信息获取上要比传统 ANP 更为容易可行。从能否反映决策者价值偏好上看，新方法较之于传统 ANP 法具有更高的敏感性和方案评价排序的科学可靠性。当然，与其他新方法一样，本书所提出的新方法还需今后在大量的实际应用中对其优越性予以进一步检验。

第六章

收益、机会、成本、风险综合集成的非线性 ANP 决策分析方法

第一节 引言

复杂系统决策问题蕴含着大量的无形因素，受这些无形因素的影响，决策方案的收益（Benefits）、成本（Costs）要素在现实中往往难以用实际的货币值来测度，从而使得常规的分析指标如成本收益率（即 Benefits/Costs ratios，简称 B/C 分析）在计算过程中面临着很大的困难。由于传统 ANP 方法是一种将有形、无形因素综合考虑、面向复杂系统决策的多准则评价方法，因此 Saaty 教授认为运用 ANP 技术能够较为理想地进行 B/C 分析，并相应地提出了面向 B/C 分析的 ANP 决策方法，进一步丰富和发展了 ANP 理论。之后，Saaty 教授通过引入负权重的概念[1]，将远期的机会（Opportunities）要素和潜在的风险（Risks）要素纳入到 ANP 决策分析中，提出了更具一般性的 ANP/BOCR 分析模型，其基本结构如下图 6.1 所示[2]。近年来，该模型已经被诸多学者所

---

[1] Saaty T L, Ozdemir M. Negative priorities in the analytic hierarchy process. Mathematical and Computer Modelling, Vol. 37, No. 9~10, 2003, pp. 1063~1075.

[2] Wijnmalen D J D. Analysis of benefits, opportunities, costs, and risks (BOCR) with the AHP‐ANP: A critical validation. Mathematical and Computer Modelling, Vol. 46, No. 7~8, 2007, pp. 892~905.

接受且在诸多领域得到了应用①。例如：Erdogmus 等②不仅采用该模型对土耳其用于居民燃气供应的石油燃气替代品项目进行了综合评价，而且也运用该模型从经济、政治、社会和环境四方面对各种高新技术方案予以了系统的分析。又如，Feglar 等③应用 ANP/BOCR 分析方法改进了最初的经营动机模型（BMM – business motivation model），抛弃了最初构建 BMM 模型时所使用的优势（Strength）、劣势（Weakness）、机会（Opportunities）、威胁（Threat）分析方法（即 SWOT 分析法），同时他们指出，采用 ANP/BOCR 决策方法能够有效克服 SWOT 分析法所存在的内在缺陷，从而极大地提高了企业设计师、各部门经理、工程师以及其他决策者的决策能力。再如，Liang /Li④ 运用 ANP/BOCR 方法提出了一种针对复杂项目选择问题的决策模型。

从表象上看，ANP/BOCR 方法似乎比传统的综合评价方法考虑的系统因素更为全面、评价方法更为科学合理。然而需要特别注意的是，该模型自提出

---

① Erdogmus S, Aras H, and Koc E. Evaluation of alternative fuels for residential heating in Turkey using analytic network process (ANP) with group decision – making. Renewable and Sustainable Energy Reviews, Vol. 10, No. 3, 2006, pp. 269~279.

Erdogmus S, Kapanoglu M, and Koc E. Evaluating high – tech alternatives by using analytic network process with BOCR and multifactor. Evaluation and Program Planning, Vol. 28, No. 4, 2005, pp. 391~399.

Feglar T, Levy J K, Feglar Tom, & Feglar, T Jr. Advances in decision analysis and systems engineering for managing large – scale enterprises in a volatile world: Integrating benefits, opportunities, costs and risks (BOCR) with the business motivation model (BMM). Journal of Systems Science and Systems Engineering, Vol. 15, No. 2, 2006, pp. 141~153.

Saaty T L, Shang J S. Group decision – making: Head – count versus intensity of preference. Socio – Economic Planning Sciences, Vol. 41, No. 1, 2007, pp. 22~37.

Liang C, Li Q. Enterprise information system project selection with regard to BOCR. International Journal of Project Management, Vol. 26, No. 8, 2008, pp. 810~820.

Lee A H I. A fuzzy supplier selection model with the consideration of benefits, opportunities, costs and risks. Expert Systems with Application, Vol. 36, No. 2, 2009, pp. 2879~2893.

② Erdogmus S, Aras H, and Koc E. Evaluation of alternative fuels for residential heating in Turkey using analytic network process (ANP) with group decision – making [J]. Renewable and Sustainable Energy Reviews, 2006, 10 (3): 269~279.

Feglar T, Levy J K, Feglar Tom, & Feglar, T Jr. Advances in decision analysis and systems engineering for managing large – scale enterprises in a volatile world: Integrating benefits, opportunities, costs and risks (BOCR) with the business motivation model (BMM) [J]. Journal of Systems Science and Systems Engineering, 2006, 15 (2): 141~153.

③ Saaty T L, Shang J S. Group decision – making: Head – count versus intensity of preference [J]. Socio – Economic Planning Sciences, 2007, 41 (1): 22~37.

④ Liang C, Li Q. Enterprise information system project selection with regard to BOCR [J]. International Journal of Project Management, 2008, 26 (8): 810~820.

以来也因其存在重大理论缺陷而饱受专家学者的质疑与批判①。比如，Millet/Wedley② 指出成本与风险的乘积（即 C∗R）是没有意义的或不合理的，并且在常规的方案复合权重集成方法中（即（B∗O）/（C∗R））也未将 B，O，C 和 R 四个单网络的相对重要性予以考虑。此外，针对一种带互反运算的 BOCR 权重集成表达式，Millet/Schoner③ 认为，将成本和风险评价值予以互反处理，即将高成本或风险值转化为较低的权重值，这实质上破坏了 ANP 所使用的比率标度，因此会产生混乱的综合排序值。

另外，Wijnmalen④ 指出，传统 ANP 在对 BOCR 复合权重进行综合集成时会因忽视权重之间的匹配性问题而可能导出错误的方案绩效和排序结果。为有效解决 B，O，C 和 R 四个单网络下方案复合权重的综合集成问题，Wijnmalen 提出了一种和商模式的 BOCR 权重集成表达式。然而，该集成表达式也因存在较强的主观随意性而难以令人置信。虽然诸多学者认识到 ANP/BOCR 权重集成时所存在的上述问题，但迄今尚未发现一种具有可操作性的集成方法。由此可见，探索切实可行的 BOCR 复合权重综合集成方法对完善和发展 ANP 方法有着很强的理论与现实意义。

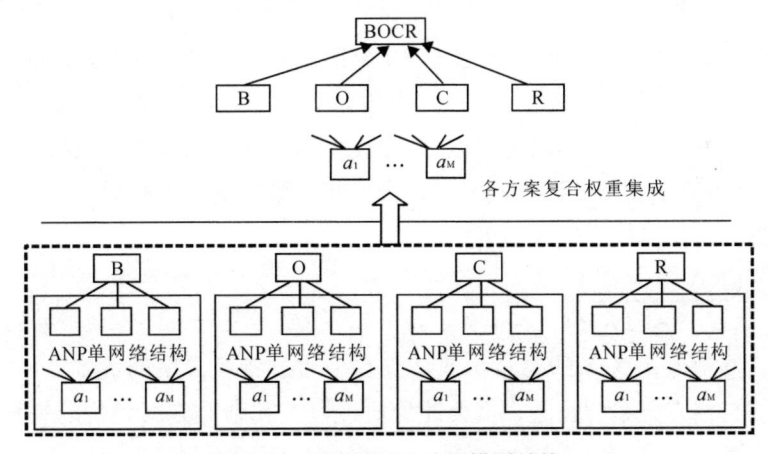

图 6.1　ANP/BOCR 分析模型结构

---

① Keeney R L, Raiffa H. Decisions with Multiple Objectives: Preferences and Value Tradeoffs [M]. New York: Wiley, 1976.

② Millet I, Wedley W C. Modelling risk and uncertainty with the analytic hierarchy process. Journal of Mult-Criteria Decision Analysis, Vol. 11, No. 2, 2002, pp. 97~107.

③ Millet I, Schoner B. Incorporating negative values into the analytic hierarchy process [J]. Computers & Operations Research, 2005, 32 (12): 3167~3173.

④ Wijnmalen D J D. Analysis of benefits, opportunities, costs, and risks (BOCR) with the AHP-ANP: A critical validation [J]. Mathematical and Computer Modelling, 2007, 46 (7~8): 892~905.

下文在首先阐述现有 BOCR 权重集成表达式及其特征的前提下，然后在深入分析现有 ANP/BOCR 权重集成表达式所存在的理论缺陷及其成因的基础上，通过运用 DEA 理论提出一种新的 ANP/BOCR 方案复合权重综合集成方法。

第二节　现有 ANP/BOCR 方案复合权重集成方法及其特征

为避免混淆和表达清晰，下文将在 B，O，C 和 R 四个单网络下 ANP 方案复合权重称作 BOCR 单网络下的 ANP 评价值；将由 BOCR 单网络下的 ANP 评价值和各种 BOCR 集成方法求出的方案复合权重称为 ANP/BOCR 方案综合评价值。Saaty 教授给出了如下 4 种方案 BOCR 综合评价值的计算方法。即：

（1）简单比率集成法。该方法是将各方案的成本和风险评价值视作系统方案的投入、各方案的收益和机会评价值视作相应投入的产出，通过投入产出比来测度方案效率的集成方法。其表达式为：

$$\frac{B_p^i * O_p^i}{C_p^i * R_p^i} \tag{式6.1}$$

其中，B_p^i、O_p^i、C_p^i 和 R_p^i 表示方案 i 分别在 BOCR 单网络下的评价值。

（2）含幂指数的比率集成法。这种方法在简单比率集成法的基础上融入了决策者对 BOCR 单网络的价值偏好，通过将 BOCR 的规一化权重 b、o、c 和 r 分别作为 B_p^i、O_p^i、C_p^i 和 R_p^i 的幂指数来反映决策者的主观偏好信息的一种比率集成方法。其具体表达式如下：

$$\frac{(B_p^i)^b * (O_p^i)^o}{(C_p^i)^c * (R_p^i)^r} \tag{式6.2}$$

（3）含有互反关系的总量集成法。它是通过将各方案的成本、风险评价值的倒数与相应方案的收益、机会评价值进行求和来对方案评价的一种方法。其表达式为：

$$b * B_p^i + o * O_p^i - c * (1/C_p^i) + r * (1/R_p^i) \tag{式6.3}$$

（4）含有加减关系的总量集成法。它是将各方案的成本和风险评价值视作系统方案的投入、各方案的收益和机会评价值视作相应投入的产出，通过产出与投入之差对 BOCR 因素权重进行综合集成的一种方法。其具体的表达式如下所示：

$$b * B_p^i + o * O_p^i - c * C_p^i - r * R_p^i \tag{式6.4}$$

Saaty 教授[153]指出，当使用式 6.1 和 6.2 时，应使式中的分子分母数值保持在同一数量级范围内。换句话说，用几亿的数值去除几角的数值因其值接近于无穷大而会使得该比值毫无意义。因为式 6.1 假设 B，O，C，R 四个子网络是同等重要的，这通常与实际的决策情况并不相符，所以该式只是式 6.2 的一种特殊情形。

当由式 6.2 计算出的方案综合评价值在区间 [0，2] 范围内时，式 6.3 可看作为 6.2 的近似表达式[153]。前文已经指出，式 6.3 已经受到 Millet/Schoner 的批评。事实上，Saaty 教授本人于 2005 年也承认该式存在着理论缺陷。在 6.4 中，由于成本和风险因素将被视为负的评价值而不是正评价值的倒数，因此运用该式进行计算时，最后的方案综合评价值可能是负数，若出现负值则说明该方案为亏损方案，反之则为盈利方案。

需要强调的是，Wijnmalen① 已经明确指出使用上述 4 种方案综合集成表达时可能会得出错误的方案绩效评价，这是因为：上述表达式均忽视了来源于 4 个不同单网络中的评价值会出现相互不匹配的问题。其实 Wedley/Choo/Schoner② 早在运用 AHP 进行 B/C 分析时就注意到评价值之间的不匹配问题，他们认为人们可通过计算各方案的 B/C 值来对各方案进行优劣排序，但是不能通过这些比值来判断方案的绩效。也就是说，即使某方案通过 AHP 方法计算出的 B/C 值大于 1，也不能断定该方案的实际的收益一定大于其付出的成本。为解决上述问题，Wedley 等学者试图通过如下两种提问方式来给出针对方案收益（或成本）评价值的调整（修正）方法。

其一，对于方案的总收益和总成本而言，哪一个更为重要，并且它们之间的相对重要性之比是多少？

其二，对于方案的平均收益和平均成本而言，哪一个更为重要，并且它们之间的相对重要性之比是多少？

显然，上述两种提问方式从某种意义上讲类似于 Choo 等人③关于准则相对重要性权重的 种特定解释（即：所有方案在准则 C_q 和 C_k 上的总（平均）价值哪一个更为重要，并且它们之间的相对重要性之比是多少）。此外，Choo

---

① Wijnmalen D J D. Analysis of benefits, opportunities, costs, and risks (BOCR) with the AHP – ANP: A critical validation [J]. Mathematical and Computer Modelling, 2007, 46 (7 ~ 8): 892 ~ 905.

② Wedley W C, Choo E U, Schoner B. Magnitude adjustment for AHP benefit/cost ratios. European Journal of Operational Research, Vol. 133, No. 2, 2001, pp. 342 ~ 351.

③ Choo E U, Schoner B, Wedley W C. Interpretation of criteria weights in multicriteria decision making [J]. Computers & Industrial Engineering, 1999, 37 (3): 527 ~ 541.

等人曾强调这种特定解释按照传统 ANP/AHP 所使用的两两比较判断模式是很难执行的。由于 Wijnmalen 在对 BOCR 评价值调整时仍是沿用 Wedley 等人提出的调整方法，因此实际上他并未从根本上克服原有调整方法难以进行逻辑判断的内在缺陷。

当 BOCR 单网络评价值修正后，Saaty 教授给出的综合集成方法可转化为如下的表达形式。

（1）修正后的简单比率集成法。它的表达式如下式 6.5 所示。由于该式中分子、分母均进行了求积运算，因此将该集成表达式称为积商比率集成公式。

$$\frac{(s_b * B_p^i) * (s_o * O_p^i)}{(s_c * C_p^i) * (s_r * R_p^i)} \tag{式6.5}$$

其中，s_b，s_o，s_c，s_r 分别表示 BOCR 评价值的匹配性权重，反映的是 B，O，C，R 四个单网络的相对重要性。

（2）修正后的带幂指数的比率集成法。其表达式为：

$$\frac{(s_b * B_p^i)^b * (s_o * O_p^i)^o}{(s_c * C_p^i)^c * (s_r * R_p^i)^r} \tag{式6.6}$$

（3）修正后的含有互反关系的总量集成法。该方法的具体表达式如下：

$$b * s_b * B_p^i + o * s_o * O_p^i + c * [1/(s_c * C_p^i)] + r * [1/(s_r * R_p^i)] \tag{式6.7}$$

（4）修正后的含有加减关系的总量集成法。其表达式如下：

$$b * s_b * B_p^i + o * s_o * O_p^i - c * s_c * C_p^i - r * s_r * R_p^i \tag{式6.8}$$

此外，Wijnmalen 将式 6.5 做了改进，提出了如下所示的综合集成表达式。由于该式中分子、分母均进行了求和运算，因此将该集成表达式称为和商比率集成公式。

$$\frac{(s_b * B_p^i) + (s_o * O_p^i)}{(s_c * C_p^i) + (s_r * R_p^i)} \tag{式6.9}$$

需要说明的是，Wijnmalen 并没有充分的理由证实式 6.9 相对于式 6.5 的优越性，仅仅他认为和商可能比积商更有意义和更易于理解。由此可见，这种合理性解释是较为勉强的。

如果将决策者对 B，O，C，R 四个单网络的主观偏好值添加到式 6.9，那么即可得出如下的含偏好关系的和商比率集成表达式。

$$\frac{b * (s_b * B_p^i) + o * (s_o * O_p^i)}{c * (s_c * C_p^i) + r * (s_r * R_p^i)} \tag{式6.10}$$

第三节　现有 BOCR 评价值综合集成方法的缺陷

作者认为,如前文所述 BOCR 四个维度上的单网络方案评价值在综合集成时存在以下两方面缺陷。

第一,现有针对 BOCR 评价值的综合集成表达式过于主观武断。由于方案在 B,O,C,R 四个维度上的评价值之间的联系机理是隐含的、模糊的,因而这种联系机理实际上是无法予以显性表达的,从而现有假设出的 BOCR 评价值综合集成表达式均具有较强的主观武断性。事实上,因这种主观武断性假设的存在经常会使得由第二节所述集成方法计算出的排序结果自相矛盾。比如,Wijnmalen[①] 指出,当需要测度系统方案的效率时,采用比率集成表达式是较为合适的。在这种情况下,他认为运用积商比率集成法(即式 6.5)与和商比率集成法(即式 6.9)均是可行的,这两种不同的集成方法都能得出正确的方案评价结论。下文作者通过一个数值例子对上述观点予以验证。

假设各方案总的收益、机会、成本和风险评价值均可用实际的货币值来度量。需要说明的是,由于 ANP/BOCR 分析模型中存在大量的无形因素,因此现实中各方案总的收益、机会、成本和风险评价值是难以用货币值予以衡量的。若非如此,我们也无需诉诸 ANP 技术计算 B,O,C,R 单网络下的评价值。因此,这里仅仅是为便于验证 BOCR 集成表达式是否可靠而做出的理想假设。

若设方案在 BOCR 上的货币值是已知的(参见下表 6.1),且 B,O,C,R 四个单网络的重要性是相等的,则可应用式 6.5 或式 6.9 来计算各方案的综合排序值。分别比较由式 6.5 和式 6.9 及其相应的基于货币测度值的比率集成表达式的计算结果可知,这两个表达式与其相应的基于货币测度值的比率集成表达式计算出的排序结果是相等的。这说明若这两个集成表达式能够正确表达 BOCR 的联系机理,则这两个集成表达式均是科学可靠的。其原因在于:

$$\frac{(s_b * B_p^i)*(s_o * O_p^i)}{(s_c * C_p^i)*(s_r * R_p^i)} = \frac{((B_m^i/\Sigma)*(B_m^i/B_m^i))*((O_m^i/\Sigma)*(O_m^i/O_m^i))}{((C_m^i/\Sigma)*(C_m^i/C_m^i))*((R_m^i/\Sigma)*(R_m^i/R_m^i))} = \frac{B_m^i * O_m^i}{C_m^i * R_m^i},$$

且

---

① Wijnmalen D J D. Analysis of benefits, opportunities, costs, and risks (BOCR) with the AHP – ANP: A critical validation [J]. Mathematical and Computer Modelling, 2007, 46 (7~8): 892~905.

$$\frac{(s_b * B_p^i) * (s_o * O_p^i)}{(s_c * C_p^i) * (s_r * R_p^i)} = \frac{((B_m^t/\Sigma) * (B_m^i/B_m^t)) + ((O_m^i/\Sigma) * (O_m^i/O_m^t))}{((C_m^t/\Sigma) * (C_m^i/C_m^t)) + ((R_m^t/\Sigma) * (R_m^i/R_m^t))} = \frac{B_m^i * O_m^i}{C_m^i * R_m^i}$$

其中，上角标 t 表示方案总数，i 表示一个任意方案，m 指的是货币测度值，$\Sigma = (B_m^t + O_m^t + C_m^t + R_m^t)$。

表 6.1 说明 Wijnmalen 理论观点错误的一个反例

	方案 a_1	方案 a_2	方案 a_3	总值
收益货币测度值 B_m^i（$）	1000	800	300	2100
收益权重测度值 B_p^i	0.476	0.381	0.143	
机会货币测度值 O_m^i（$）	450	600	100	1150
机会权重测度值 B_p^i	0.391	0.522	0.087	
成本货币测度值 C_m^i（$）	700	600	200	1500
成本权重测度值 B_p^i	0.467	0.400	0.133	
风险货币测度值 R_m^i（$）	800	500	200	1500
风险权重测度值 B_p^i	0.533	0.333	0.133	
基于货币测度值的积商比率集成表达式（$(B_m^i * O_m^i)/(C_m^i * R_m^i)$）	0.804	1.600	0.750	
基于权重测度值的积商比率集成表达式（即式(8-6)）	0.804	1.600	0.750	
排序次序	2	1	3	
基于货币测度值的和商比率集成表达式（$(B_m^i + O_m^i)/(C_m^i + R_m^i)$）	0.967	1.273	1.000	
基于权重值的和商比率集成表达式（即式(8-10)）	0.967	1.273	1.000	
排序次序	3	1	2	

从表 6.1 可以看出，使用式 6.5 和式 6.9 得出的方案排序结果分别为 $a_2 > a_1 > a_3$ 和 $a_2 > a_3 > a_1$。由此可见，由这两个表达式得出的方案排序不完全相同。此外，由表 6.1 可知，按照式 6.5 的计算结果可知，a_3 却是一个既不亏损也不盈利（即位于盈亏平衡点上）的方案。

按照 Wijnmalen 的理论观点，式 6.5 和式 6.9 均能够得出正确的方案排序和方案绩效表示。显然这与上述分析结果矛盾，从而说明其给出的理论观点存在明显错误。

第二，调整权重（即 s_b, s_o, s_c, s_r）是难以确定的。虽然许多学者已经意识到（包括 Saaty 教授本人）因 B，O，C，R 维度上方案评价值之间的不匹配性而可能导致最终的方案评价结论错误，但目前来看，由于分析者凭借自身的知识结构、知识水平以及专业长期积累下的宝贵经验无法判断方案在某准则属性上总的（平均的）货币测度值，因此已有确定调整权重的方法尽管理论上是可行的，但明显缺乏实际应用的可操作性。尽管一些学者（如 Wedley[1] 和 Wijnmalen[2] 争论这种难题可用 Linking–pin 技术来加以解决，但他们并未注意到如下两方面的事实。一方面，Choo[3] 早已指出，使用 Linking–pin 方法来确定准则权重是很困难的，如果不是不可能的话，那么也必须知道隐含的权重测度单位，即需要依赖特定的比较程序予以确定，而这一要求在传统的 ANP 两两比较判断模式下是很难实现的。另一方面，迄今 Linking–pin 也没有给出针对 ANP 复杂问题分析结构的解决方法。综合上述两方面事实可知，使用 Linking–pin 技术也并不能合理解决调整权重难以确定的现实问题。

为克服上述缺陷，下文给出一种针对非线性 ANP/BOCR 单网络评价值的综合集成方法。

第四节 单网络评价值综合集成方法

分析式 6.3 和 6.10 可知，现行 BOCR 方案评价值综合集成方法从经济学上看其本质均反映的是针对系统方案的"绝对测度"，然而这种绝对测度方式因存在如上一部分所示的缺陷而可能得出错误的方案优劣排序结论。事实上，方案的优劣性可运用 DEA 测度方案相对效率的方法予以评价。这是因为，DEA 是评价具有多输入、多输出决策单元间相对有效性的一种非参数统计估

---

[1] Wedley W C, Choo E U, Schoner B. Magnitude adjustment for AHP benefit/cost ratios [J]. European Journal of Operational Research, 2001, 133 (2): 342~351.

[2] Wijnmalen D J D. Analysis of benefits, opportunities, costs, and risks (BOCR) with the AHP–ANP: A critical validation [J]. Mathematical and Computer Modelling, 2007, 46 (7~8): 892~905.

[3] Choo E U, Schoner B, Wedley W C. Interpretation of criteria weights in multicriteria decision making [J]. Computers & Industrial Engineering, 1999, 37 (3): 527~541.

计方法[①]，它根据对各 DMU 观察的数据判断 DMU 是否为 DEA 有效，本质上是判断 DMU 是否位于生产可能集的"生产前沿面"上，即判断 DMU 是否达到 Pareto 最优。由此可见，该方法不需要人们预先识别输入、输出数据间的内在联系机理，而是直接利用输入、输出数据建立非参数的 DEA 模型，通过求解模型得出的结果来判断 DMU 是否为 Pareto 最优。

基于上述理论认识，下文提出一种 BOCR 评价值综合集成的、最具一般性的非线性 ANP 决策方法，其具体实现步骤如下所示。

步骤 1：决策问题识别。这一步需要识别出影响决策问题的各种因素、子因素以及它们之间的内在联系，另外也需了解各备选方案的实际情况。

步骤 2：在步骤 1 的基础上，从 B，O，C，R 四个维度分别单独构造针对决策问题的非线性 ANP 评价子网络。在各子网络下，依据识别出的评价准则、子准则等系统因素之间的内在联系，确定出各类因素集之间以及因素集内部因素之间的影响关系，从而构造出系统方案评价的 B，O，C，R 单网络模型结构。

步骤 3：分别在 B，O，C，R 单网络下，运用第 3 章到第 5 章所述非线性 ANP 评价方法对各单网络下系统方案进行评价，最后计算出在 B，O，C，R 单网络下，方案 i ($i=1, \cdots, M$, M 为系统方案数，其中包括系统决策者最熟悉的两个方案：如该决策者所在企业及其主要的竞争企业) 的规一化评价值 B_p^i、O_p^i、C_p^i 和 R_p^i。

步骤 4：基于单网络下的 B，O，C，R 评价值构造方案评价的 DEA 评价模型。若决策者需要得出系统的比率集成结果，则应使用如下的 CCR 模型：

$$max\ h_{l''} = w_b B_p^{l''} + w_o O_p^{l''},\ l'' = 1, \cdots, M \qquad (式6.11)$$

$$s.t. \begin{cases} w_b B_p^i + w_o O_p^i - w_c C_p^i - w_r R_p^i \leq 0,\ i=1, \cdots, M, \\ w_c C_p^{l''} + w_r R_p^{l''} = 1, \\ w_b,\ w_o,\ w_c,\ w_r \geq \varepsilon \end{cases}$$

若决策者需要得出系统的总量集成结果，则应考虑如下的 BCC 模型：

$$max\ h_{l''} = w_b B_p^{l''} + w_o O_p^{l''} - \mu_0,\ l'' = 1, \cdots, M \qquad (式6.12)$$

$$s.t. \begin{cases} w_b B_p^i + w_o O_p^i - w_c C_p^i - w_r R_p^i - \mu_0 \leq 0,\ i=1, \cdots, M, \\ w_c C_p^{l''} + w_r R_p^{l''} = 1, \\ w_b,\ w_o,\ w_c,\ w_r \geq \varepsilon,\ \mu_0 \in E^1 \end{cases}$$

[①] 魏权龄：《数据包络分析》，科学出版社，2004 年．

在模型 6.11 和 6.12 中，将方案 i 视作决策单元 DMU_i，M 为决策单元数；B_p^i、O_p^i 作为 DMU_i 的输入数据，C_p^i 和 R_p^i 视作 DMU_i 的输出数据；w_b、w_o 和 w_c、w_r 分别是相应输出、输入的虚拟权重。$h_{i'}$ 的最优值是被评价决策单元 $DMU_{i'}$ 的相对效率评价值。

步骤 5：基于 SW 方法构造虚拟权重的置信域约束。具体做法如下：首先，记 $B_{p,t}^i = min$（B_p^1，B_p^2，…，B_p^M），$O_{p,t}^i = min$（O_p^1，O_p^2，…，O_p^M），$C_{p,t}^i = min$（C_p^1，C_p^2，…，C_p^M），$R_{p,t}^i = min$（R_p^1，R_p^2，…，R_p^M）；$B_{p,h}^i = max$（B_p^1，B_p^2，…，B_p^M），$O_{p,h}^i = max$（O_p^1，O_p^2，…，O_p^M），$C_{p,h}^i = max$（C_p^1，C_p^2，…，C_p^M），$R_{p,h}^i = max$（R_p^1，R_p^2，…，R_p^M）。根据决策者最熟悉的两个方案 $a_{j''}$、$a_{k''}$（j''，$k'' \in [1, M]$）的评价值 $B_p^{j''}$，$O_p^{j''}$，$C_p^{j''}$，$R_p^{j''}$ 和 $B_p^{k''}$，$O_p^{k''}$，$C_p^{k''}$，$R_p^{k''}$，确定出 2 个假设情景。其中一个假设情景是在 B，O，C，R 四个维度上的评价值都是最小值，记作最差情景（$B_{p,t}$，$O_{p,t}$，$C_{p,t}$，$R_{p,t}$）；另一个假设情景是在 B，O，C，R 四个维度上的评价值都是最大值，记作最好情景（$B_{p,h}$，$O_{p,h}$，$C_{p,h}$，$R_{p,h}$）。然后，从最差情景出发，请决策者从 B，O，C，R 四个维度中挑选出一个最希望首先改进最差情景的维度（设为收益维度），将其由最小值 $B_{p,t}$ 改进成最大值 $B_{p,h}$，并将专家进行这一改进的价值偏好（相当于 $B_{p,h} - B_{p,t}$）定为 100。接下来，对余下的维度请决策者仿照前述方法分别改进最差情景，并对每一个维度评价值改进的价值偏好相对于在收益评价值上的改进偏好做出介于 0 和 100 之间的一个区间估计，记为 $[\ddot{x}_t, \ddot{x}_h]$，$\ddot{x} \in (o, c, r)$。最后，依据文献 [146] 可以推出模型 6.11 或 6.12 在两个熟知方案摆动幅度下虚拟权重的置信域约束。其具体表达式为：

$$\ddot{x}_t/100 \leq w'_{\ddot{x}}/w'_b \leq \ddot{x}_h/100, \quad \ddot{x} \in (o, c, r) \quad \text{（式 6.13）}$$

由于在两个熟知方案评价值摆幅度下的价值偏好与在所有方案评价值摆幅下的价值偏好成正比，因此下式 6.14 成立。式 6.14 中，当变量 $\ddot{x}$ 分别取 o，c，r 时，变量 $\ddot{X}$ 相应地取为 O，C，R。

$$w'_{\ddot{x}}/w_{\ddot{x}} = (\ddot{X}_{p,h} - \ddot{X}_{p,t})/(X_{p,h}^i - X_{p,t}^i), \ddot{x} \in (o,c,r), \ddot{X} \in (O,C,R) \quad \text{（式 6.14）}$$

$$w'_b/w_b = (B_{p,h} - B_{p,t}) / (B_{p,h}^i - B_{p,t}^i)$$

将式 6.14 代入到式 6.13 中，可得出模型 6.11 或 6.12 在所有方案摆幅下虚拟权重的置信域约束。基表达式如下：

$$\frac{\ddot{x}_t}{100}\left[\frac{(B_{p,h}-B_{p,t})(X_{p,h}^i-X_{p,t}^i)}{(B_{p,h}^i-B_{p,t}^i)(\ddot{X}_{p,h}-\ddot{X}_{p,t})}\right] \leq \frac{w_{\ddot{x}}}{w_b} \leq \frac{\ddot{x}_h}{100}\left[\frac{(B_{p,h}-B_{p,t})(X_{p,h}^i-X_{p,t}^i)}{(B_{p,h}^i-B_{p,t}^i)(\ddot{X}_{p,h}-\ddot{X}_{p,t})}\right] \quad \text{（式 6.15）}$$

步骤6：将式6.15添加到式6.11或6.12中，构造出含有置信域约束的DEA模型，并依据该模型计算出的相对效率值对各方案进行排序。若评价结果中仅有一个有效的决策单元，停止；否则转下一步。

步骤7：利用交叉有效排序方法对决策单元进行区别。关于交叉有效排序方法的详细介绍参见前文第一章第四节。

第五节　数值对比分析

设针对某复杂决策评价问题运用传统ANP决策方法计算出了如下表6.2所示的各方案规一化单网络评价值。

表6.2　在B，O，C，R维度上各方案的规一化评价值及其总量集成排序值

方案	收益（B）	机会（O）	成本（C）	风险（R）
a_1	0.225	0.318	0.216	0.201
a_2	0.321	0.216	0.364	0.318
a_3	0.298	0.134	0.281	0.217
a_4	0.156	0.332	0.139	0.264

按照Saaty教授给出的传统ANP决策方法，设由专家判断出B，O，C，R为：$b=0.329$，$o=0.231$，$c=0.256$，$r=0.184$。

为了对传统ANP/BOCR方案排序方法与本书提出的新方法予以对比分析，这里不妨设各方案单网络评价值均能用实际的货币值来测度。为此，表6.3给出了两种不同的情景，虽然这两种不同情景中的B，O，C，R货币测度值完全不同，但是它们都能产生与表6.2相同的方案排序权重（其中原因详见第四节方案复合权重与方案货币测度值之间的理论关系，这里仅通过一个具体数据的计算方法来予以说明，比如：在情景1中方案a_1的收益复合权重计算方法为：1350/（1350+1926+1788+936）=0.225。按照基于货币测度值的总量集成表达式，计算出了在情景1和情景2下各方案的优劣排序分别为$a_1 > a_4 > a_3 > a_2$和$a_4 > a_1 > a_3 > a_2$（参见表6.3第8和第15行）。由此可知，情景1和情景2反映的是两种不同的客观排序机理。

基于表6.2数据以及BOCR的相对权重值，按照Saaty教授提出的总

量集成表达式（6.4）求出了情景1和情景2下方案 a_1，a_2，a_3，a_4 的综合排序值分别为 0.055、0.004、0.017 和 0.044（见表6.4 第2和第3列），从而可知各方案的相对优劣排序均为 $a_1 > a_4 > a_3 > a_2$。由于Saaty教授提出的方案综合集成方法无法对两种不同的系统客观机理（即情景1和情景2）予以甄别，因此传统的对BOCR评价值的总量集成方法是错误的。

表6.3　在两种不同情境下均能产生表6.2复合权重的BOCR货币测度值

	方案 a_1	方案 a_2	方案 a_3	方案 a_4
情景1： 综合收益（万元） 综合机会（万元） 综合成本（万元） 综合风险（万元）	1350 1590 1188 402	1926 1080 2002 636	1788 670 1546 434	936 1660 764 528
$b*B_m^i + o*O_m^i - c*C_m^i - r*R_m^i$	433.344	253.598	267.581	398.540
排序次序	1	4	3	2
情景2： 综合收益（万元） 综合机会（万元） 综合成本（万元） 综合风险（万元）	1125 1908 1728 603	1605 1296 2912 954	1490 804 2248 651	780 1992 1112 792
$b*B_m^i + o*O_m^i - c*C_m^i - r*R_m^i$	257.553	-93.587	-19.338	286.372
排序次序	2	4	3	1

表6.4　新旧两种方法得出的在情景1、2下的各方案综合排序值

方案	Saaty方法		本书提出的方法	
	情景1	情景2	情景1	情景2
a_1	0.055	0.055	1	0.935
a_2	0.004	0.004	0.390	0.411
a_3	0.017	0.017	0.672	0.872
a_4	0.044	0.044	0.893	1

相比较而言，按照本书提出的新方法，基于表6.3数据和SW权重定义，

求出了情景1下维度B，O，C，R之间的相对权重分别为：w_b^1/w_o^1 =（1660 – 670）/（1926 – 936）= 1；w_c^1/w_o^1 =（1660 – 670）/（2002 – 764）= 0.8；w_r^1/w_o^1 =（1667 – 670）/（636 – 402）= 4.23。在情景2下维度B，O，C，R之间的相对权重分别为：w_b^2/w_o^2 =（1992 – 804）/（1605 – 780）= 1.44；w_c^2/w_o^2 =（1992 – 804）/（2912 – 1112）= 0.66；w_r^2/w_o^2 =（1992 – 804）/（954 – 603）= 3.38。将表6.3（或表6.2）中的基础数据代入到模型（6.12），依据上面求出的B，O，C，R之间的相对权重值构造出了DEA虚拟权重的置信域约束，并将这些约束条件添加到（6.12）中，从而计算出了在情景1和情景2下方案a_1，a_2，a_3，a_4的相对效率排序值分别为1、0.390、0.672、0.893和0.935、0.411、0.872、1（参见表6.4最后2列）。显而易见，在情景1和情景2下各方案的综合排序分别为：$a_1>a_4>a_3>a_2$和$a_4>a_1>a_3>a_2$。分析由本书提出方法得出的不同排序结果可知，本文所给出的BOCR评价值集成方法能够切实反映情景1和情景2下两种不同的客观排序机理，因而该方法是科学合理的。

特别需要指出的是，由于DEA方法的有效性与输入、输出数据的量纲无关，因此在上述新方法的应用过程中，使用表6.3假设的方案实际货币评价值和表6.2所示的方案评价值作为模型（6.12）的输入、输出数据都是可行的，它们都能得出相同的方案排序结果，换句话说，在B，O，C，R四个维度上各方案的评价值是否匹配（即在不同维度上评价值"1"的含义是否相同）并不影响新方案的综合排序结果。因此，从这个视角看，也能够充分体现出新方法相对于传统方法的优越性。

第六节　本章小结

在面向B/C分析的ANP方法基础上，Saaty教授通过增加了C和R两个维度，提出了更具一般性的、面向B，O，C，R四个维度方案评价值综合集成的ANP决策方法。然而，由于该决策方法不仅沿用的是没有清晰内涵定义的ANP相对重要性权重概念，而且在对B，O，C，R四个维度下的方案评价值进行综合集成时也因忽视不同维度下评价值之间极有可能出现不匹配性问题（即同样的评价值在不同的维度下可能表征不同的涵义）而得出错误的方案排序结果，因此自该决策方法提出以来饱受专家学者的批评与指责①。关于 ANP/BOCR 方法中可能出现 BOCR 评价值的不匹配性问题，Saaty 教授虽然在其出版的专著中承认了人们对该缺陷问题的指责是正确的（参见文献［153］第 230 页），但遗憾的是在其最新的 ANP 研究成果中并未对该理论缺陷予以任何改进。为解决上述问题，新西兰学者 Wijnmalen 试图添加评价值调整权重对原有集成方法进行修正。尽管他声称采用修正后的两种比率集成方法（即积商法与和商法）均能得出正确的方案排序结果，然而一个简单数值例子验证的结果却显示这两种方法得出了不同的方案排序结果，这表明 Winmalen 的上述理论观点也是错误的。由此可见，如何科学合理地给出一种针对单网络评价值的综合集成方法是目前亟待解决的一个重要研究课题。

  为科学解决这一极具理论与实践意义的理论难题，在深入调查已有 ANP/BOCR 方案评价值综合集成方法的基础上，作者认为，现有 ANP/BOCR 方案评价值综合集成方法不仅存在评价值修正权重难以确定的问题，而且从深层次的视角看，即使评价值修正权重能够予以确定，现有的综合集成表达式也具有较强的主观武断性。这是因为：在 B，O，C，R 四个维度上方案评价值之间的联系机理是隐含的、模糊的，这种联系机理实际上是无法予以显性表达的。为克服上述缺陷，此文基于 DEA 理论，提出一种针对 BOCR 评价值综合集成的非线性 ANP 决策新方法。与现有集成方法相比，本书给出的新方法主要有如下三方面优点。第一，不需要考虑评价值之间的匹配性问题。由于 DEA 的对方案有效性的测度与评价值之间的量纲无关，因而评价值之间是否匹配对新方法最后的方案排序结果没有任何影响，从而有效克服了原有集成方法评价值调整权重难以确定的缺陷。第二，采用 DEA 测度方案的"相对效率"，无需主观假设隐性的、难以识别的评价值之间的联系机理。由于新方法仅需要依据方案在 BOCR 单网络下的评价值建立各待评方案的输入、输出数据，而无需清楚评价值之间的内在机理联系，因此有效克服了现有 BOCR 集成表达式对方案的"绝对测度"过于主观武断的内在缺陷。第三，采用摆幅置权区间估计方

---

  ① 王正林，龚纯，何倩：《精通 MATLAB 科学计算》，电子工业出版社，2007 年.
  Liang C, Li Q. Enterprise information system project selection with regard to BOCR ［J］. International Journal of Project Management, 2008, 26（8）: 810~820.
  Lee A H I. A fuzzy supplier selection model with the consideration of benefits, opportunities, costs and risks ［J］. Expert Systems with Application, 2009, 36（2）: 2879~2893.

式比现有 BOCR 权重集成方法所使用的点估计方式更能反映出系统决策者在判断 B，O，C，R 相对重要性权重时面临的不精确性和模糊性。算例对比分析的结果表明，书提出的单网络评价值综合集成方法比传统 ANP/BOCR 集成方法更具有科学合理性，有着较强的实际应用可操作性。

第七章

理论方法的实证应用研究

第一节　非线性 AHP 方法在企业战略投资项目风险评价中的应用

为落实国家关于钢铁行业的有关方针政策以及提升产品的市场竞争能力，某钢铁公司拟开发一战略投资项目。下文在介绍该项目背景的基础上，通过运用第 4 章所述的非线性 AHP 决策方法，对各投资子项目从建设初期到竣工投产整个过程中的总体风险进行综合评价，以便决策者对各子项目采取相应的风险管理策略，从而更好地对项目风险进行管理。

一、项目背景介绍

某钢铁集团有限公司是国内重点钢铁联合企业，多年来为我国钢铁工业的发展做出了重要贡献。改革开放以来，特别是通过"七五"、"八五"较大规模的改扩建和"九五"前 3 年的技术改造，该公司的生产建设取得了长足的发展，在原来以炼钢、轧钢为主的基础上建设成为一个工序配套、工艺合理的特大型钢铁联合企业，目前已拥有配套完善的矿山、炼铁、炼钢、焦耐、制氧等主体单位和机修、运输、建筑安装、科研设计等辅助单位。主要产品为线材、中小型材、带钢、焊管等。2005 年末该公司的总资产为 160.5 亿元、2006 年产商品材坯 352.9 万吨，产品销售收入 71.8 亿元，产品利税 7.8 亿元，其中利润 3.6 亿元。

随着经济的飞速发展和社会的不断进步，我国各行各业都得到了高度发展和快速增长。特别是随着国家技术创新体系的实施和电子商务新技术的发展，企业的战略投资机会明显增多。

2006 年，在国内外钢铁市场旺盛需求的拉动下，我国钢铁工业继续保持了较快发展的态势,全国粗钢产量迈上了超过4亿吨的新台阶。钢铁企业坚持以市场为导向,以销定产的方针,自觉把握和调整生产节奏,使国内钢材市场的供需状况基本平衡,全行业整体上取得了较好的经营效益。

从近几年钢铁行业生产经营的状况看,总体经营状况还不错。然而应该看到,制约钢铁行业生产经营的某些问题,还没有从根本上得到解决。主要是铁路运输的限制在个别时段、个别地区仍然存在,2006年钢铁协会先后为鞍钢、本钢、武钢、湘钢、新冶钢等企业,多次与铁道部进行协调,以解决煤炭的铁路运输救急问题;2006年有11个国家制定了27项反倾销、反补贴等条例对我国钢铁企业进行调查,贸易摩擦矛盾增加;钢铁企业销售策略和定价机制,与流通商的协调机制和手段,还没能科学规范地建立起来;以及在建项目规模仍然偏大,产能增长过快等问题,对钢铁企业生产经营稳定都将产生不同程度的影响。另一方面,钢铁生产的大宗炉料铁矿石、铁合金、进口废钢、煤、电、油、运等,将继续呈现价格上涨的趋势,生产成本增加的压力没有缓解。此外,节能降耗、改善环保、淘汰落后等的目标任务,还十分艰巨。因此,各钢铁企业必须做好充分的思想准备,采取更加有效的风险防范措施,迎接新的挑战。

钢铁行业作为地方的主要支柱产业之一,在推动经济发展、优化产业结构、安排就业、维护社会稳定等方面发挥了重要作用,已成为带动国民经济和社会发展的重要行业。2006年国家公布的11个产能过剩行业中,钢铁行业列于首位,已成为国家宏观控制的重点。

从区域钢铁行业的发展情况看,主要存在如下问题。

一是钢铁产业分散,竞争力不强。主要表现在钢铁产业生产能力较弱,集中度低,尤其是数量众多的钢铁企业在一定程度上仍然在靠规模走粗放式经营发展的路子,使得产业结构调整难度加大,重复建设难以得到有效控制,企业自主创新能力薄弱,淘汰落后生产能力工作进展缓慢,同时由于缺乏引领和稳定市场的主导力量,加剧了企业之间的无序竞争,市场价格波动幅度大。

二是环境污染没有得到有效解决。调查显示,现有区域规模以上的钢铁项目,大多用的是国内钢铁行业技术更新改造后的设备,炼钢连铸比、高炉利用系数、电炉钢冶炼电耗、高炉合格铁入炉焦比等主要技术经济指标,均低于全国平均水平,并且在生产能力高速增长的同时,煤、电、水、矿等资源消耗总量增大,烟尘、粉尘、二氧化硫等主要污染物的吨钢铁排放量均高于全国平均水平,对生态环境造成较大的损害。

三是对金融机构的依赖程度加剧。区域实力强且经营效益好的企业，是金融机构信贷营销的首选。间接融资规模的进一步扩大，导致银行贷款的到位情况成为制约企业发展战略和速度的瓶颈，在宏观调控背景下，一旦银行银根收缩，企业生产经营的资金链将紧绷或断裂。

四是钢铁行业的升级换代困难加大。国家明确要求，2007年前重点淘汰200立方米及以下高炉、20吨及以下转炉和电炉的落后能力，从区域钢铁企业看，虽然许多不在淘汰之列，但升级更新却存在困难，一方面，钢铁行业是国家重点宏观调控行业，为规避可能形成的风险，金融机构可能不同程度地压缩对钢铁行业的信贷投放，企业升级换代所需要的资金支持将受到严格控制；另一方面，随着信贷权限的上收，基层金融机构信贷自主权受到约束，钢铁企业因升级所需要的土地扩建、环保核准将受到重点审查，因此，区域钢铁企业在产业调整、工艺升级等方面的困难将加大。

2007年钢铁行业发展面临的主要任务是：

（1）要坚定不移地运用多种有效手段，淘汰、改造落后产能。其一是政府执行部门要加大执法力度，通过环保、土地、质量、税收、安全等执法工作，规范落后生产能力企业的生产经营行为；其二是认真贯彻国家政策，加强投资管理，通过高水平、高起点技术改造，等量或超量淘汰落后生产能力；其三是全面落实差别政策，切实做好差别水价、电价征收工作，有效调节落后能力生产成本，迫使其尽快退出市场。

（2）坚定不移地抓好产品结构调整。优化产品结构是钢铁工业实现由大变强的关键环节。要引导企业以市场需求为导向，结合企业实际，找准产品定位，不断提高产品竞争力。一方面要巩固长材产品的现有市场份额，实行专业化、精品化生产，增加Ⅲ级以上高等级螺纹钢、高档优质线材、优质钢棒材、经济断面型钢等高效钢材产量；另一方面要大力发展优质板带类钢材，提高中厚板、热轧薄板、冷轧薄板和涂层板材生产技术水平，开发优质船用板、石油行业用板、汽车家电用板等高档板带产品。

（3）加快重点骨干企业技术改造步伐，突出抓好钢铁生产共性关键技术创新攻关，开发具有自主知识产权的工艺技术，提高企业技术装备水平。进一步加快钢铁工业自主创新体系建设，一方面充分发挥企业作为创新主体的作用，健全企业技术开发中心，加大技术开发资金投入，建立技术创新激励机制；另一方面通过实施"借脑工程"，组织产学研联合攻关，建立产学研密切结合的技术创新体系，使全省钢铁工业走上一条掌握更多专有核心技术，拥有更多自主知识产权，涌现更多名牌产品的发展之路。各级政府要进一步加大对企业自主创新活动的支持力度，进一步提高服务意识，保证有关自主创新各项政策真正落实到位。

（4）坚定不移地发展循环经济。按照国家关于钢铁工业发展循环经济的指导思想、遵循原则、发展目标和措施。各钢铁企业要切实做好落实工作，把结构调整和发展循环经济有机结合起来，按照"减量化、再利用、资源化"的要求，加快技术改造，优化工艺配置，围绕清洁生产和资源节约与综合利用，建立钢铁生产过程的工业生态循环系统，使钢铁业尽快走上一条生产发展与环境保护并重、经济效益和社会效益共赢的发展道路。

（5）坚定不移地运用两个市场、两种资源。全行业要坚持以销定产，以销促产，大力开拓东南亚、非洲市场，规避贸易摩擦；为保证钢铁工业的可持续健康发展，解决矿石稳定供应，在加大国内矿山开发力度的同时，更要重视开发国外铁矿资源，有条件的大型企业可到境外采取独资、合资、合作、购买铁矿资源等方式，建立稳定的铁矿供应渠道。

为了进一步调整产品结构，淘汰落后工艺，该公司准备筹建国家短缺的超薄带钢生产线。该生产线包括钢水精炼设施、薄板坯连铸系统、连轧系统，主要设备有：炉外精炼（HTB、LF 钢包炉）；薄板坯连铸机一台；摆成剪一台；辊底式炉一座；粗轧机及精轧机机组；高速飞剪、卷取机；平整分卷线组成；年产合格热扎卷 150 万吨，生产所用原料（钢水）由该公司现有转炉生产。年需合格转炉钢水 155.8 万吨，该项目投资巨大，预计建成后能满足市场需求、提高企业的经济效益。

该项目建设期 3 年、生产期 20 年、经济预算周期 23 年，它包括四个子项目：① 钢水精炼车间；② 连轧车间；③ 薄板坯连铸车间；④ 辅助设施，估算总投资为 24.9 亿元。其中静态投资 23.0 亿元（子项目①为 3.9 亿元；②为 13 亿元；③为 3.0 亿元；④为 3.1 亿元），动态投资 1.2 亿元，流动资金 6221 万元。资金来源如下：

①项目资金来源为企业自有资金和银行贷款；②企业注册资本 12.9 亿，占项目总投资的 51.8%，银行贷款 1.2 亿元。③流动资金贷款 1 亿，年贷款利率 5.85%。

二、项目投资风险因素识别

1. 投资风险的种类

项目投资风险是指项目投资行为在未来所面临投资收益或损失的不确定

性，具体表现为未来投资收益或损失在数值上的变动性。一般来讲，项目投资风险分为两大类，即系统性风险和非系统性风险[①]。

（1）系统性风险

系统性风险是指由于共同因素引起的使投资未来结果不确定性的风险。引起系统性风险的共同因素包括社会、政治、经济等方面因素。系统性风险的特点是，它会对所有投资项目造成不同程度的影响，投资者很难通过多元化投资来规避风险，因而又被称为不可分散风险。

系统性风险主要有经济周期风险、利率风险、外汇风险和通货膨胀风险等。

①经济周期风险。它是指在经济发展过程中因经济高涨和低落交替出现而导致的风险。在经济高涨时期，企业投资机会增加，所有投资项目都会在不同程度上获得一定的经济利益，因此该时期的投资风险较小。但是，在经济低落时期，大多数投资项目都会遭受不同程度的损失，投资收益会相应减少，甚至出现大面积亏损，因此该时期的投资风险较大。

②利率风险。它是指由于利率水平的变化而引起的投资损失的风险。利率风险主要通过影响投资者的投资成本而影响投资收益。

③外汇风险。它是指由于汇率变动对投资者的投资利润、净现金流量和市场价值变动所带来的风险。外汇风险主要包括交易风险、折算风险（或称作会计风险）与经济风险三种形式。

④通货膨胀风险（购买力风险）。它是指因物价上涨、货币贬值给投资者带来的风险。在通货膨胀严重时，物价水平上升较快，货币的实际购买力下降，投资者的名义收益率与实际收益率之间的差距就会扩大，这将给投资者带来较大的风险。

（2）非系统性风险

非系统性风险是指由于非共同因素引起的投资未来结果不确定性的风险。由于引起非系统性风险的因素只与个别投资项目有关，而与其他投资项目无关，因此非系统性风险只会造成个别投资项目收益或损失的变动，而不会对其他投资项目产生影响。非系统性风险一般可通过多元化的投资来消除或规避，所以又被称为可分散风险。

非系统性风险主要包括行业风险、经营风险、财务风险、违约风险等。下

---

① 陈康幼：《投资经济学》，上海财经大学出版社，2004.

面将对这些风险分别予以介绍。

①行业风险。它是指影响整个行业产品价格和投资收益变动的不确定因素引起的风险，主要是由行业寿命周期、技术革新、政府的政策变化等因素所引起的。

②经营风险。它是指企业在生产经营过程中由经营因素引起的风险。经营风险既可能是由企业经营决策失误或管理混乱等内部因素引起的，也可能是由竞争对手实力变化或自然灾害等外部因素引起的。

③财务风险。它是指由企业资本结构变化引起的风险。对企业而言，财务风险来自于借款比例。若借款比例过大，则财务风险就相应很大。反之，则财务风险就很小。

④违约风险。当某企业不能按期支付其债务的本金和利息时，则称该企业存在违约风险。当企业出现连年亏损时，就很有可能因不能偿还贷款及其利息而出现违约风险。

2. 项目投资风险因素识别

投资风险的识别是企业投资风险管理的重要内容，风险识别常见的方法有风险调查法、风险模拟法和风险情报法。针对该复杂项目，作者拟采用风险调查法对四个子项目的影响因素进行识别。需要说明的是，由于系统性风险因素对这四个子项目都是相同的，一般说来对最后的项目方案排序并不产生影响，因此在下文风险识别中没有将系统性风险进行考虑而仅考虑的是非系统因素。具体因素识别过程如下：

超薄带钢生产线是一项新技术，经该厂轧钢系统更新改造暨建设超薄带钢生产线项目可行性研究分析，其工艺是成熟的、技术是先进的、设备是可靠的，因此这四个子项目的技术风险都是很小的。然而该项目投资巨大，涉及面广，其中包括电力设施、检化验设施、燃气设施、给排水设施、热力设施、暖通及除尘设施等配套工程，建设期3年。在瞬息万变的市场经济条件下，各种不确定因素众多，都会影响投资经济效果，即该项目存在着很大的经营风险和市场风险，如建筑材料、机器设备、产品成本的主要构成因素（如原材料、燃料、动力等）的价格上涨，都会导致生产费用增加、工期延长、产品成本加大。建成投产后，如果生产能力没有达到预期效果或销售市场没有拓开，生产能力不能充分发挥，都会导致产量降低，现金流减少，投资回收期延长，影响企业经济效益，直接关系到项目的成败。另外，各子项目建成投产后，现有的企业人才根本无法满足将来生产的需求，因而各子项目也都需要招聘大量的专业技术人才、管理人才，显然也存在着一定的风险。由于冶金过程中（尤其是子项目1）涉及大量的有毒有害气体的排放，因此企业也必须投入巨资兴建安全环保设施，以保障员工的生命健康、尽量减少各种职业病的发生。近年来，随着政府对职业安全卫生、环境保护的日益重视，先后颁布了《安全生产法》和《环境保护法》来维护劳动者的相关权益，从而对企业的安全环保设施提出了更高的要求。然而，该企业员工安全环保意识普遍不强、甚至不少安全员也未受过正规、系统的职业教育，这些因素都对项目风险产生着很大影响。

在上述分析的基础上，我们将识别出的系统风险因素划分为经营风险、行业风险和市场风险三大类（参见下表7.1）。其中，经营风险包括原材料风险、技术替代风险、产品结构风险、管理水平风险、融资能力风险；行业风险包括主要考虑人力资源风险、内部竞争风险、环境保护风险三个子因素；市场风险主要考虑营销体系风险、生命周期风险和产品更新风险。

表7.1 项目风险因素表

风险因素	子因素
经营风险	原材料、技术替代、产品结构、管理水平、融资能力
行业风险	人力资源、内部竞争、环境保护
市场风险	营销体系、生命周期、产品更新

三、方法应用

为了对该项目的投资风险进行科学评价，下文应用第3章提出的非线性AHP方法对该评价问题进行分析。在该评价问题中有4个子项目（视作方案 a_1，…，a_4）和9位风险评价专家；对于该评价问题，基于上述已经识别出的项目风险因素，建立了如下图7.1所示的系统新分析结构。

图7.1中，总目标为投资项目风险评价（G），分目标分别为行业风险（g_1）、经营风险（g_2）和市场风险（g_3）。s_1，…，s_3、s_4，…，s_8、s_9，…，s_{11}分别是反映目标g_1，g_2，g_3的指标。运用前文第3章给出的方法步骤，首先选定9位专家都熟悉的、以前成功运作的类似投资项目作为参照对象，并将参照对象对应方案评价分析结构的各因素实际状态作为参照系，在此基础上对分析结构中各分目标和指标可能的取值状态均予以了"比参照项目风

险小"、"与参照项目风险差不多"和"比参照项目风险大"三个状态级别划分。然后，请专家判断出各方案在各指标上所处的状态，从而得出了 a_1，…，a_4 在各指标上各个状态的主观概率（见表 7.3 第 2～5 行最后 6 列、第 7～10 行和第 12～15 行）；根据 a_1，…，a_4 在各指标上各状态的主观概率及价值体系中各指标的状态价值（见表 7.2 第 3 行最后 3 列），计算出了各方案在各指标状态上的期望价值（见表 7.4），在此基础上确定出了对应于各方案的各指标的期望状态或期望状态区间。接着，针对每个方案，请专家分别基于对 g_1，g_2，g_3 有影响的指标期望状态或期望状态区间，判断出了各方案在分目标 g_1，g_2，g_3 上所处的水平状态，从而得出了各方案在 g_1，g_2，g_3 上各个状态的主观概率（参见表 7.3 第 2～5 行第 1～9 列）；由各方案在 g_1，g_2，g_3 上的主观概率和价值体系中 g_1，g_2，g_3 的状态价值（见表 7.2 第 3 行第 1～9 列）计算出了各方案在 g_1，g_2，g_3 状态上的期望价值（见表 7.5 第 2～4 列）。最后，请系统决策者按照 SW 确定出了 g_1，g_2，g_3 的规一化权重相对权重（分别是 0.32、0.38 和 0.30），并由 g_1 和 g_2 的相对权重、g_1、g_2 最好和最差状态的价值及各案在 g_1 和 g_2 各状态上的期望价值（利用式 4.7），求出了各方案的相对总效用偏好评价排序值（见表 7.5 第 5 列）。

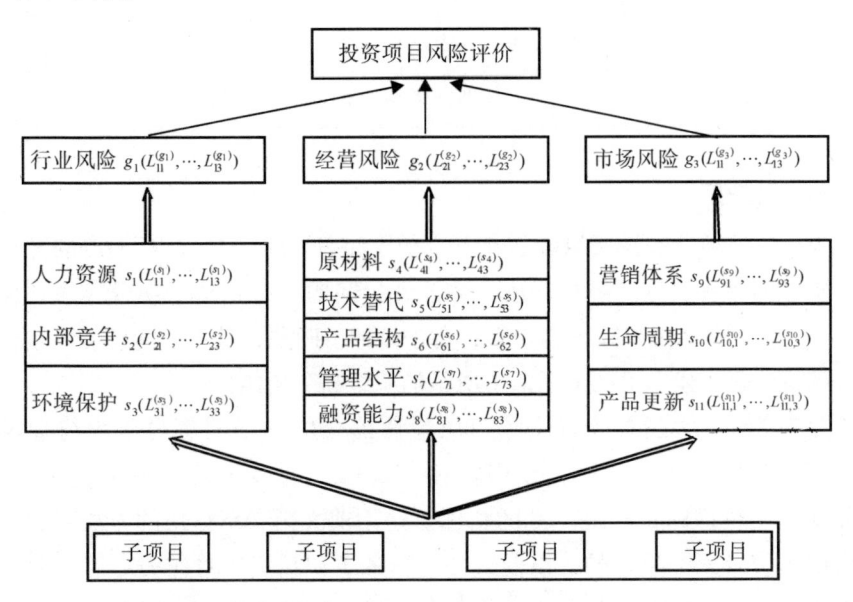

图 7.1　投资项目风险评价问题的非线性 AHP 新分析结构

表7.2 方案评价的价值体系

因素状态	$L_{(g_1)11}$	$L_{(g_1)12}$	$L_{(g_1)13}$	$L_{(g_2)21}$	$L_{(g_2)22}$	$L_{(g_2)23}$	$L_{(g_3)31}$	$L_{(g_3)32}$	$L_{(g_3)33}$	$L_{(s\ell)\ell 1}$	$L_{(s\ell)\ell 2}$	$L_{(s\ell)\ell 3}$
状态	$u_{(g_1)11}$	$u_{(g_1)12}$	$u_{(g_1)13}$	$u_{(g_2)21}$	$u_{(g_2)22}$	$u_{(g_2)23}$	$u_{(g_3)31}$	$u_{(g_3)32}$	$u_{(g_3)33}$	$u_{(s\ell)\ell 1}$	$u_{(s\ell)\ell 2}$	$u_{(s\ell)\ell 3}$
价值	100	50	0	100	50	0	100	50	0	100	50	0

其中 $\ell = 1, 2, \cdots, 11$。

表7.3 方案在指标和分目标上的主观概率

主观概率	$p_{11,k}^{(g_1)}$	$p_{12,k}^{(g_1)}$	$p_{13,k}^{(g_1)}$	$p_{21,k}^{(g_2)}$	$p_{22,k}^{(g_2)}$	$p_{23,k}^{(g_2)}$	$p_{31,k}^{(g_3)}$	$p_{32,k}^{(g_3)}$	$p_{33,k}^{(g_3)}$	$p_{11,k}^{(s_1)}$	$p_{12,k}^{(s_1)}$	$p_{13,k}^{(s_1)}$	$p_{21,k}^{(s_2)}$	$p_{22,k}^{(s_2)}$
a_1	0.333	0.444	0.222	0.222	0.556	0.222	0.889	0.111	0.000	0.222	0.333	0.444	0.333	0.222
a_2	0.222	0.556	0.222	0.000	0.556	0.444	0.333	0.667	0.000	0.111	0.556	0.333	0.444	0.556
a_3	0.556	0.111	0.333	0.000	0.111	0.889	0.000	0.444	0.556	0.556	0.444	0.000	0.222	0.222
a_4	0.000	0.333	0.667	0.111	0.333	0.556	0.667	0.333	0.000	0.222	0.222	0.556	0.333	0.333

主观概率	$p_{23,k}^{(s_2)}$	$p_{31,k}^{(s_3)}$	$p_{32,k}^{(s_3)}$	$p_{33,k}^{(s_3)}$	$p_{41,k}^{(s_4)}$	$p_{42,k}^{(s_4)}$	$p_{43,k}^{(s_4)}$	$p_{51,k}^{(s_5)}$	$p_{52,k}^{(s_5)}$	$p_{53,k}^{(s_5)}$	$p_{61,k}^{(s_6)}$	$p_{62,k}^{(s_6)}$	$p_{63,k}^{(s_6)}$	$p_{71,k}^{(s_7)}$
a_1	0.111	0.111	0.333	0.556	0.333	0.222	0.444	0.333	0.444	0.222	0.556	0.444	0.000	0.222
a_2	0.000	0.222	0.333	0.444	0.444	0.333	0.222	0.222	0.556	0.222	0.222	0.444	0.333	0.444
a_3	0.556	0.333	0.444	0.222	0.111	0.556	0.333	0.111	0.111	0.778	0.444	0.333	0.222	0.111
a_4	0.333	0.222	0.222	0.556	0.222	0.222	0.556	0.222	0.667	0.111	0.111	0.556	0.333	0.222

主观概率	$p_{72,k}^{(s_7)}$	$p_{73,k}^{(s_7)}$	$p_{81,k}^{(s_8)}$	$p_{82,k}^{(s_8)}$	$p_{83,k}^{(s_8)}$	$p_{91,k}^{(s_9)}$	$p_{92,k}^{(s_9)}$	$p_{93,k}^{(s_9)}$	$p_{10,1,k}^{(s10)}$	$p_{10,2,k}^{(s10)}$	$p_{10,3,k}^{(s10)}$	$p_{11,1,k}^{(s11)}$	$p_{11,2,k}^{(s11)}$	$p_{11,3,k}^{(s11)}$
a_1	0.667	0.111	0.111	0.667	0.222	0.444	0.556	0.000	0.333	0.333	0.333	0.333	0.444	0.222
a_2	0.222	0.333	0.222	0.444	0.333	0.222	0.444	0.333	0.444	0.556	0.000	0.556	0.333	0.111
a_3	0.556	0.333	0.333	0.556	0.111	0.333	0.556	0.111	0.111	0.111	0.778	0.222	0.444	0.333
a_4	0.333	0.444	0.111	0.778	0.111	0.222	0.667	0.111	0.444	0.333	0.222	0.333	0.333	0.333

表7.4 方案在各指标状态上的期望价值

方案	$U_k^{(s_1)}$	$U_k^{(s_2)}$	$U_k^{(s_3)}$	$U_k^{(s_4)}$	$U_k^{(s_5)}$	$U_k^{(s_6)}$	$U_k^{(s_7)}$	$U_k^{(s_8)}$	$U_k^{(s_9)}$	$U_k^{(s10)}$	$U_k^{(s11)}$
a_1	38.89	44.44	27.78	44.44	55.56	77.78	55.56	44.44	72.22	50.00	55.56
a_2	38.89	72.22	38.89	61.11	50.00	44.44	55.56	44.44	44.44	72.22	72.22
a_3	77.78	33.33	55.56	38.89	16.67	61.11	38.89	61.11	61.11	16.67	44.44
a_4	33.33	50.00	33.33	33.33	55.56	38.89	38.89	50.00	55.566	1.11	50.00

表 7.5　方案在分目标和各状态上的期望价值与方案的排序值

方案	$U_k^{(g_1)}$	$U_k^{(g_2)}$	$U_k^{(g_3)}$	U_k
a_1	55.56	50.00	94.44	0.67
a_2	50.00	27.78	66.67	0.48
a_3	61.11	5.56	22.22	0.30
a_4	16.67	27.78	83.33	0.41

依据表 7.5 第 5 列数据可知，方案的优劣次序为 $a_1 > a_2 > a_4 > a_3$。由此可见，项目 1 的综合风险最大，要在项目建设中引起足够重视，尽可能规避或控制可能出现的风险，以减少项目风险带来的损失，保质保量地完成项目各项进度。

在上述实例应用过程中，无论是划分因素的水平状态还是确定主观概率，均没有遇到方法应用难题，这表明作者提出的非线性 AHP 决策方法具有较好的实际应用可操作性。

第二节　非线性 ANP 排序新方法在企业知识管理能力综合评价中的应用

随着人类社会迈入了一个全新的知识经济时代，知识已成为企业生存和发展的战略性资源。而知识管理则是企业在面临一种新的形势下做出的战略性反应，即运用集体的智慧提高应变能力和创新能力，为企业实现显性知识和隐性知识共享提供新的途径。简言之，知识管理就是企业对其所拥有的知识资源进行管理的过程。企业知识管理能力就是企业通过各种机制、技术和方法整合知识、利用知识的能力[1]。

已有研究成果表明，较强的知识管理能力不仅可以使企业获得持续的竞争优势，而且能够促使企业通过不断学习，不断创新实现企业绩效的提升，从而

---

[1] 张新香：《企业知识管理能力的模糊综合评价》，《科学学与科学技术管理》，2008 年第 21 期，第 108~112 页。

提升企业的核心竞争力。① 此外，大量的实践证明，有些企业虽然实施了知识管理，但因其知识管理能力较低而给企业带来巨大的损失②。由此可见，能否对企业知识管理能力予以科学、准确地测评是关系到企业知识管理战略是否成功、企业能否取得市场竞争优势的关键因素所在。如何科学合理地对企业的知识管理能力进行综合评价，是目前学术界亟待解决的一个重要研究课题。

然而，迄今现有的知识管理方面文献大都是针对知识管理绩效测评方面而进行的研究③，对企业知识管理能力测评的研究却很少。虽然文献④分别运用模糊综合评价法和 AHP 法对企业知识管理能力综合评价问题进行了系统研究，但是它们均忽视了评价准则之间的相互依赖关系，也就是说，评价准则之间并不是独立的，而是可能存在复杂的依赖、反馈关系，因而由这些方法得出的评价结果实际并不可靠。

基于上述考虑，下文以三家实施知识管理的企业作为评价对象，首先在对企业背景简介的基础上，提出针对评价对象的知识管理能力指标评价体系，然后应用前文给出的非线性 ANP 决策方法对这三家企业的知识管理能力进行优劣排序。

一、企业背景简介

企业 1 是一家全球知名的电力设备生产企业，2008 年产品的年销售额达到 20 亿元，但该公司在实际运作中存在的主要问题是各决策部门之间的衔接

---

① Gold A H. Knowledge Management: An Organizational Capabilities Perspective. Journal of Management Information Systems, Vol. 18, No. 1, 2001, pp. 185~214.
Liu P L, Chen W C and Tsai C H. An empirical study on the correlation between knowledge management capability and competitiveness in Taiwan's industries. Technovation, Vol. 24, No. 12, 2004, pp. 971~977.
Chuang S H. A resource based perspective on knowledge management capability and competitive advantage: an empirical investigation. Expert systems with applications, Vol. 27, No. 3, 2004, pp. 459~465.
② Norman P M. knowledge acquisition, knowledge loss and satisfaction in high technology alliances. Journal of Business Research, Vol. 57, No. 6, 2004, pp. 610~619.
③ Lee K C, Lee S and Kang I W. Measuring knowledge management performance. Information & Management, Vol. 42, No. 3, 2005, pp. 469~482.
王君，樊治平：《组织知识绩效的一种综合评价方法》，《管理工程学报》，2004 年第 2 期，第 44~48 页。
④ 张新香：《企业知识管理能力的模糊综合评价》，《科学学与科学技术管理》，2008 年第 21 期，第 108~112 页。
吴旭燕，李俊涛：《基于 AHP 的企业知识管理能力模糊综合评价》，《科技管理研究》，2005 年第 11 期，第 43~45 页。

不够顺畅，生产的各个环节不够完善。为此，公司已经花费了多年的时间来改善这种状况，并希望通过知识管理来减少信息传递时间，以使资源能够被更合理地运用，从而提高企业的经营绩效。

该企业有 50 名知识管理工作者，负责管理全球最佳实践数据库和本地的最佳实践数据库。其知识基础是由知识管理工作者组成的最佳实践办公室，每个办公室都可以分享整个工作进程的信息。总之，知识管理系统是由最佳实践办公室、知识管理工作者网络和共享过程信息所组成的。通过该系统可方便地评估公司的优势与企业发展目标之间的差距，从而找出正确的发展方向。该企业利用知识管理系统不但节省了信息交流时间、提高了生产力，而且加快了企业对客户需求的反应速度、不断缩小了与目标之间的差距。

企业 2 是一家国内实施知识管理较早的 IT 企业，2008 年销售额达到 18.9 亿元。该企业充分利用其自身的技术优势建立了完善的知识管理系统。该企业试图做到当一个员工需要某方面的知识时，知识管理系统能快速将所需知识送达。这一目标通过两个步骤予以实现：首先需要建立一个知识资源库，告诉员工在有需求的时候应该找谁？谁拥有你需要的知识？然后，逐步把每位员工头脑中的知识形成文档存放在知识库中。目前，第一步工作正在小范围试验中，其售前数据库已经初具规模。假设该企业的一位销售人员想开拓银行领域，那么他可以从数据库中得到该企业以前在其他行业的售前方案。此外，该企业设立首席经营官负责知识管理工作，其主要工作内容为负责成果积累、知识积累、问题发现等。不过这些知识管理工作并没有集中到一个人身上，而是建立了氛围相对宽松的公告牌系统。这种公告牌的优点是可以充分调动员工的积极性，缺点是公告牌内容良莠不齐，不易整理。

企业 3 是一家激光器生产企业，2008 年销售额为 16.3 亿元。该企业实施知识管理起步较早，近年来它一方面密切注意和研究知识管理的发展趋势，同时开展"知识创新"研究工作。为有效地进行知识管理，该企业专门建立了专门的内部知识网络，主要包括以下六方面的内容：工作空间、知识管理新闻、历史事件、研究资料、产品技术以及相关网点。在人力资源管理方面，该企业采取了以下两方面措施：一方面，将企业的人力资源状况存入知识库，以方便知识主管及人力资源主管对公司员工的管理。另外，该企业在内部网上建立了一个技能评价系统，每位员工都可以匿名利用该系统对自己的能力做出评价，并得到该系统给出的改进建议；

另一方面，在存入知识库的建议中注明提出建议的员工姓名，保证提交建议的质量，并促进员工提交建议的积极性。总体而言，该企业的知识管理方案实现了专家网络和人力资源方面的激励与开发，解决了知识管理中"应该做什么（know – what）"、"如何做（know – how）"和"为什么要做（know – why）"的难题，因而它是一种较为完善的知识管理解决模式。

二、评价指标体系的框架设计

1. 评价指标体系建立的原则

知识管理能力评价是利用历史和当前数据对企业知识管理现状进行评价，以便发现问题，提出改进思路。为了给出一套科学、合理、实效的评价体系，以便达到评价目的，指标的设定应遵循如下原则。

①科学合理性原则。选择科学合理的指标是正确评价企业知识管理能力的充分条件。只有选择出合理的指标，并依据这些指标得出的结论才能反映实际情况，才能为改进知识管理工作提供科学依据。

②可操作性原则。选择指标时要注意指标必须具有可操作性，如果一个指标过于抽象，分析者在对系统评价时难以对其准确把握，则该指标因实际可操作性差而应予以剔除。

③灵敏可靠性原则。这项原则要求选择出的每项指标都能反映知识管理能力某一方面的真实情况。

④全面性原则。它要求选择出的指标要尽量力求全面，尤其不能忽略关键性的指标。

⑤层次性原则。该原则要求选择出的各个评价指标要层次分明、逻辑关系明确。

2. 评价指标体系构建

依据上述原则，可以从知识管理过程能力和基础支撑能力两方面来建立评价知识管理能力的指标评价体系[①]。

①知识管理过程能力主要包括知识获取能力、知识组织能力、知识转移能力和知识应用能力。知识获取能力包括从企业内部收集汇总信息的能力和从企业外部获取信息的能力。具体而言主要是指通过智能客体检索、多途径获取（比如：组织内部收集汇总信息；与客户、供应商、合作伙伴及相关专家交流

---

① 张新香：《企业知识管理能力的模糊综合评价》，《科学学与科学技术管理》，2008年第2期，第108～112页。

经验；研究竞争对手）、多模式获取（如数据、文本、图形图像、电子表格、视频等）和多方法获取（面谈、电视、互联网、电话等）知识的能力。知识的组织能力主要包括知识编码能力、知识存储检索能力、知识维护能力和知识保护能力。按照Tanriverdi[1]，知识转移是指知识被定位后的扩散吸收过程。显然，若知识通过视频会议、电话会议、群件、电子论坛等信息技术及培训手段扩散后没有被企业员工所吸收，则知识转移过程并未实现成功传递或转移。基于这种考虑，可以将知识转移能力划分为知识扩散和知识吸收能力两个子方面。知识的应用是指企业员工对获取、吸收的新知识与已有的知识进行整合，并应用到工作流程中解决问题或制定决策的过程，其直接的目的就是企业创新。知识的应用能力主要体现在：企业利用新知识的频度；企业员工利用各种途径获取的知识解决新问题，处理新任务的能力；企业员工利用知识帮助开发新产品、新服务的能力；运用知识提高工作效率的有效性。

②基础支撑能力主要包括基础设施的支持能力、组织结构的支持能力和企业文化的支持能力。基础设施主要指IT平台和办公设备。其支持能力主要体现在：基础设施的拥有率（电脑、电话的拥有率）；网络技术的利用率（联网率、门户网站的建设水平和QQ、MSN、电子邮件、群件系统、视频会议、电子论坛等的使用率）；基于数据库、知识库、数据仓库、知识仓库、数据挖掘等技术的专家决策支持系统的建设水平；信息系统的使用覆盖面。组织结构支持能力主要体现在：知识管理机构被重视程度（如是否设置了专门的知识管理机构、首席知识官（CKO）的职位与级别设置、企业知识管理工作者最高层领导者的地位）；组织结构扁平化程度；团队结构模式的建立程度。Davenport/Prusak[2]指出，企业是否具备良好的文化基础是影响知识管理能否成功的重要要素之一，因此企业文化的支持能力是知识管理能力的主要组成部分，主要表现在：员工培训、训练的强度和频率；构建尊重知识、鼓励员工交流共享知识的环境氛围；构建员工创新失败容忍机制；高层领导对知识管理的认可和支持程度。

基于上述分析结果，可以建立如下表7.6所示的知识管理能力评价指标体系。

---

[1] Tanriverdi H. Information technology relatedness, knowledge management capability, and performance of multi - business firms. MIS Quartely, Vol. 29, No. 2, 2005, pp. 311~334.

[2] Davenport T H, Prusak L. Work in Knowledge: How Organizations Manage What They Know, Boston: Harvard Business School Press, 1997.

表7.6　知识管理能力评价指标体系

一级指标	二级指标	三级指标
知识管理过程能力（g_1）	知识获取能力（c_1）	对企业内部信息的收集汇总能力（s_1）
		从企业外部获取信息的能力（s_2）
	知识组织能力（c_2）	对知识进行整理、编码的能力（s_3）
		运用数据库、知识库等技术存储知识的能力（s_4）
		运用电子邮件、知识地图检索知识的能力（s_5）
		知识的维护能力（s_6）
		知识的保护能力（s_7）
	知识转移能力（c_3）	知识的扩散能力（s_8）
		知识的吸收能力（s_9）
	知识应用能力（c_4）	企业运用新知识的频度（s_{10}）
		企业员工利用知识解决问题、处理新任务的能力（s_{11}）
		企业员工利用知识开发新产品、新服务的能力（s_{12}）
		企业员工利用知识提高工作效率的有效性（s_{13}）
基础支撑能力（g_2）	基础设施支撑能力（c_5）	基础设施的拥有率（s_{14}）
		网络技术的利用率（s_{15}）
		专家决策支持系统的建设水平（s_{16}）
		信息系统的使用覆盖面（s_{17}）
	组织结构支撑能力（c_6）	知识管理机构的被重视程度（s_{18}）
		组织结构的扁平化程度（s_{19}）
		团队结构模式的建设水平（s_{20}）
	企业文化支撑能力（c_7）	员工培训、训练的强度和频度（s_{21}）
		构建尊重知识、鼓励员工共享知识的环境（s_{22}）
		构建鼓励员工创新失败的容忍机制（s_{23}）
		高层领导对知识管理的认可和支持程度（s_{24}）

三、方法应用

分析表7.6可知，在上述指标体系中知识管理过程能力和基础支撑能力二者并不是独立的，而是存在相互依存的关系，显然，企业知识管理能力评价问题是一个复杂的多指标综合评价问题。由于传统知识管理能力评价方法难以反映出系统因素之间存在的复杂非线性关系，因此作者选用第6章提出的非线性ANP决策方法对这种复杂问题进行综合评价，以充分反映蕴含在系统因素之间的非线性内在联系。

在该评价问题中有企业1、企业2和企业3（视作方案）和9位知识管理评价专家。结合表7.6给出的指标体系，总目标为企业知识管理能力评价，评价目标设为知识管理过程能力（g_1）、基础支撑能力（g_2）。影响g_1、g_2的准则分别为$c_1, \cdots, c_4$以及$c_5, \cdots, c_7$。$s_1, s_2, s_3 \cdots, s_7, s_8, s_9, s_{10} \cdots, s_{13}$分别是反映$c_1, \cdots, c_4$的指标；$s_{14} \cdots, s_{17}, s_{18} \cdots, s_{20}, s_{21} \cdots, s_{24}$分别是反映$c_5, \cdots, c_7$的指标。经分析认为，$g_1$、$g_2$之间存在循环依存关系，各准则及其相应指标均是相互独立的。

首先，建立了如图7.2所示的系统新分析结构，并通过选定9位专家都熟悉的一家已实施知识管理的企业作为参照对象，将参照对象对应方案评价分析结构的各因素实际状态作为参照系，在此基础上对分析结构中各目标、准则和指标可能的取值状态均予以了"明显强于参照水平"、"较强于参照水平"、"与参照水平差不多"、"较差于参照水平""明显差于参照水平"五个状态级别划分。

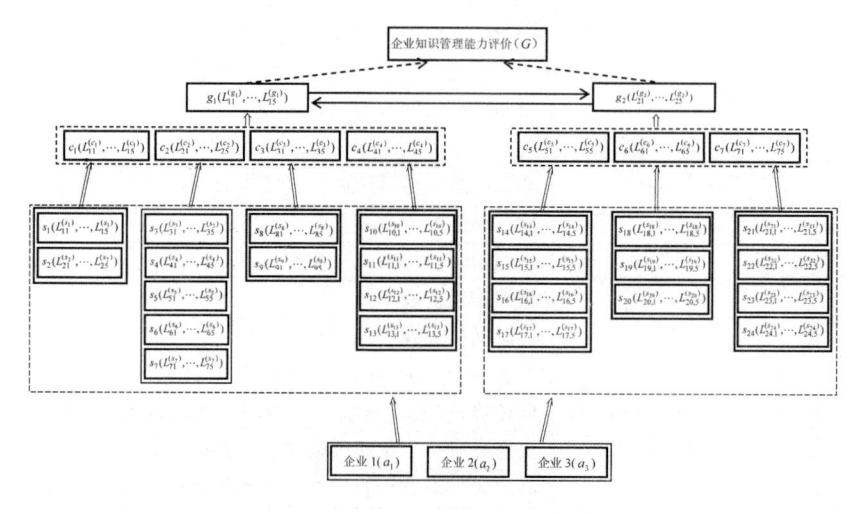

图 7.2　企业知识管理能力评价模型

然后，请专家判断出方案a_1, a_2, a_3在各个指标上所处的状态，从而得出了a_1, a_2, a_3在各指标上各个状态的概率（由于该实例中指标之间是相互独立的，因此它们也是稳态概率，见表7.8斜体字部分数据）；根据方案a_1, a_2, a_3在各指标上各状态的稳态概率及价值体系中各指标的状态价值（见表7.7最后一行前半部分），计算出了方案a_1, a_2, a_3在各指标状态上的期望价值（见表7.9第2~4行和第6~8行），在此基础上确定出了a_1, a_2, a_3在各指标上相应的期望状态或期望状态区间。

再依据对准则 c_1，…，c_7 有影响的指标期望状态或期望状态区间，请专家判断出了 a_1，a_2，a_3 在各个准则上所处的状态，这样即可求出 a_1，a_2，a_3 在各准则上各个状态的概率（因为各准则之间相互独立，所以求出的准则状态概率也是稳定的，这些概率值参见表7.8倒数第1~3行前6列、倒数第5~7行和倒数9~11行数据）；基于 a_1，a_2，a_3 在各指标上各状态的稳态概率和价值体系中各准则的状态价值（见表7.7第3行后半部分），求出了 a_1，a_2，a_3 在各准则状态上的期望价值（见表7.9第10~12行），从而确定出了各方案在各指标上相应的期望状态或期望状态区间。

接下来，针对每个方案，请专家分别基于对 g_1、g_2 有影响的准则期望状态或期望状态区间，判断出了对应于各方案的概率影响矩阵 $M_{12,k}$、$M_{21,k}$（详见表7.10和7.11），求出了各方案在 g_1、g_2 上的稳态概率（见表7.8倒数第1~3行第7~16列）；由各方案在 g_1、g_2 上的稳态概率和价值体系中 g_1、g_2 的状态价值（见表8.7第3行前半部分）计算出了各方案在 g_1、g_2 状态上的期望价值（见表7.12第2~3列）。

最后，请决策者按照 SW 权重估计方式确定出 g_1、g_2 的权重（$\omega_1 = 0.26$，$\omega_2 = 0.38$），并由这些权重值和 g_1、g_2 各状态上的期望价值，利用式4.12求出了各方案的相对效率值（见表7.12第4列）。由此可知，基于新方法得出的方案优劣次序为 $a_1 > a_3 > a_2$。

评价结果表明，企业1的知识管理能力较高，而企业2的知识管理能力相对较差，这也说明该企业的知识管理工作还处于起步阶段，仍有很大的发展空间和改进的必要。

表7.7　方案评价的价值体系

因素状态	$L_{\alpha'1}^{g\alpha'}$	$L_{\alpha'2}^{g\alpha'}$	$L_{\alpha'3}^{g\alpha'}$	$L_{\alpha'4}^{g\alpha'}$	$L_{\alpha'5}^{g\alpha'}$	$L_{\beta1}^{c\beta}$	$L_{\beta2}^{c\beta}$	$L_{\beta3}^{c\beta}$	$L_{\beta4}^{c\beta}$	$L_{\beta5}^{c\beta}$
状态价值	$u_{\beta1}^{g\beta}$	$u_{\beta2}^{g\beta}$	$u_{\beta3}^{g\beta}$	$u_{\beta4}^{g\beta}$	$u_{\beta5}^{g\beta}$	$u_{\beta1}^{g\beta}$	$u_{\beta2}^{g\beta}$	$u_{\beta3}^{g\beta}$	$u_{\beta4}^{g\beta}$	$u_{\beta5}^{g\beta}$
	100	75	50	25	0	100	75	50	25	0
因素状态	L_{x1}^{sx}	L_{x2}^{sx}	L_{x3}^{sx}	L_{x4}^{sx}	L_{x5}^{sx}					
状态价值	u_{r1}^{sx}	u_{r2}^{sx}	u_{r3}^{sx}	u_{r4}^{sx}	u_{r5}^{sx}					
	100	75	50	25	0					

其中，$\alpha' = 1, 2$；$\beta = 1, \cdots, 7$；$x = 1, \cdots, 24$。

表 7.8 方案在指标、准则和目标上的稳态概率

稳态概率	$\pi_{11,k}^{(s1)}$	$\pi_{12,k}^{(s1)}$	$\pi_{13,k}^{(s1)}$	$\pi_{14,k}^{(s1)}$	$\pi_{15,k}^{(s1)}$	$\pi_{21,k}^{(s2)}$	$\pi_{22,k}^{(s2)}$	$\pi_{23,k}^{(s2)}$	$\pi_{24,k}^{(s2)}$	$\pi_{25,k}^{(s2)}$	$\pi_{31,k}^{(s3)}$	$\pi_{32,k}^{(s3)}$	$\pi_{33,k}^{(s3)}$	$\pi_{34,k}^{(s3)}$	$\pi_{35,k}^{(s3)}$	$\pi_{41,k}^{(s4)}$	$\pi_{42,k}^{(s4)}$	$\pi_{43,k}^{(s4)}$	$\pi_{44,k}^{(s4)}$	$\pi_{45,k}^{(s4)}$
a_1	0.333	0.222	0.222	0.111	0.111	0.444	0.222	0.333	0	0	0.111	0.222	0.333	0.333	0	0.222	0.333	0.111	0.222	0.111
a_2	0.444	0.333	0.222	0	0	0.222	0.444	0.222	0.111	0	0	0.333	0.667	0	0	0.111	0.222	0.444	0.222	0
a_3	0.111	0.444	0.222	0.222	0	0.444	0.222	0.222	0.111	0	0.111	0.111	0.333	0.333	0.222	0.333	0.444	0.222	0.000	0.000

稳态概率	$\pi_{51,k}^{(s5)}$	$\pi_{52,k}^{(s5)}$	$\pi_{53,k}^{(s5)}$	$\pi_{54,k}^{(s5)}$	$\pi_{55,k}^{(s5)}$	$\pi_{61,k}^{(s6)}$	$\pi_{62,k}^{(s6)}$	$\pi_{63,k}^{(s6)}$	$\pi_{64,k}^{(s6)}$	$\pi_{65,k}^{(s6)}$	$\pi_{71,k}^{(s7)}$	$\pi_{72,k}^{(s7)}$	$\pi_{73,k}^{(s7)}$	$\pi_{74,k}^{(s7)}$	$\pi_{75,k}^{(s7)}$	$\pi_{81,k}^{(s8)}$	$\pi_{82,k}^{(s8)}$	$\pi_{83,k}^{(s8)}$	$\pi_{84,k}^{(s8)}$	$\pi_{85,k}^{(s8)}$
a_1	0.556	0.444	0	0	0	0	0	0.556	0.444	0	0	0	0.556	0.333	0.111	0.222	0.444	0.333	0	0
a_2	0	0	0	0.111	0.889	0	0.222	0.333	0.444	0	0.111	0.111	0.889	0	0	0.556	0.444	0	0	0
a_3	0.000	0.111	0.444	0.444	0.000	1	0	0	0	0	0.111	0.889	0	0	0	0.444	0.444	0	0	0

稳态概率	$\pi_{91,k}^{(s9)}$	$\pi_{92,k}^{(s9)}$	$\pi_{93,k}^{(s9)}$	$\pi_{94,k}^{(s9)}$	$\pi_{95,k}^{(s9)}$	$\pi_{10,1,k}^{(s10)}$	$\pi_{10,2,k}^{(s10)}$	$\pi_{10,3,k}^{(s10)}$	$\pi_{10,4,k}^{(s10)}$	$\pi_{10,5,k}^{(s10)}$	$\pi_{11,1,k}^{(s11)}$	$\pi_{11,2,k}^{(s11)}$	$\pi_{11,3,k}^{(s11)}$	$\pi_{11,4,k}^{(s11)}$	$\pi_{11,5,k}^{(s11)}$	$\pi_{12,1,k}^{(s12)}$	$\pi_{12,2,k}^{(s12)}$	$\pi_{12,3,k}^{(s12)}$	$\pi_{12,4,k}^{(s12)}$	$\pi_{12,5,k}^{(s12)}$
a_1	1	0	0	0	0	0.889	0.111	0	0	0	0.222	0.444	0.222	0.111	0	1	0	0	0	0
a_2	0.778	0.222	0	0	0	0	0	0.222	0.444	0.222	0	0	0.444	0.556	0	1	0	0	0	0
a_3	0.556	0.222	0.222	0	0	1	0	0	0	0	0	1	0	0	0	0	0	0	0	1

稳态概率	$\pi_{13,1,k}^{(s13)}$	$\pi_{13,2,k}^{(s13)}$	$\pi_{13,3,k}^{(s13)}$	$\pi_{13,4,k}^{(s13)}$	$\pi_{13,5,k}^{(s13)}$	$\pi_{14,1,k}^{(s14)}$	$\pi_{14,2,k}^{(s14)}$	$\pi_{14,3,k}^{(s14)}$	$\pi_{14,4,k}^{(s14)}$	$\pi_{14,5,k}^{(s14)}$	$\pi_{15,1,k}^{(s15)}$	$\pi_{15,2,k}^{(s15)}$	$\pi_{15,3,k}^{(s15)}$	$\pi_{15,4,k}^{(s15)}$	$\pi_{15,5,k}^{(s15)}$	$\pi_{16,1,k}^{(s16)}$	$\pi_{16,2,k}^{(s16)}$	$\pi_{16,3,k}^{(s16)}$	$\pi_{16,4,k}^{(s16)}$	$\pi_{16,5,k}^{(s16)}$
a_1	0.111	0.111	0.444	0.333	0	0.111	0.222	0.667	0	0	0.222	0.444	0.111	0.222	0	0	0.222	0.222	0.444	0.111
a_2	0.778	0.222	0	0	0	0.556	0.222	0	0	0	0.667	0.222	0.222	0	0	0	0	0	0.889	1
a_3	0.111	0.111	0	0	0.889	0.445	0.333	0.222	0	0	0	0	0	1	0	1	0.444	0.111	0	0

稳态概率	$\pi_{17,1,k}^{(s17)}$	$\pi_{17,2,k}^{(s17)}$	$\pi_{17,3,k}^{(s17)}$	$\pi_{17,4,k}^{(s17)}$	$\pi_{17,5,k}^{(s17)}$	$\pi_{18,1,k}^{(s18)}$	$\pi_{18,2,k}^{(s18)}$	$\pi_{18,3,k}^{(s18)}$	$\pi_{18,4,k}^{(s18)}$	$\pi_{18,5,k}^{(s18)}$	$\pi_{19,1,k}^{(s19)}$	$\pi_{19,2,k}^{(s19)}$	$\pi_{19,3,k}^{(s19)}$	$\pi_{19,4,k}^{(s19)}$	$\pi_{19,5,k}^{(s19)}$	$\pi_{20,1,k}^{(s20)}$	$\pi_{20,2,k}^{(s20)}$	$\pi_{20,3,k}^{(s20)}$	$\pi_{20,4,k}^{(s20)}$	$\pi_{20,5,k}^{(s20)}$
a_1	0.111	0.111	0.778	0	0	0.444	0.556	0	0	0	1	0	0	0	0	0.889	0.111	0	0	0
a_2	0	0.333	0.667	0	0	0	0.111	0.556	0.333	0	0.000	0.556	0.444	0	0	0.778	0.111	0.444	0.555	0
a_3	0	0	0	0.111	0.889	0	0.222	0.778	0	0	0	0	0	0.444	0.333	0	0	0	0.555	0

续表

稳态概率	$\pi_{21,1,k}^{(s21)}$	$\pi_{21,2,k}^{(s21)}$	$\pi_{21,3,k}^{(s21)}$	$\pi_{21,4,k}^{(s21)}$	$\pi_{21,5,k}^{(s21)}$	$\pi_{22,1,k}^{(s22)}$	$\pi_{22,2,k}^{(s22)}$	$\pi_{22,3,k}^{(s22)}$	$\pi_{22,4,k}^{(s22)}$	$\pi_{22,5,k}^{(s22)}$	$\pi_{23,1,k}^{(s23)}$	$\pi_{23,2,k}^{(s23)}$	$\pi_{23,3,k}^{(s23)}$	$\pi_{23,4,k}^{(s23)}$	$\pi_{23,5,k}^{(s23)}$	$\pi_{24,1,k}^{(s24)}$	$\pi_{24,2,k}^{(s24)}$	$\pi_{24,3,k}^{(s24)}$	$\pi_{24,4,k}^{(s24)}$	$\pi_{24,5,k}^{(s24)}$
a_1	0.444	0.444	0.111	0	0	0.222	0.444	0.333	0	0	0.778	0.222	0	0	0	0	0	0	0	1
a_2	0.333	0.444	0.222	0	0	0.444	0.556	0	0	0	1	0	0	0	0	0.111	0.222	0.667	0	0
a_3	0	0	1	0	0	0	0.111	0.222	0.667	0	0	0	0	0	1	0.111	0.111	0.778	0	0

稳态概率	$\pi_{11,1,k}^{(c1)}$	$\pi_{12,2,k}^{(c1)}$	$\pi_{13,3,k}^{(c1)}$	$\pi_{14,4,k}^{(c1)}$	$\pi_{15,5,k}^{(c1)}$	$\pi_{21,1,k}^{(c2)}$	$\pi_{22,2,k}^{(c2)}$	$\pi_{23,3,k}^{(c2)}$	$\pi_{24,4,k}^{(c2)}$	$\pi_{25,5,k}^{(c2)}$	$\pi_{31,1,k}^{(c3)}$	$\pi_{32,2,k}^{(c3)}$	$\pi_{33,3,k}^{(c3)}$	$\pi_{34,4,k}^{(c3)}$	$\pi_{35,5,k}^{(c3)}$	$\pi_{41,1,k}^{(c4)}$	$\pi_{42,2,k}^{(c4)}$	$\pi_{43,3,k}^{(c4)}$	$\pi_{44,4,k}^{(c4)}$	$\pi_{45,5,k}^{(c4)}$
a_1	0.778	0.222	0	0	0	0.111	0.111	0.667	0.111	0	1	0	0	0	0	0	0.222	0.333	0.111	0.333
a_2	1	0	0	0	0	0.111	0.111	0.333	0.111	0.333	0.667	0.333	0	0	0	0.333	0.222	0.222	0.111	0.111
a_3	0.444	0.333	0.222	0	0	0.555	0.333	0.111	0	0	0.444	0.556	0	0	0	0.111	0.111	0.667	0	0.111

稳态概率	$\pi_{51,1,k}^{(c5)}$	$\pi_{52,2,k}^{(c5)}$	$\pi_{53,3,k}^{(c5)}$	$\pi_{54,4,k}^{(c5)}$	$\pi_{55,5,k}^{(c5)}$	$\pi_{61,1,k}^{(c6)}$	$\pi_{62,2,k}^{(c6)}$	$\pi_{63,3,k}^{(c6)}$	$\pi_{64,4,k}^{(c6)}$	$\pi_{65,5,k}^{(c6)}$	$\pi_{71,1,k}^{(c7)}$	$\pi_{72,2,k}^{(c7)}$	$\pi_{73,3,k}^{(c7)}$	$\pi_{74,4,k}^{(c7)}$	$\pi_{75,5,k}^{(c7)}$	$\pi_{11,1,k}^{(g1)}$	$\pi_{12,2,k}^{(g1)}$	$\pi_{13,3,k}^{(g1)}$	$\pi_{14,4,k}^{(g1)}$	$\pi_{15,5,k}^{(g1)}$
a_1	0.222	0.222	0.556	0	0	1	0	0	0.111	0	0.889	0.111	0	0.444	0.222	0.759	0.1	0.104	0.036	0.001
a_2	0.111	0.111	0.111	0.444	0.222	0.222	0.222	0.444	0.111	0	0	0.111	0	0.222	0	0.005	0.004	0.004	0.005	0.983
a_3	0	0	0.222	0.222	0.556	0	0.111	0.333	0.444	0.111	0.204	0.222	0.333	0.222	0.222	0.204	0.273	0.401	0.061	0.061

稳态概率	$\pi_{21,1,k}^{(g2)}$	$\pi_{22,2,k}^{(g2)}$	$\pi_{23,3,k}^{(g2)}$	$\pi_{24,4,k}^{(g2)}$	$\pi_{25,5,k}^{(g2)}$
a_1	0.687	0.113	0.047	0.021	0.132
a_2	0.005	0.004	0.004	0.005	0.983
a_3	0.001	0.001	0.196	0.343	0.458

表7.9 方案在各指标和各准则状态上的期望价值

方案	$U_{(s_1)k}$	$U_{(s_2)k}$	$U_{(s_3)k}$	$U_{(s_4)k}$	$U_{(s_5)k}$	$U_{(s_6)k}$	$U_{(s_7)k}$	$U_{(s_8)k}$	$U_{(s_9)k}$	$U_{(s_{10})k}$	$U_{(s_{11})k}$	$U_{(s_{12})k}$
a_1	63.89	77.78	52.78	58.33	88.89	38.89	36.11	72.22	100	97.22	69.44	0
a_2	80.48	69.38	58.33	55.50	2.78	44.40	52.78	88.90	94.45	30.53	36.10	100
a_3	61.05	74.93	33.30	77.70	41.63	100	77.78	83.25	83.35	50	75	27.78

方案	$U_{(s_{13})k}$	$U_{(s_{14})k}$	$U_{(s_{15})k}$	$U_{(s_{16})k}$	$U_{(s_{17})k}$	$U_{(s_{18})k}$	$U_{(s_{19})k}$	$U_{(s_{20})k}$	$U_{(s_{21})k}$	$U_{(s_{22})k}$	$U_{(s_{23})k}$	$U_{(s_{24})k}$
a_1	50	61.11	66.67	38.89	58.33	86.11	100	97.22	83.33	72.22	94.44	0
a_2	94.45	83.35	94.45	0	0	44.45	63.90	86.13	77.70	86.10	100	61.10
a_3	58.33	80.58	0	61.05	2.78	55.55	22.20	36.08	50	36.10	0	58.33

方案	$U_{(c_1)k}$	$U_{(c_2)k}$	$U_{(c_3)k}$	$U_{(c_4)k}$	$U_{(c_5)k}$	$U_{(c_6)k}$	$U_{(c_7)k}$
a_1	94.45	55.55	100	36.08	66.65	100	30.525
a_2	100	38.85	91.68	63.83	36.08	63.83	97.225
a_3	80.48	86.03	86.10	52.78	16.65	36.08	38.85

表7.10 针对方案的概率影响矩阵 $M_{12,k}$

方案	调整前	调整后
a_1	7/9 2/9 1/9 ε ε 1/9 2/9 1/9 ε ε ε 3/9 4/9 2/9 ε ε 1/9 1/9 1/3 ε	0.776 0.222 0.1 0.001 0.001 0.111 0.222 0.1 0.001 0.001 0.001 0.333 0.4 0.222 0.001 0.001 0.111 0.1 0.333 0.001
a_2	6/9 1/9 ε ε ε 2/9 2/9 2/9 ε ε ε 4/9 2/9 1/3 ε 1/9 1/9 3/9 4/9 ε	0.665 0.111 0.001 0.001 0.001 0.222 0.222 0.222 0.001 0.001 0.001 0.444 0.222 0.333 0.001 0.001 0.111 0.333 0.444 0.996 0.111 0.111 0.333 0.444 0.996
a_3	ε ε ε ε ε ε ε ε ε ε 4/9 2/9 ε ε ε 1/3 4/9 1/3 ε ε 2/9 3/9 2/3 1 1	0.001 0.001 0.001 0.001 0.001 0.001 0.001 0.001 0.001 0.001 0.444 0.222 0.001 0.001 0.001 0.333 0.444 0.332 0.001 0.001 0.222 0.333 0.665 0.996 0.996

表 7.11 针对方案的概率影响矩阵 $M_{21,k}$

方案	$M_{21,k}$	
	调整前	调整后
a_1	1 8/9 5/9 2/9 1/9 ε 1/9 1/3 1/3 2/9 ε ε 1/9 4/9 4/9 ε ε ε ε 2/9	0.996 0.886 0.554 0.222 0.111 0.001 0.111 0.333 0.333 0.222 0.001 0.001 0.111 0.444 0.444 0.001 0.001 0.001 0.001 0.222
a_2	5/9 2/9 1/9 ε ε 2/9 1/3 1/9 ε ε ε 2/9 2/9 2/9 ε 2/9 ε 1/9 1/9 ε	0.554 0.222 0.111 0.001 0.001 0.222 0.333 0.111 0.001 0.001 0.001 0.222 0.222 0.222 0.001 0.001 0.222 0.444 0.222 0.001 0.222 0.001 0.111 0.554 0.996
a_3	1 7/9 4/9 1/3 1/9 ε 2/9 2/9 4/9 2/9 ε ε 1/3 2/9 5/9 ε ε ε ε 1/9 ε ε ε ε 1/9	0.996 0.775 0.444 0.333 0.1 0.001 0.222 0.222 0.444 0.2 0.001 0.001 0.333 0.222 0.5 0.001 0.001 0.001 0.001 0.1 0.001 0.001 0.001 0.001 0.1

表 7.12 方案在目标 g_1，g_2 各状态上的期望价值与方案的排序值

方案	$U_k^{(g1)}$	$U_k^{(g2)}$	U_k
a_1	89.56	80.05	0.86
a_2	1.09	1.11	0.01
a_3	62.44	18.58	0.46

第三节 本章小结

本章结合两个实际问题对前面所述的非线性 ANP 方法予以了实证应用研究。

作为国家工业化进程中最重要的支柱产业之一，近年来无论是产品结构、工业布局，还是经济效益，钢铁行业在调整中都取得了快速发展和较大幅度的提高。但是随着市场竞争的加剧，中国钢铁行业已经呈现出了"高成本、高价格、高利润和高风险"的特征。因此，对钢铁项目投资风险进行综合评价有着极其重要的现实意义。本章通过应用非线性 AHP 决策方法对某钢铁企业

拟投资兴建的 4 个子项目风险予以了综合评价，不仅反映出了系统复杂因素不同层次之间的非线性内在联系，而且在方法应用过程中没有遇到任何难题，这充分说明了作者所提出的非线性 AHP 决策方法是科学可行的，有着较强的实际应用推广价值。

在我国，知识管理能力评价目前尚处于一种前沿和探索的阶段。因此，为帮助企业成功实施知识管理战略，建立一套实用、合理且具可操作性的知识管理能力综合评价体系具有极其重要的实践指导意义。但遗憾的是，现有的传统 AHP 的评价方法以及模糊综合评价方法均忽视了系统因素之间的相互依存性。为克服现有方法所存在的上述缺陷，此书应用非线性 ANP 内部循环依存递阶系统方案排序方法对企业知识管理能力予以了综合评价。方法应用过程表明，作者提出的非线性 ANP 决策方法是可行的，有着很强的实际应用可操作性。运用该方法所得出的评价结果不仅为企业知识管理工作者监控知识管理现状、改善知识管理工作提供了重要依据，而且也为帮助他们开展知识管理工作提供了一种新思路。

参考文献

[1] 王莲芬, 许树柏. 层次分析法引论[M]. 北京: 中国人民大学出版社, 1990.

[2] Deturth D M. The approach to consistency in the AHP[J]. Mathematical Modeling, 1987, 9(1): 345~352.

[3] 左军. 判断矩阵层次分析中判断矩阵间接给出法[J]. 系统工程, 1988, 6(6): 56~63.

[4] Donegan H A, Dodd F G, McMaster T B M. A new approach to AHP decision-making [J]. The Statistician, 1992, 41(2): 295~302.

[5] Ma W Y. A practical approach to modifying pariwise matrices and two criteria of modification effectiveness [J]. Journal of Systems Science and Systems Engineering, 1993, 2(4): 334~338.

[6] 林锦国, 魏世孝. AHP中(0,2)EM法与(1/9,9)EM法的比较研究[J]. 系统工程理论与实践, 1994, 14(5): 64~69.

[7] Tung S L, Tang S L. A comparison of the Saaty's AHP and modified AHP right and left eigenvector inconsistency [J]. European Journal of Operational Research, 1998, 106(1): 123~128.

[8] Xu Z S, Wei C P. A consistency improving method in the AHP[J]. European Journal of Operational Research, 1999, 116(2): 443~449.

[9] 李海霞. AHP中判断矩阵一致性改进的一种新方法[J]. 系统工程理论与实践, 2000, 20(2): 122~125.

[10] Lipovetsky S, Conklin W M. Robust estimation of priorities in the AHP[J]. European Journal of Operational Research, 2002, 137(1): 110~122.

[11] Huang D C, Shen L Z. New method for constructing comparison matrix based on the proportion scales in the AHP[J]. Journal of Systems Engineering and Electronics, 2003, 14(3): 8~13.

[12] Miroslaw K, Ewa V. Inconsistent and contradictory judgement in pairwise comparison method in the AHP[J]. Computer & Operations Research, 2004, 31(5): 713~719.

[13] Wang Y M, Luo Y, Hua Z S. On the extent analysis method for fuzzy AHP and its applications[J]. European Journal of Operational Research, 2008, 186(2): 735~747.

[14] Raharjo H, Xie M, Brombacher A C. On modeling dynamic priorities in the AHP using compositional data analysis[J]. European Journal of Operational Research, 2009, 194(3): 834~846.

[15] 彭新武. 论复杂系统探究方式[J]. 系统辩证学学报, 2003, 11(1): 13~18.

[16] Liang L, Wang G H, Hua Z S, Zhang B. Mapping verbal responses to numerical scales in the analytic hierarchy process[J]. Socio-Economic Planning Sciences, 2008, 42(1): 46~55.

[17] He Y, Huang R H. Risk attributes theory: decision making under risk[J]. European Journal of Operational Research, 2008, 186(1): 243~260.

[18] Xu Z S, Chen J. Some models for deriving the priority weights from interval fuzzy preference relations[J]. European Journal of Operational Research, 2008, 186(1): 266~280.

[19] Dong Y C, Xu Y F, Li H, Dai M. A comparative study of the numerical scales and the prioritization methods in AHP[J]. European Journal of Operational Research, 2008, 186(1): 229~242.

[20] Liberatore M J, Nydick R L. Wash criteria and analytic hierarchy process[J]. Computer and Operations Research, 2004, 31(6): 889~892.

[21] Wang Y M, Echag T M S. An approach to avoiding rank reversal in AHP[J]. Decision Support Systems, 2006, 42(3): 1474~1480.

[22] 钱学森, 于景元, 戴汝为. 一个科学新领域——开放的复杂巨系统及其方法论[J]. 自然杂志, 1990, 13(1): 3~10.

[23] 戴汝为, 李耀东. 基于综合集成的研讨厅体系与系统复杂性[J]. 复杂系统与复杂性科学, 2004, 1(4): 2~24.

[24] 张钹. 网络与复杂系统[J]. 科学中国人, 2004, 10: 37~38.

[25] 朱建军. 关于层次分析法的若干问题研究[D]. 沈阳: 东北大学信息科学与工程学院, 2005.

[26] Belton V and Gear T. On a shortcoming of Saaty's method of analytic hierarchies[J]. Omega, 1983, 11(3): 228~230.

[27] Schoner B, and Wedley W C. Ambiguous criteria weights in AHP: consequences and solutions[J]. Decision Sciences, 1989, 20(3): 462~475.

[28] Dyer J S. Remarks on the analytic hierarchy process[J]. Management Science, 1990, 36(3): 249~258.

[29] Lai S K. A preference-based interpretation of AHP[J]. Omega, 1995, 23(4): 453~462.

[30] Barzilai J, Lootsma F A. Power relation and group aggregation in the multiplicative AHP

and SMART[J]. Journal of Multi – criteria Decision Analysis, 1997, 6(3): 155 ~165.

[31] Vargas L G. Reply the multiplicative AHP is invalid: a practical example[J]. Journal of Multi – criteria Decision Analysis, 1997, 6(3): 169 ~170.

[32] Ramanathan R. Data envelopment analysis for weight derivation and aggregation in the analytic hierarchy process[J]. Computers & Operations Research, 2006, 33(5): 1289 ~1307.

[33] Bana e Costa C A, Vansnick J C. A critical analysis of the eigenvalue method used to derive priorities in AHP [J]. European Journal of Operational Research, 2008, 187 (3): 1422 ~1428.

[34] Choo E U, Schoner B, Wedley W C. Interpretation of criteria weights in multicriteria decision making[J]. Computers & Industrial Engineering, 1999, 37(3): 527 ~541.

[35] Barzilai J. On the decomposition of value functions[J]. Operations Research Letter, 1998, 22(4 ~5): 159 ~170.

[36] Smith J E, von Winterfeldt D. Decision analysis in management science[J]. Management Science, 2004, 50(5): 561 ~574.

[37] Yu R, Tzemg G H. A soft computing method for multi – criteria decision making with dependence and feedback[J]. Applied Mathematics and Computation, 2006, 180(1): 63 ~75.

[38] Saaty T L. The Analytic Hierarchy Process: Planning, Priority Setting and Resource Allocation[M]. Pittsburgh: RWS Publications, 1990.

[39] Saaty T L. Axiomatic foundation of the analytic hierarchy process[J]. Management Science, 1986, 32(7): 841 ~855.

[40] Saaty T L. Rank from comparisons and from ratings in the analytic hierarchy/network processes[J]. European Journal of Operational Research, 2006, 168(2): 557 ~570.

[41] Whitaker R. Validation examples of the analytic hierarchy process and analytic hetwork process[J]. Mathematical and Computer Modelling, 2007, 46(7 ~8): 840 ~859.

[42] Finan J S, Hurley W J. The analytic hierarchy process: can wash criteria be ignored? [J]. Computers & Operations Research, 2002, 29(8): 1025 ~1030.

[43] Srdjevic B. Combining different prioritization methods in the analytic hierarchy process synthesis[J]. Computers & Operations Research, 2005, 32(7): 1897 ~1919.

[44] 陈禹. 复杂适应系统(CAS)理论及其应用——由来、内容与启示[J]. 系统辩证学学报, 2001, 9(4): 62 ~93.

[45] 约翰·霍兰. 隐秩序——适应性造就复杂性[M]. 上海: 上海科技教育出版社, 2000.

[46] Kolasa J. A community ecology perspective on variability in complex systems: the effects of hierarchy and integration[J]. Ecological Complexity, 2006, 3(1): 71 ~79.

[47] 陈禹. 层次——系统科学的一个重要范畴[M]. 上海: 上海科技教育出版社, 2000.

[48] 孙志海. 自组织的社会进化理论——方法和模型[M]. 北京：中国社会科学出版社, 2004.

[49] 董春雨, 姜璐. 层次性：系统思想与方法的精髓[J]. 系统辨证学学报, 2001, 19(1)：1~4.

[50] 顾文涛, 王以华, 吴金希. 复杂系统层次关系原理新探[C]. 第9届全国青年管理科学与系统科学学术会议, 广州, 2007, 9.

[51] 李春好, 孙永河. ANP内部循环依存递阶系统的方案排序新方法[J]. 管理科学学报, 2008, 11(6)：25~34.

[52] Meade L M, Presley A. R&D project selection using the analytic network process[J]. IEEE Transactions on Engineering Management, 2002, 49(1)：59~64.

[53] Poonikom K, Brien C, Chansa-ngavej C. An application of the analytic network process (ANP) for university selection decisions[J]. ScienceAsia, 2004, 30(1)：317~326.

[54] Sarkis J. Qualititative models for performance measure systems – alternate considerations[J]. International Journal of Production Economics, 2003, 86(1)：81~90.

[55] Niemira M P, Saaty T L. An analytic network process model for financial-crisis forecasting[J]. International Journal of Forecasting, 2004(20)：573~587.

[56] Chung S H, Lee A H L, Pearn W L. Analytic network process (ANP) approach for product mix planning in semiconductor fabricator[J]. International Journal of Production Economics, 2005 96(1)：15~36.

[57] Wolfslehner B, Vacik H. Application of the analytic network process in multi-criteria analysis of sustainable forest management[J]. Forest Ecology and Management 2005, 207(1~2)：157~170.

[58] Asan U and Soyer A. Identifying strategic management concepts：an analytic network process approach[J]. Computers and Industrial Engineering, 2009, 56(2)：600~615.

[59] Tuzkaya G, nüt S, Tuzkaya U R and Gülsün B. An analytic network process approach for locating undesirable facilities：an example from Istanbul, Turkey[J]. Journal of Environmental Management, 2008, 88(4)：970~983.

[60] 黎青松, 叶怀珍. 企业物流系统战略评价的ANP法[J]. 物流技术与应用, 2000, 5(2)：32~34.

[61] 陈志祥. 基于ANP理论的供需协调绩效评价模型与算法[J]. 计算机集成制造系统——CIMS, 2004, 10(3)：286~291.

[62] 简朴, 夏铮, 林菁. ANP法在西部可持续发展战略体系调整中的应用[J]. 数学的实践与认识, 2004, 34(4)：11~15.

[63] 赵国杰, 刑小强. ANP法评价区域科技实力的理论与实证分析[J]. 系统工程理论与实践, 2004, 24(5)：41~45.

[64]王蓓,孙林岩.基于ANP方法的逆向物流决策模型和算法[J].软科学,2007,21(2):20~24.

[65]田波,李春好,孙永河.网络分析法在选择企业创新合作成员中的应用[J].情报科学,2008,26(8):1257~1260.

[66] Wu W W, Li Y T. Selecting knowledge management strategies by using the analytic network process[J]. Expert Systems and Applications, 2007, 32 (3): 841~847.

[67] Lee J W and Kim S H. Using analytic network process and goal programming for interdependent information system project selection[J]. Computers and Operations Research, 2000, 27 (4): 367~382.

[68] Karsak E E, Sozer S, Alptekin E. Product planning in quality function deployment using a combined analytic network process and goal programming approach[J]. Computers and Industrial Engineering, 2003, 44(1): 171~190.

[69] Ha J S, Seong P H. A method for risk – informed safety significance categorization using the ANP and bayesian belief network[J]. Reliability Engineering and system safety, 2004, 83(1): 1~15.

[70] Ravi V, Shankar R, Tiwari M K. Analyzing alternatives in reverse logistics for end – of – life computers: ANP and balanced scorecard approach[J]. Computers & Industrial Engineering, 2005, 48(2): 327~356.

[71] Mikhailov L, Singh M G. Fuzzy analytic network process and its application to the development of decision support systems[J]. IEEE Transactions on Systems, Man, and Cybernetics, Part C: Applications and Reviews, 2003, 33(1): 33~41.

[72] Kahraman C, Ertay T, Büyük? zkan G. A fuzzy optimization model for QFD planning process using analytic network approach[J]. European Journal of Operational Research, 2006, 171 (2): 390~411.

[73] Uzkaya U R, nüt S. A fuzzy analytic network process based approach to transportation – mode selection between Turkey and Germany: a case study[J]. Information Sciences, 2008, 178 (15): 3133~3146.

[74] Promentilla M A B, Furuichi T, Ishii K, Tanikawa K. A fuzzy analytic network process for multi – criteria evaluation of contaminated site remedial countermeasures[J]. Journal of Environmental Management, 2008, 88(3): 479~495.

[75] Aya Z, zdemir R G. A hybrid approach to concept selection through fuzzy analytic network process[J]. Computers and Industrial Engineering, 2009, 56(1): 368~379.

[76] Wu W W. Choosing knowledge management strategies by using a combined ANP and DEMATEL approach[J]. Expert Systems and Applications, 2008, 35 (3): 828~835.

[77]张彩江,邝国良.复杂决策模式(CDM)形成:一个分析概念框架[J].系统工程学

报,2007,22(6):669~673.

[78]杨印生.经济系统定量分析方法[M].长春:吉林科学技术出版社,2001.

[79]Hwang C L, Yoon K. Multiple Attribute Decision Making – Methods and Applications: A State – of – the – Art Survey. New York: Springer – Verlag, 1981.

[80]徐玖平,吴巍.多属性决策的理论与方法[M].北京:清华大学出版社,2006.

[81]Roy B. Decision – aiding today: what should we expect? Gal T, Stewart T, Hanne T, eds., Mluticriteria Decision Making: Advances in MCKM Models, Algorithms, Theory, and Applications[M]. Boston: KLUWER Academic Publishers, 1999.

[82]Keeney R L, Raiffa H. Decisions with Multiple Objectives: Preferences and Value Tradeoffs[M]. New York: Wiley, 1976.

[83]Kahneman R D. The relationship between the analytic hierarchy process and the additive value function[J]. Decision Sciences, 1982, 13(4): 702~713.

[84]Simon H A. A behavioral model of rational choice[J]. Quarterly Journal of Economics, 1955, 69(1): 99~114.

[85]成思危.复杂科学与系统工程[J].管理科学学报,1999,12(2):1~6.

[86]戴汝为.关于"复杂性"的研究——一门21世纪的科学.科学前沿与未来[M].北京:科学出版社,1998.

[87]宋学锋.复杂性、复杂系统与复杂性科学[J].中国科学基金,2003,17(5):262~269.

[88]杨永福,黄大庆,李必强.复杂性科学与管理理论[J].管理世界,2001,2:167~174.

[89]戴汝为,操龙兵.一个开放的复杂巨系统[J].系统工程学报,2001,16(5):376~380.

[90]武显微,武杰.从简单到复杂——非线性是系统复杂性之根源[J].科学技术与辩证法,2005,22(4):60~65.

[91]吕瑞华.复杂经济系统混沌预测方法与多层局势决策方法研究[D].天津:天津大学管理学院,2004.

[92]许国志.系统科学与工程研究[M].上海:上海科技出版社,2000.

[93]李夏,戴汝为.系统科学与复杂性[J].自动化学报,1998,24(2~3):200~207.

[94]戴汝为.开展"复杂性研究任重而道远"[J].复杂系统与复杂性科学,2004,1(3):1~3.

[95]戴汝为,操龙兵.基于综合集成的研讨厅体系与系统的复杂性[J].复杂系统与复杂性科学,2004,1(4):1~24.

[96]赵光武.用还原论与整体论相结合的方法探索复杂性[J].系统辩证学学报,2003,11(1):1~6.

[97]戴汝为,操龙兵.综合集成研讨厅的研制[J].管理科学学报,2002,5(2):10~16.

[98]Saaty T L, Vargas L G. Diagnosis with dependent symptoms: bayes theorem and the analytic hierarchy process[J]. 1998, 46(4): 491~502.

[99] Saaty T L. Decision Making with Dependence and Feedback: the Analytic Network Process[M]. Pittsburgh: RWS Publications, 2001.

[100]徐向南,钟伟俊.科学决策理论与方法[M].南京:东南大学出版社,1996.

[101]Luce R D, Tukey J W. Simultaneous conjoint measurement: a new type of fundamental measurement[J]. Journal of Mathematical Psychology, 1964, 1(1): 1~27.

[102]岳超源.决策理论与方法[M].北京:科学出版社,2003.

[103]Keeney R L. Measurement scales for quantifying attributes[J]. Behavioral Science, 1981, 26: 29~36.

[104]Krantz D M, Luce R D, Supper P, et al. Foundations of Measurement, Vol. 1 of Additive and Polynomial Representations[M]. New York: Academic Press, 1971.

[105]Gorman W M. The structure of utility function[J]. Review of Economic Studies, 1968, 35(3): 367~390.

[106]Dyer J S, Scrin R K. Measurable multiattribute value functions[J]. Operations Research, 1979, 27(4): 810~821.

[107]Cho K T. Multicriteria decision methods: an attempt to evaluate and unify[J]. Mathematical and Computer Modelling[J]. Mathematical and Computer Modelling, 2003, 37(2): 1099~1119.

[108]Hughes W R. A statistical framework for strategic decision making with AHP: probability assessment and Bayesian revision[J]. Omega, 2009, 37(2): 463~470.

[109]Clemen R T, Ulu C. Interior additivity and subjective probability assessment of continuous variables[J]. Management Science, 2008, 54(4): 835~851.

[110]马占新.数据包络分析方法的研究进展[J].系统工程与电子技术,2002,24(3):42~46.

[111]荆浩,赵希男.DEA中交叉效率评价的新思考[J].运筹与管理,2008,17(3):73~46.

[112]Doyle J R, Green R. Efficiency and cross-efficiency in data envelopment analysis: derivatives, meanings and uses[J]. Journal of the Operational Research Society, 1994, 45(5): 567~578.

[113]Memmesheimer R M, Timme M. Designing complex networks[J]. Physica D: Nonlinear Phenomena, 2006, 224(1~2): 182~201.

[114]Amaral Nunes L A, Uzzi B. Complex system - a new paradigm for the integrative study of management, physical, and technological systems[J]. Management Science, 2007, 53(7):

1033~1035.

[115] 慕庆国,王立杰. 对复杂系统理论的探讨[J]. 中国煤炭经济学院学报,2002,16(4):293~296.

[116] Millet I, Schoner B. Incorporating negative values into the analytic hierarchy process[J]. Computers & Operations Research, 2005, 32(12): 3167~3173.

[117] Saaty T L. The Analytic Hierarchy Process[M]. New York: McGraw-Hill, 1980.

[118] Badiru A B, Pulat P S and Kang M. DDM: decision support system for hierarchical dynamic decision making[J]. Decision Support System, 1993, 10(1): 1~18.

[119] Leung L C, Cao D. On the efficacy of modeling multiattribute decision problems using AHP and Sinarchy[J]. European Journal of Operational Research, 2001, 132(1): 39~49.

[120] Stam A, Duarte Silva A P. On multiplicative priority rating methods for the AHP[J]. European Journal of Operational Research, 2003, 145(1): 92~108.

[121] 汪培庄. 模糊集与随机集落影[M]. 北京:北京师范大学出版社,1985.

[122] 李洪兴. 因素空间理论与知识表示的数学框架(VIII)[J]. 模糊系统与数学,1995,9(3):1~9.

[123] 刘文奇. 一般变权原理与多目标决策[J]. 系统工程理论与实践,2000,20(3):1~11.

[124] 李德清,李洪兴. 状态变权向量的性质与构造[J]. 北京师范大学学报(自然科学版),2002,38(4):455~461.

[125] 李德清,崔红梅,李洪兴. 基于层次变权的多因素决策[J]. 系统工程学报,2004,19(3):258~263.

[126] 李德清,李洪兴. 变权决策中变权效果分析与状态变权向量的确定[J]. 控制与决策,2004,19(11):1241~1245.

[127] 张瑞,王攀,丁力. 变权综合的若干问题研究[J]. 微计算机信息,2006,22(7~1):261~263.

[128] 许国志等. 系统科学[M]. 上海:上海科技教育出版社,2000.

[129] Scholl A, Manthey L, Helm R, Steiner M. Solving multiattribute design problems with analytic hierarchy process and conjoint analysis: an empirical comparison[J]. European Journal of Operational Research, 2005, 164(3): 760~777.

[130] Moskowitz H R, Silcher M. The applications of conjoint analysis and their possible uses in sensometrics[J]. Food Quality and Preference, 2006, 17(3~4): 145~165.

[131] Ida T, Kinoshita S, Sato M. Conjoint analysis of demand for IP telephony: the case of Japan[J]. Applied Economics, 2008, 40(10): 1279~1287.

[132] Winterfeldt D V, Edwards W. Decision Analysis and Behavioral Research[M]. Cambridge: Cambridge University Press, 1986.

[133] Loewena P D, Wang X F. On the multiplicity of Dini subgradients in separable spaces [J]. Nonlinear Analysis, 2004, 58(1~2): 1~10.

[134] 戴汝为. 系统科学及复杂性研究[J]. 系统仿真学报, 2002, 14(11): 1411~1416.

[135] 于景元, 周晓纪. 从综合集成思想到综合集成实践——方法、理论、技术、工程[J]. 管理学报, 2005, 2(11): 4~10.

[136] 戴汝为. 支持决策和咨询的技术——思维系统工程[J]. 中国工程科学, 2005, 7(1): 17~20.

[137] 许树柏. 实用决策方法——层次分析法[M]. 天津: 天津大学出版社, 1988.

[138] Saaty T L and Vargas L G. Uncertainty and rank order in the analytic hierarchy process [J]. European Journal of Operational Research, 1987, 32(1): 107~117.

[139] Arbel A, Vargas L G. Preference simulation and preference programming: Robustness issues in priority derivation [J]. European Journal of Operational Research, 1993, 69(2): 200~209.

[140] Lipovestsky S. Interval estimation of priorities in the AHP[J]. European Journal of Operational Research, 1999, 114(1): 153~164.

[141] Mikhailov L. A fuzzy approach to deriving priorities from interval pairwise comparison judgements[J]. European Journal of Operational Research, 2004, 159(3): 687~704.

[142] Chandran B, Golden B, Wasil E. Linear programming models for estimating weights in the AHP[J]. Computer & Operations Research, 2005, 32(9): 2235~2254.

[143] 徐泽水. 一种基于可能度的区间判断矩阵排序法[J]. 中国管理科学, 2003, 11(1): 63~65.

[144] 魏权龄. 数据包络分析[M]. 北京: 科学出版社, 2004.

[145] Charnes A, Cooper W W, Rhodes E. Measuring the efficiency of decision-making units[J]. European Journal of Operational Research, 1978, 2(6): 429~444.

[146] 李春好. 对W-B乘子置信域约束构造方法的改进及模型[J]. 中国管理科学, 2003, 11(3): 51~55.

[147] Halme M, Joro T, Korhonen P, Salo S, Wallenius J. A value efficiency approach to incorporating preference information in data envelopment analysis[J]. Management Science, 1999, 45(1): 103~115.

[148] Wierzbicki A. The Use of Reference Objectives in Multiobjective Optimization. G. Fandel and T. Gol, eds. Multiple Objective Decision Making-Theory and Application [M]. New York: Springer-Verlag Press, 1979.

[149] Lee J W, Kim S H. Using analytic network process and goal programming for interdependent information system project selection[J]. Computers & Operations Research, 2000, 27(4): 367~382.

[150] Shyur H J, Shih H S. A hybrid MCDM model for strategic vendor selection[J]. Mathematical & Computer Modelling, 2006, 44(7~8):749~761.

[151] Agarwal A, Shankar R, Tiwari M K. Modeling the metrics of lean, agile and leagile supply chain: an ANP-based approach[J]. European Journal of Operational Research, 2006, 173(1): 211~225.

[152] Neaupane K M, Piantanakulchai M. Analytic network process model for landslide hazard zonation[J]. Engineering Geology, 2006, 85(3~4): 281~294.

[153] Saaty T L. Theory and Applications of the Analytic Network Process: Decision Making with Benefits, Opportunities, Costs, and Risks[M]. Pittsburgh:RWS Publications, 2005.

[154] Demirtas E A, Ustun O. An integrated multiobjective decision making process for supplier selection and order allocation[J]. Omega, 2008, 36(1): 76~90.

[155] Gungor. Evaluation of connection types in design for disassembly (DFD) using analytic network process[J]. Computers & Industrial Engineering, 2006, 50(1~2): 35~54.

[156] Sarkis J. Evaluating environmentally conscious business practices[J]. European Journal of Operational Research, 1998, 107(1): 159~174.

[157] Tesfamariam D, Lindberg B. Aggregate analysis of manufacturing systems using system dynamics and ANP[J]. Computers & Industrial Engineering, 2005, 49(1): 98~117.

[158] Bayazit O, Karpak B. An analytical network process-based framework for successful total quality management (TQM): an assessment of Turkish manufacturing industry readiness[J]. International Journal Production Economics, 2007, 105(1): 78~96.

[159] Chang C W, et al. Evaluating digital video recorder systems using analytic hierarchy and analytic network processes[J]. Information Science, 2007, 177(16): 3383~3396.

[160] Promentilla M A B, Furuichi T, Ishii K and Tanikawa N. Evaluation of remedial countermeasures using the analytic network process [J]. Waste Management, 2006, 26 (12): 1410~1421.

[161] Sarkis J, Sundarraj R P. Hub location at digital equipment corporation: a comprehensive analysis of qualitative and quantitative factor[J]. European Journal of Operational Research, 2002, 137(2): 336~347.

[162] Simunich. In the fall of 2002, the ANP had shown a better way to deal with Iraq[J]. Mathematical and Computer Modelling, 2007, 46(7~8): 1130~1143.

[163] Ustun O, Demirtas E A. An integrated multi-objective decision-making process for multi-period lot-sizing with supplier selection[J]. Omega, 2008, 36(4): 509~521.

[164] Wolfslehner B, Vacik H. Evaluating sustainable management strategies with the analytic network process in a pressure-state-response framework[J]. Journal of Environmental Management, 2008, 88(1): 1~10.

[165] Yüksel I, Dadeviren M. Using the analytic network process (ANP) in a SWOT analysis - A case study for a textile firm[J]. Information Sciences, 2007, 177(16): 3364~3382.

[166] Belton V. A comparison of the analytic hierarchy process and simple multi - attribute value function[J]. European Journal of Operational Research, 1986, 26(1):7~21.

[167] Macharis J, Springael K, Brucker D. PROMETHEE and AHP: the design of operational synergies in multicriteria analysis[J]. European Journal of Operational Research, 2004, 153(2): 307~317.

[168] Bodin L, Gass S L. On teaching the analytic hierarchy process[J]. Computers & Operations Research, 2003, 30(10): 1487~1497.

[169] Shafer G, Gillett P R, Scherl R B. A new understanding of subjective probability and its generalization to lower and upper prevision[J]. International Journal of Approximate Reasoning, 2003, 33(1): 1~49.

[170] 牛映武. 运筹学[M]. 西安:西安交通大学出版社,2006.

[171] Bowers K S, Regehr G, Balthazard C and Parker K. Intuition in the context of discovery[J]. Cognitive Psychology, 1990, 22(1): 72~110.

[172] Allman J M, Watson K K, Tetreault N A and Hakeem A Y. Intuition and autism: a possible role for Von Economo neurons[J]. Trends in Cognitive Sciences, 2005, 9(8): 367~373.

[173] 马天,汪守宏. 非线性演化方程的稳定性与分岐[M]. 北京:科学出版社,2007.

[174] Ma T and Wang S. Dynamic bifurcation of nonlinear evolution equations[J]. Chinese Annals of Mathematics, 2005, 26(2):185~206.

[175] Vishik M I. Asymptotic Behaviour of Solutions of Evolutionary Equations[M]. Cambridge: Cambridge University Press, 1992.

[176] 尤秉礼. 常微分议程补充教程[M]. 北京:人民教育出版社, 1981.

[177] 刘俊. 一类非线性方程解的渐近稳定性[J]. 数学研究, 2001, 34(1): 62~67.

[178] 陈开周. 最优化计算方法[M]. 西安:西北电讯工程学院出版社,1986.

[179] 孙文瑜,杜其奎,陈金如. 计算方法[M]. 北京: 科学出版社, 2007.

[180] 王正林,龚纯,何倩. 精通 MATLAB 科学计算[M]. 北京: 电子工业出版社, 2007.

[181] Saaty T L, Ozdemir M. Negative priorities in the analytic hierarchy process[J]. Mathematical and Computer Modelling, 2003, 37(9~10): 1063~1075.

[182] Wijnmalen D J D. Analysis of benefits, opportunities, costs, and risks (BOCR) with the AHP - ANP: A critical validation[J]. Mathematical and Computer Modelling, 2007, 46(7~8): 892~905.

[183] Erdogmus S, Aras H, and Koc E. Evaluation of alternative fuels for residential heating in Turkey using analytic network process (ANP) with group decision - making[J]. Renewable and Sustainable Energy Reviews, 2006, 10(3): 269~279.

[184] Erdogmus S, Kapanoglu M, and Koc E. Evaluating high – tech alternatives by using analytic network process with BOCR and multifactor[J]. Evaluation and Program Planning, 2005, 28(4): 391~399.

[185] Feglar T, Levy J K, Feglar Tom, & Feglar, T Jr. Advances in decision analysis and systems engineering for managing large – scale enterprises in a volatile world: Integrating benefits, opportunities, costs and risks (BOCR) with the business motivation model (BMM)[J]. Journal of Systems Science and Systems Engineering, 2006, 15(2): 141~153.

[186] Saaty T L, Shang J S. Group decision – making: Head – count versus intensity of preference[J]. Socio – Economic Planning Sciences, 2007, 41(1):22~37.

[187] Liang C, Li Q. Enterprise information system project selection with regard to BOCR[J]. International Journal of Project Management, 2008, 26(8): 810~820.

[188] Lee A H I. A fuzzy supplier selection model with the consideration of benefits, opportunities, costs and risks[J]. Expert Systems with Application, 2009, 36(2): 2879~2893.

[189] Millet I, Wedley W C. Modelling risk and uncertainty with the analytic hierarchy process[J]. Journal of Mult – Criteria Decision Analysis, 2002, 11(2): 97~107.

[190] Wedley W C, Choo E U, Schoner B. Magnitude adjustment for AHP benefit/cost ratios[J]. European Journal of Operational Research, 2001, 133(2): 342~351.

[191] 陈康幼. 投资经济学[M]. 上海: 上海财经大学出版社, 2004.

[192] 张新香. 企业知识管理能力的模糊综合评价[J]. 科学学与科学技术管理, 2008, 29(2): 108~112.

[193] Gold A H. Knowledge Management: An Organizational Capabilities Perspective[J]. Journal of Management Information Systems, 2001, 18(1): 185~214.

[194] Liu P L, Chen W C and Tsai C H. An empirical study on the correlation between knowledge management capability and competitiveness in Taiwan's industries[J]. Technovation, 2004, 24(12): 971~977.

[195] Chuang S H. A resource based perspective on knowledge management capability and competitive advantage: an empirical investigation[J]. Expert systems with applications, 2004, 27(3): 459~465.

[196] Norman P M. knowledge acquisition, knowledge loss and satisfaction in high technology alliances[J]. Journal of Business Research, 2004, 57(6): 610~619.

[197] Lee K C, Lee S and Kang I W. Measuring knowledge management performance[J]. Information & Management, 2005, 42(3): 469~482.

[198] 王君, 樊治平. 组织知识绩效的一种综合评价方法[J]. 管理工程学报, 2004(2): 44~48.

[199] 吴旭燕, 李俊涛. 基于AHP的企业知识管理能力模糊综合评价[J]. 科技管理研

究, 2005, 25(11): 43~45.

[200] Tanriverdi H. Information technology relatedness, knowledge management capability, and performance of multi-business firms[J]. MIS Quartely, 2005, 29(2): 311~334.

[201] Davenport T H, Prusak L. Work in Knowledge: How Organizations Manage What They Know[M]. Boston: Harvard Business School Press, 1997.

致　谢

　　衷心感谢所有引文作者，你们的研究成果为本书奠定了重要的理论基础，在此深表谢意！

　　本书主要是基于博士论文的成果修改完成的，读博期间从选题、研究技术路线、核心小论文撰写直到最后完成都是在导师李春好教授的悉心指导下进行的，其间倾注了导师大量的心血和汗水，在此向我的恩师致以最衷心的祝福与最崇高的敬意。硕士到博士的6年期间，从导师的言传身教中我学习了太多太多的知识。细细思量，想起导师的教导，细雨润物般的，莫名的感动总能让我泪湿眼眸。6年来，导师不仅引领我从一个学术的盲者成长为一个管理科学前沿的探索者，而且从他身上我真正读懂了平等、宽容、友爱、感恩与尊重这些平凡的字眼所蕴含的深刻含义。在这些点点滴滴所汇集成的师生之情与浓浓之意面前，世界上最华美的感谢语言都显得那么苍白与无力。总之，不仅导师认真的治学态度、深厚的学术底蕴、敏锐的学术洞察力使我终身受益，而且导师为人善良、待人真诚的高贵品质更是我一生引以为豪与践行的学习榜样。此外，6年间师母贾老师也给了我诸多方面的关怀与帮助，在此也衷心地深表感谢！

　　在本书创作过程中，也得到了国外学者如 Wolfslehner、Saaty、Jarkis、Rozann 等人的帮助，通过与他们的学术交流使我得出了许多有价值的学术观点，这里一并对他们表示感谢。美国加州大学的 Swartfy 博士对我撰写的论文提出了诸多宝贵意见，在此也深表感谢。

　　最后，衷心感谢我和我妻子全家在我攻读博士期间给予我全方位的支持，尤其是我远在美国洛杉矶的姐姐一家给了我们很多帮助，正是由于他们的大力支持与帮助使得我在创作过程中无经济、生活等方面的后顾之忧，他们无私的奉献激励我在科研工作中不断地向前迈进。另外，段万春教授、杜元伟副教授在本书创作过程中也做了大量的工作并且给予了我诸多帮助，我们通过合作也做出了很多科研成果，这里对他们也表示衷心的谢意！

后 记

近年来，我们团队一直从事管理决策方面的教学、科研研究工作，在博士后合作教授段万春老师的指导下，在教学科研上取得了一定的业绩。教学方面，本人承担的博士生课程"系统理论与方法"被评为 2012、2013 年度校研究生优质课程，同时本人也参与了段万春教授国家精品课程《组织行为学》的后期建设，作为副主编出版教材 1 部。科研方面，目前承担国家自然科学基金 1 项、教育部人文社会科学青年基金 1 项、云南省应用基金 1 项，近 3 年在核心期刊发表论文近 20 篇。

该著作是在本人博士论文基础上整理完成的，从复杂系统非线性视角对网络分析法（ANP）予以了系统的探索，从专家判断的方式，以及所采用的针对复杂问题的方法论等方面看均与 Saaty 教授所提出的传统 ANP 方法有着明显不同，体现了作者独特的创新思维和解决管理实践问题的方式。

著作的出版，得到了我的博士导师吉林大学李春好教授的大力支持，也得到了国家自然科学基金(71140016)和昆明理工大学博士后研究基金的资助，在此深表感谢。另外，还要感谢专家评委的评审和教育部高等学校社会科学发展研究中心的资助，感谢光明日报出版社相关工作人员的支持与帮助。

孙永河

2013 年 6 月于昆明